Rita Peter

Die großen Frauen

Rita Peter

Die großen Frauen

100 Lebensbilder

Pattloch

Vorwort

„Ich war, was ich war, durch meine Kraft, durch mein Talent, durch mich selbst." Dieser Satz der Schriftstellerin Fanny Lewald gilt für viele, ja vielleicht für alle der in diesem Buch porträtierten Frauen. Ob als Wissenschaftlerin, Künstlerin, Globetrotterin, ob in der Politik oder in der Literatur – die hier versammelten Frauen haben ihre Talente, Leidenschaften und Überzeugungen gelebt, ihre Träume ernst genommen: mit viel Mut, Energie und Erfolg, oft gegen den Widerstand ihrer Umwelt und nicht selten verstört durch eigene Zweifel und Krisen. Sie eroberten sich den öffentlichen Raum, indem sie die ihnen auferlegten Grenzen durchbrachen, Wegweisendes vollbrachten und so ein erweitertes Frauenbild prägten.

Einhundert große Frauen finden sich in diesem Buch, quer durch die Geschichte, die Kontinente und die Berufe. Natürlich gibt es noch weitaus mehr faszinierende Persönlichkeiten, die in diese Riege gehören. Doch das vorliegende Werk kann nur Teil eines Puzzles sein, das versucht, großen Frauen ihren Platz in der Geschichte zu sichern. Warum sind Frauen der Antike und des Mittelalters in manchen Bereichen wenig vertreten, werden sich viele fragen. Das liegt zum einen daran, dass sie in der Geschichtsschreibung kaum auftauchen und nicht bildlich dargestellt wurden. Von einigen Frauen, der griechischen Kaiserin Eudokia beispielsweise, war es nicht möglich, Bildnisse aufzutreiben. Aus demselben Grund konnte Ava, die erste namentlich bekannte deutsche Dichterin (um 1100), hier nicht aufgenommen werden. Zum anderen versteht sich dieses Buch als Fortsetzung des ebenfalls im Pattloch Verlag erschienenen Bildbandes *Frauen, die die Welt bewegten* von Martha Schad, in dem bereits zahlreiche Vertreterinnen aus dem Mittelalter und der frühen Neuzeit porträtiert wurden.

Dass in dem vorliegenden Buch der Schwerpunkt bei den Frauen liegt, die um die Jahrhundertwende gelebt haben, hat seinen Grund in der Frauenbewegung, die Ende des 19. Jahrhunderts zu einer breiten Organisation anwuchs. Damals erstritten sich Frauen den Zugang zu Bildung und Berufstätigkeit und erkämpften sich politische Rechte. Mit Ausnahme der Schweiz, wo Studentinnen schon seit der zweiten Hälfte des 19. Jahrhunderts zugelassen waren, erhielten sie im übrigen Europa erst um die Jahrhundertwende Zutritt zu den Universitäten. Es war eine Zeit des großen Aufbruchs für Frauen: Sie konnten lernen, studieren und wagten sich in abenteuerliche Bereiche wie das Fliegen – die Zahl der Pilotinnen war in den 20er, 30er Jahren prozentual gesehen nicht geringer als heute. Frauen engagierten sich für gesellschaftliche Erneuerung und setzten, wie damals viele Künstler und Intellektuelle, große Hoffnungen in den Kommunismus, die politische Vision des vergangenen Jahrhunderts. Sie legten das Korsett ab, im übertragenen und im wörtlichen Sinne: Coco Chanel mit ihrer bequemen, schicken Mode steht als Symbol für diese Befreiung.

Frauen eroberten sich die Domäne der Kunst, wurden Schriftstellerinnen und revolutionierten den Tanz, wie Isadora Duncan, Mary Wigman und Martha Graham, die die Tänzerinnen vom Spitzenschuh buchstäblich auf die Sohle des nackten Fußes holten: neue Ausdrucksformen, die aus Visionen, Hingabe, harter Arbeit und oft großer Einsamkeit geboren wurden.

„Die Freiheit wird einem nicht gegeben, man muss sie nehmen." Der Satz stammt von Meret Oppenheim, Malerin, Objektkünstlerin und Schriftstellerin, die 18 Jahre lang an Depressionen litt und nicht mehr arbeiten konnte. Sie lebte weiter und fand nach durchstandener Krise zu einer neuen Schaffensebene von grandioser Hellsichtigkeit und Genialität.

Einige dieser Frauen waren außerordentlich vielseitig, was ihre Zuordnung zu einer bestimmten Sparte erschwerte. Erika Mann beispielsweise hätte statt unter „Literatur" ebenso gut auch unter „Schauspiel" oder sogar „Widerstand" eingereiht werden können.

Selten hat mir eine Tätigkeit so viel Freude gemacht wie die Arbeit an diesem Buch. In der Begegnung mit den Frauenwelten habe ich große Persönlichkeiten entdeckt und einige sind mir ganz besonders ans Herz gewachsen: Simone Signoret, die französische Schauspielerin, klug, wahrhaftig und von großer Liebesfähigkeit; Golda Meir, die auch als israelische Ministerpräsidentin authentisch blieb; Eleanor Roosevelt, die amerikanische Präsidentengattin, Randfigur im eigenen Clan, mit ihrer entwaffnenden Mischung aus Naivität und Pragmatismus; Meret Oppenheim, die große Künstlerin, ihrer Zeit weit voraus.

Die Auseinandersetzung mit den Biografien der Frauen hat mich bereichert, inspiriert, ermutigt, gestärkt. Ich habe mich wiedergefunden in manchen ihrer Wünsche, Ziele und Zweifel und einmal mehr erlebt, wie elementar es ist, Vorbilder zu haben und ein Gegenüber, in dem ich mich spiegeln kann. Frau sein heißt, das eigene Leben zu leben, das habe ich bei dieser Arbeit gelernt – oder, wie Paula Modersohn-Becker es formulierte: „Ich bin – Ich – und hoffe, es immer mehr zu werden. Das ist wohl das Endziel von allem unserem Ringen." Neue Entdeckungen, Inspiration, Bereicherung, das wünsche ich auch der Leserin, dem Leser bei der Lektüre der Porträts.

Dieses Buch konnte nur entstehen durch die Mitarbeit und Hilfe einiger Menschen. Mein ganz besonderer Dank gilt:
dem Verlagsleiter Bernhard Meuser dafür, dass er mir dieses Projekt anvertraute;
Martina Dankof und Heike vom Orde für ihre professionelle und umfangreiche Zuarbeit in der Dokumentation;
der Autorin Martina Brinkmann, aus deren Feder zehn der hier aufgeführten Frauenporträts stammen;
der Lektorin Dr. Petra Riedl für die kompetente, engagierte und erfrischende Zusammenarbeit;
der Grafikerin Daniela Meyer für ihren großen Einsatz bei der ästhetischen, stilsicheren Gestaltung;
Alexandra Schott vom Archiv für Kunst und Geschichte für die reibungslose Bildbeschaffung.
Mein ganz besonderer Dank gilt meinem Mann, Karl-Heinz Michels, für seine tatkräftige inhaltliche und mentale Unterstützung.

Inhalt

Politik

Revolution und Widerstand

Kirche und Religion

Literatur

Musik

Tanz

Schauspiel

Bildende Kunst

Wissenschaft und Kultur

Abenteuer

POLITIK

Hatschepsut

** um 1520 v. Chr. vermutlich in Ägypten*
† Anfang Februar 1468 v. Chr. in Ägypten
ägyptische Pharaonin

Aus göttlichem Geblüt

Eine ungewöhnlich schöne Frau war Hatschepsut, von katzenhafter Anmut, das Gesicht von einem sanften Lächeln erhellt. Eine ideale Hatschepsut haben ägyptische Bildhauer dargestellt, deren Weiblichkeit nicht durch die Bürde des Herrscheramtes spröde war. Doch war sie keineswegs die einzige ägyptische Pharaonin. Sie ragt vor allem deshalb hervor, weil sie ungewöhnlich lange regierte und ihre Herrschaft durch eine große Zahl archäologischer Funde bezeugt ist.

„Mein Geist sinnt über die Zukunft. Das Herz Pharaos muss an die Ewigkeit denken."
Spruch Hatschepsuts, eingemeißelt in ein Wandrelief in ihrem Grabestempel

Königin Hatschepsut: Unter ihrer Regierung erlebte das Land eine wirtschaftliche Blüte.

Hatschepsut war die Tochter des Pharaos Thutmosis I. Nach dem Tod des Vaters regierte ihr Halbbruder Thutmosis II., ihm zur Seite Hatschepsut, die Große Königliche Gemahlin. Sie gebar ihrem Bruder und Ehemann eine Tochter, jedoch keinen Thronfolger. Thutmosis II. starb früh und offizieller Nachfolger war Thutmosis III., der junge Sohn einer der Nebenfrauen des Königs. Hatschepsut übernahm die Regentschaft. Als „Tochter des Königs, Schwester des Königs, Gemahlin des Gottes, Große Königliche Gemahlin" erklärte sie, das Land nach dem Willen des Neffen zu leiten. Das ägyptische Volk war fassungslos und daraufhin reagierte Hatschepsut vorsichtig. Um das äußere Erscheinungsbild des Königtums nicht zu verändern, ließ sie sich mit allen männlichen

Kniefigur der Hatschepsut aus rotem Granit

Deir el-Bahari in West-Theben: Teilansicht des dreistufigen Grabtempels der Hatschepsut

Merkmalen eines legalen Pharaos ausstatten. Sie trug ein Männergewand, ließ die weiblichen Endungen an ihren Namen und Titeln wegfallen, trug den Zeremonienbart und die Doppelkrone.

Doch all dies genügte ihr nicht. Sie suchte ihre Herrschaft stärker zu legitimieren und schrieb ihre Geschichte neu. Im Bericht über die Proklamation und offizielle Thronbesteigung wird hervorgehoben, dass die Königin nicht aufgrund der Erbfolge oder der Zustimmung durch das Volk zur Herrscherin erhoben wurde, sondern durch das Orakel des Gottes Amun-Re, des höchsten der ägyptischen Götterwelt und Herrschers der Königsstadt Theben.

Infolge der militärischen Leistungen ihrer Vorfahren erlebten die Ägypter unter ihrer Pharaonin eine Zeit des Friedens. Die Königin kümmerte sich besonders um die wirtschaftliche Verwaltung des Landes sowie um die Verwirklichung ehrgeiziger Bauprojekte. Das Meisterstück Hatschepsuts, ihren unweit von Theben erbauten Grabtempel Deir el-Bahari, zieren Reliefs, anhand deren sich die Geschichte ihrer Regierungszeit verfolgen lässt. Das Heiligtum ist von einzigartiger Gestaltung: Ein sanft ansteigender Weg führt zum Tempel, der aus drei übereinander liegenden Terrassen besteht. Militärischen Auseinandersetzungen ging Hatschepsut aus dem Wege. Besonderes Gewicht legte sie stattdessen auf Handelsbeziehungen zu Nachbarvölkern. Die Reise nach Punt (afrikanisches Land, vermutlich Somalia oder Eritrea) bildete den Höhepunkt dieser Politik. Jede Etappe der Expedition ist auf den kunstvollen Flachreliefs im Totentempel Deir el-Bahari dargestellt. Die Reliefs zeigen die Abfahrt, die Ankunft in dem exotischen Land, das Beladen der Schiffe mit den Erzeugnissen von Punt und die Vorbereitungen für die Heimreise. Das Unternehmen war keine Plünderung, sondern wurde von Künstlern begleitet, die Flora und Fauna entlang der afrikanischen Küste aufzeichneten.

Die Reise war sicherlich Betätigungsmöglichkeit für das unterbeschäftigte Heer, aber auch Propaganda für die Königin, die ihrem Volk exotische Güter brachte.

Hatschepsut starb im Alter von etwa 50 Jahren am zehnten Tag des sechsten Monats im 22. Jahr ihrer Regierungszeit. Unter ihr war Ägypten nach Jahrzehnten kriegerischer Auseinandersetzungen wieder ein blühendes Land geworden.

Literatur

- *Jacq, Christian, Die Pharaonen, Rowohlt-Taschenbuch Verlag, Reinbek 1999*
- *Jacq, Christian, Nofretetes Schwestern, Rowohlt-Taschenbuch Verlag, Reinbek 2000*
- *Siegel, Monique R., Frauenkarrieren zwischen Tradition und Innovation. Führungsfrauen der Geschichte, Schäffer-Poeschel Verlag, Stuttgart 1994*

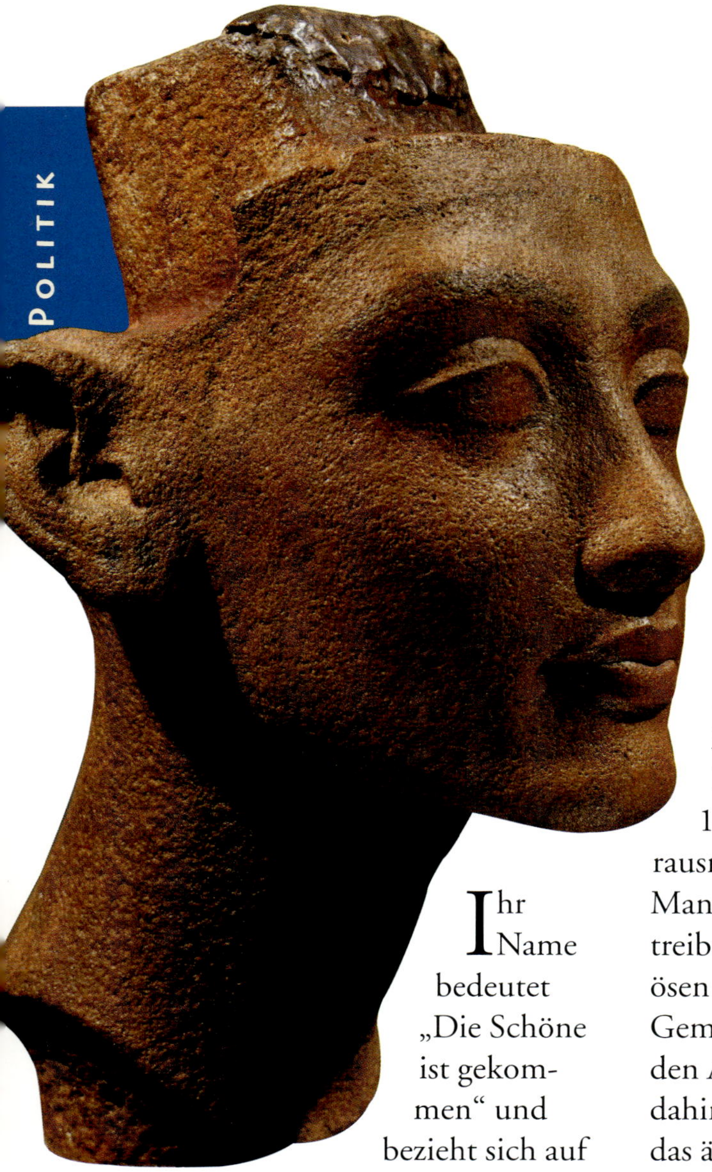

Nofretete

**unbekannt*
† ca. 1350 v. Chr. in Achetaton, Ägypten
ägyptische Pharaonin

Priesterin im Glanz der Sonne

Ihr Name bedeutet „Die Schöne ist gekommen" und bezieht sich auf ihre göttliche Funktion, doch war die „Schöne" tatsächlich eine bezaubernde Frau. Mit ihrem wohl berühmtesten Porträt, einer Kalksandsteinbüste, die im Ägyptischen Museum von Berlin aufbewahrt wird, hat die ägyptische Königin Unsterblichkeit erlangt. Jeder kennt ihr klares Gesicht, dessen feine Züge heitere Gelassenheit ausstrahlen. Trotz ihrer Berühmtheit ist Nofretete bis heute eine rätselhafte Frau. So sind ihr Geburtsjahr wie auch ihre Herkunft unbekannt. Sie war Ägypterin, aber kein Mitglied der königlichen Familie. Vielleicht war sie die Tochter einer bedeutenden Persönlichkeit bei Hofe, des Wesirs Aja. Auf jeden Fall nahm sie an der Seite ihres Mannes, des Pharaos Echnaton (Regierungszeit 1364–1347 v. Chr.), eine herausragende Stellung ein. Manche sehen in ihr sogar die treibende Kraft hinter den religiösen Reformen Echnatons. Gemeinsam mit ihm förderte sie den Aton-Kult. Bestimmten bis dahin eine Vielzahl von Göttern das ägyptische Leben, stand nun im Mittelpunkt der Verehrung ein einziger Gott, Aton. Das Symbol des Gottes war die Sonnenscheibe, von der nach allen Seiten hin Strahlen ausgehen, die in menschliche Hände münden. Der Name des entmachteten Gottes Amun wurde überall, wo man ihn fand, ausgemeißelt, selbst das Wort „Götter" durften die Schreiber nicht mehr verwenden.
Die neue Religion verstand sich als eine Religion des Hier und Jetzt. Sie stellte die von den Menschen konkret erlebte Realität des täglichen Lebens ins Zentrum, das, was man in der Welt tatsächlich sehen, greifen und sinnlich erfahren konnte. Themen, die für die alte Religion sehr wichtig waren, Vorstellungen von Vergangenheit, Tod und Jenseits, wurden vollständig ausgeblendet. Allerdings blieb die direkte Beziehung zu Gott dem Herrscherpaar, Echnaton und Nofretete, vorbehalten. Um Aton anzubeten, stellten die Ägypter sich kleine Hausaltäre in die Wohnung, auf denen die königliche Familie mit ihrem Gott abgebildet war.
Echnaton ließ eine von Sphingen gesäumte Allee errichten, von denen die Hälfte die eigenen

Unvollendeter Quarzitkopf der Nofretete aus der Werkstatt von Amarna

Gesichtszüge trug, die andere Hälfte die Nofretetes. Die Bedeutung des Paares wurde dadurch ausgedrückt: Königin und König ergänzten sich bei der Ausübung der ihnen von Aton verliehenen heiligen Macht und waren eng miteinander verbunden. Wenn Echnaton dem Gott Aton opferte, begleitete Nofretete die heilige Handlung. Beide richteten die gleichen Gebete an ihren Gott und brachten ihm die gleichen Opfergaben dar.
Belohnte der Pharao verdiente Untergebene, war Nofretete ebenfalls anwesend. Bei zeremoniellen Anlässen war es ihr erlaubt, die blaue Krone zu tragen, ein Kopfschmuck, der früher ausschließlich regierenden Königen vorbehalten war. Ganz offenbar nahm Nofretete in der Regierung Echnatons eine Funktion ein, die weit über das übliche Maß hinausging.
Ein Steinblock aus Hermopolis, der im „Museum of Fine Arts“ in Boston zu sehen ist, enthüllt ein bemerkenswertes Detail. Er zeigt ein Staatsschiff der Königin. Nofretete trägt eine Krone und schwingt mit der einen Hand eine Keule, um den Gegner zu erschlagen, den sie mit der anderen Hand an den Haaren gepackt hält. Diese traditionelle Szene ägyptischer Kunst ist normalerweise ausschließlich mit dem König verbunden. Niemals zuvor sah man eine Königin in dieser kriegerischen Pose. Auf anderen Darstellungen lenkt Nofretete einen Streitwagen, empfängt die Sonnenstrahlen, trägt das Zepter, das die Macht der höchsten Befehlsinstanz symbolisiert, und weiht die Opfergaben.
Eine besonders auffallende Qualifikation Nofretetes ist aus dem Titel ihrer Amme zu schließen, die sich „Säugerin der Göttin“ nannte. Die Pharaonen haben sich selbst zwar stets als Götter bezeichnet, für eine Königsgemahlin war das aber ungewöhnlich und neu. Da sie als „göttlich“ ausgezeichnet war, trat sie sogar allein vor den Altar des Aton, pflegte eine direkte theologische Beziehung zu dem Gott und war nicht auf die Anwesenheit ihres königlichen Gemahls angewiesen. Sie war Oberpriesterin eines speziellen Heiligtums, in dem der Sonnenuntergang zelebriert wurde. Nofretete wurde unmittelbar der Königsmacht zugeordnet. Damit genoss sie einen Status der Göttlichkeit, der jenem Echnatons ebenbürtig war.
In der Öffentlichkeit traten König und Königin meist als Paar oder Familie auf. Sie ließen sich in liebevoller Haltung mit ihren Kindern abbilden. Echnaton und Nofretete schreckten auch nicht davor zurück, sich nackt darstellen zu lassen. Ihr Privatleben war ein offenes Buch, für jedermann einsehbar: Reliefs zeigen, wie Nofretete einer ihrer Töchter die Brust gibt, wie sie sich von einer anderen am Kinn berühren lässt, wie

Weltberühmte Kalksteinbüste der Nofretete

Königin Nofretete küsst ihre Tochter Merit-Aton. Relief aus Tell el-Amarna

sie ihre Kinder auf dem Schoß hält, während sie selbst auf Echnatons Schoß sitzt. Das königliche Paar präsentiert ein Ideal, aufgebaut auf der Verehrung des Lichts.
Nofretete hatte sechs Töchter und das Glück war auf ihrer Seite, bis sie im 14. oder nach dem 12. Regierungsjahr des Echnaton von einem schrecklichen Schicksalsschlag heimgesucht wurde: Ihre zweitgeborene Tochter starb. Für die Familie, die sich als Vorbild der Segnungen Atons begriff und darstellte, war der Tod der Tochter ein Schock, von dem sich Nofretete nicht mehr erholte. Die Flachreliefs im Grab zeigen Echnaton und Nofretete in Tränen aufgelöst vor dem Totenbett des Kindes. Das schöne Gebäude des Sonnenpaares zeigte erstmals Risse.
Von diesem Datum an verlieren sich die Spuren der Königin. Unklar ist, ob sie weiter an den offiziellen Zeremonien teilnahm oder durch ihre älteste Tochter

Mythen und Geschichten um die ägyptische Königin lieferten den Stoff für opulentes Kostümkino: Nofretete – Königin vom Nil, das Plakat zum Spielfilm

Nofretete und Echnaton, das Herrscherpaar, das den Aton-Kult förderte. Bemalte Kalkstein-Doppelstatue aus Tell el-Amarna

Heilige Handlung: Nofretete bringt dem Gott Aton Opfergaben dar.

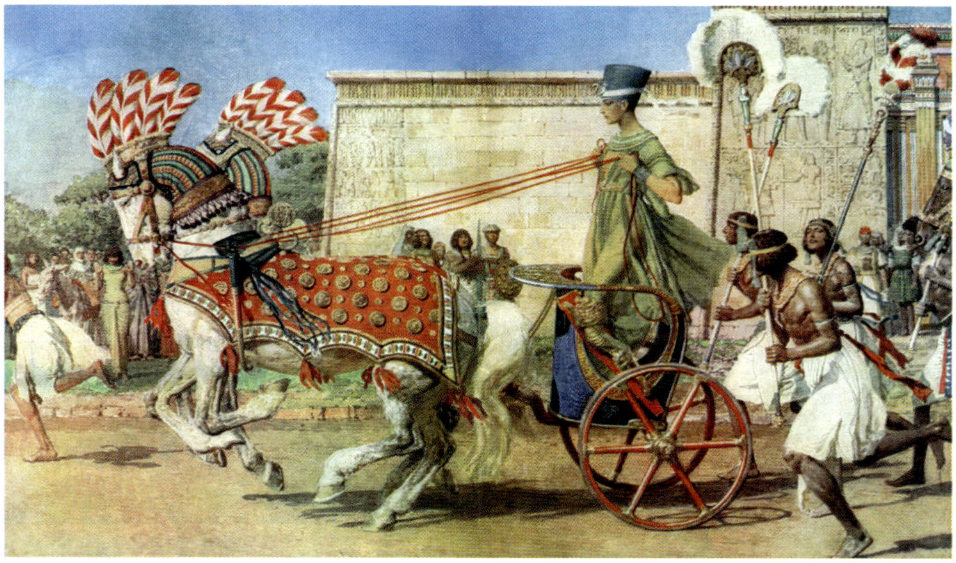

Die Königin lenkt den Streitwagen durch Theben. Gemälde von Fortunino Matania

vertreten wurde. In dem der Nofretete eigenen Tempel wurde ihr Name durch den der ältesten Tochter ersetzt, die hier die Rolle der Mutter übernahm. Mitunter wird vermutet, dass die Königin in Ungnade fiel. Vielleicht starb sie aber auch erschüttert vom Tod der Tochter oder mehrerer Töchter im nördlichen Palast von Achetaton, der heiligen Stadt, die während Echnatons Regierungszeit als Hauptstadt Ägyptens galt.
Nach dem Tod Nofretetes ernannte Echnaton, um die Funktion, die der Kult des Sonnengottes forderte, zu erfüllen, einen Mitregenten. Drei Jahre später starb auch Echnaton. Ihm folgte Tutenchamun, der den Aton-Kult wieder abschaffte. Paläste und Kultstätten wurden dem Erdboden gleichgemacht. Nofretete und Echnaton wurden damit aus der Geschichte gelöscht. Der „Ketzerkönig" Echnaton taucht in den Königslisten der alten Ägypter nicht mehr auf.

Ein Text auf einer Grenzstele von Achetaton, dem heutigen Amarna, gibt folgende Beschreibung von Nofretete:

Das Antlitz klar,
Fröhlich geziert durch die Doppelfeder,
Gebieterin des Glücks,
Eignerin aller Tugenden,
Mit einer Stimme, an der man sich erfreut,
Herrin der Anmut, reich an Liebe,
Deren Gefühle den Gebieter der Zwei Länder beglücken ...
Die Erbprinzessin,
Groß an Gunst,
Herrin des Glücks,
Strahlend mit ihren zwei Federn,
Die mit ihrer Stimme alle erfreut, die sie hören,
Die das Herz des Königs bezaubert,
Zufrieden mit allem, was man sagt,
Die Große und viel geliebte Gemahlin des Königs,
Herrin der Zwei Länder,
„Schön sind die Schönheiten des Aton",
„Die Schöne ist gekommen",
Sie lebe ewiglich.

Literatur

- *Echnaton & Nofretete, in: Damals, Magazin für Geschichte und Kultur, Deutsche Verlags-Anstalt, Stuttgart 10/2000*
- *Jacq, Christian, Nofretete und Echnaton, Rowohlt-Taschenbuch Verlag, Reinbek 2000*
- *Vandenberg, Philipp, Nofretete. Eine archäologische Biographie, Scherz Verlag, Bern, München 1975*

Kleopatra

** 69 v. Chr., Geburtsort unbekannt*
† 30 v. Chr. in Alexandria
ägyptische Königin

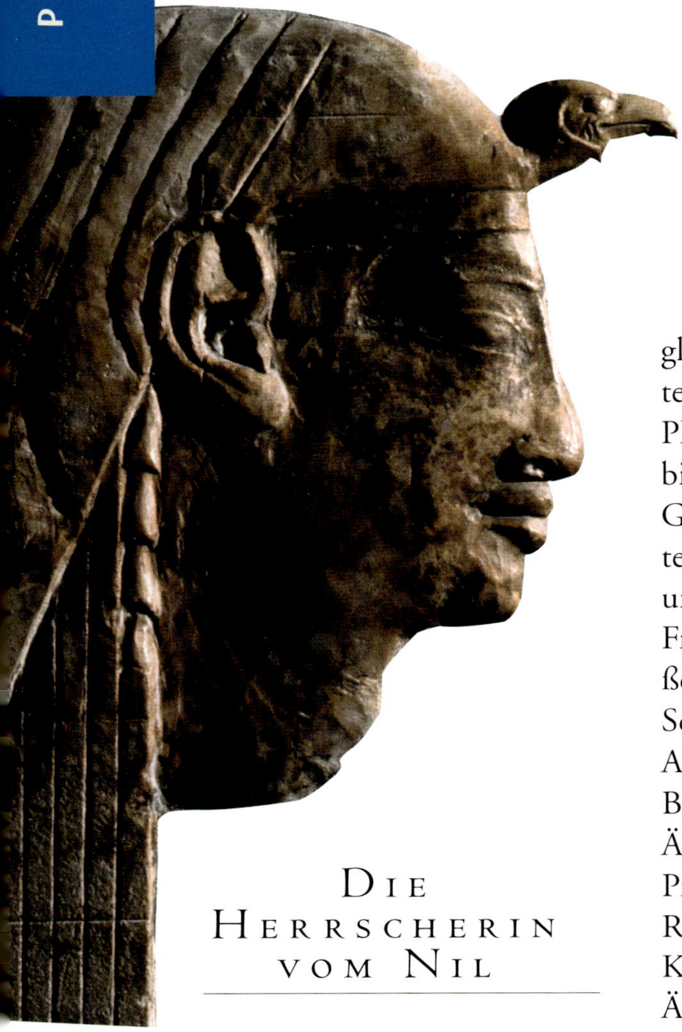

Die Herrscherin vom Nil

„Ihre Schönheit an sich fand wohl ihresgleichen und vermochte nicht durch den bloßen Anblick zu berücken, in der Unterhaltung übte sie dagegen einen unwiderstehlichen Reiz aus. Der Zauber ihrer Rede, die geistige Anmut ihres Wesens verliehen ihren Reizen einen Stachel, der sich tief in die Seele eindrückte. Ein Vergnügen war es auch, dem Klang ihrer Stimme zu lauschen. Ihre Zunge glich einer vielseitigen Leier; denn sie handhabte jede Sprache in der gleichen Vollendung", so berichtet der griechische Schriftsteller Plutarch. Sie war ungewöhnlich bis zur Rätselhaftigkeit und jede Geschichte über sie besteht größtenteils aus Legenden, Symbolen und Wünschen. Eine intelligente Frau, die mit Charme und großer Klugheit das Feld für ihre Schachzüge bereitete.

Als sie gemeinsam mit ihrem Bruder den Thron bestieg, galt Ägypten nahezu als römische Provinz. In über zwanzig Regierungsjahren gelang es Kleopatra, die Selbständigkeit Ägyptens zu bewahren, das Reich zu vergrößern und ihren Einfluss in der antiken Welt auszubauen.

Um einen Streit zwischen dem ägyptischen Herrscherpaar zu schlichten, reiste Caesar nach Alexandria. Zwischen ihm und Kleopatra fand dort eine Begegnung statt, die zu den bekanntesten Episoden aus dem Leben der Königin gehört. Eingerollt in einen Teppich wurde sie unerkannt in den Palast geschmuggelt und vor den Augen des erstaunten und von ihrer Erscheinung entzückten Caesar entrollt.

Zwischen der 21-Jährigen und dem 52-jährigen Römer entwickelte sich eine hocherotische Beziehung mit einem für Kleopatra bedeutenden politischen Anliegen. Sie plante die Eroberung der damaligen Welt an der Seite Caesars. Ab 46 v. Chr. lebte die Ägypterin auf Einladung Caesars in Rom. Ihr gemeinsames Kind Kaisarion erkannte er offiziell als seinen Sohn an. Als

Kleopatra als Isis. Ägyptisches Reliefbildnis

Caesar 44 v. Chr. ermordet wurde, rettete sich Kleopatra mit dem Kind nach Ägypten und versuchte, ihr Land vor dem römischen Bürgerkrieg zu bewahren. Doch zur Erfüllung ihrer Wünsche fehlte ihr ein ebenbürtiger Partner. Mit Interesse verfolgte sie den Streit um Caesars Nachfolge zwischen dem jungen Octavian (dem späteren Augustus) und dem älteren, als Frauenheld bekannten Marcus Antonius.

„Von all meinen tausend Seufzern ist keiner so bitter und so groß wie die kurze Zeitspanne, die ich ohne dich lebte."
Plutarch überliefert dieses letzte Gebet der Königin, dessen Worte Antonius galten

Zeitgenössische römische Porträtbüste der ägyptischen Königin Kleopatra

Plutarch berichtet, dass die ägyptische Königin Antonius auf ihrem Schiff als Aphrodite empfing, reich geschmückt und beinahe nackt – ein bis ins Detail inszenierter Auftritt, mit dem sie als Göttin und Frau gefallen wollte. Liebe, Sexualität und Politik bestimmten die damalige Religion und prägten das Leben der Königin. Antonius verfiel der reizvollen und klugen Frau. Er vergrößerte das ägyptische Reich erheblich. Kleopatras Vision von einer ägyptischen Großmacht war Realität geworden. In seinem Testament übertrug Antonius ihr und den gemeinsamen Kindern römische Territorien und beschwor damit das endgültige Zerwürfnis mit Octavian herauf. Die Seeschlacht bei Actium 31 v. Chr. bescherte Kleopatra und Antonius eine vernichtende Niederlage.
Ein Jahr später eroberte Octavian Alexandria. Antonius nahm sich das Leben. Als Octavian mit der verzweifelten Kleopatra zusammentraf, begegnete ihm, so Plutarch, eine verheulte Frau im Unterkleid, Gesicht und Brüste zerkratzt von der Trauer um Antonius. Sie war nervlich gebrochen und wollte alleine sein, um sterben zu können. Am Grab ihres Geliebten beging sie Selbstmord. Ob sie durch eine vergiftete Spritze oder den Biss einer Schlange starb, ist ungewiss. Doch ging sie ihren Lebensweg kompromisslos zu Ende, schied aus dem Leben, wie es einer ägyptischen Königin gemäß war, und blieb unsterblich bis heute.

Literatur

- *Clauss, Manfred, Kleopatra, C.H. Beck Verlag, München 2000*
- *Größing, Sigrid-Maria, Starke Frauen – schwache Männer. Von Kleopatra bis Wallis Simpson, Verlag Kremayr & Scheriau, Wien 1995*
- *Siegel, Monique R., Frauenkarrieren zwischen Tradition und Innovation. Führungsfrauen der Geschichte, Schäffer-Poeschel Verlag, Stuttgart 1994*

Iulia Agrippina die Jüngere

** 6. November 15 oder 16 n. Chr.*
in Oppidum Ubiorum (heute Köln)
† 59 n. Chr. in Baiae
römische Feldherrntochter, Kaisergattin und Kaisermutter

Der Drang zur Macht

Sie war eine der einflussreichsten und mächtigsten Frauen ihrer Zeit: Iulia Agrippina die Jüngere war die Tochter des römischen Feldherrn Germanicus und der Iulia Agrippina der Älteren. Sie entstammte der ersten Herrscherdynastie des Römischen Reiches nach dem Ende der Republik und war die Urenkelin des Kaisers Augustus, Schwester des Kaisers Caligula, Nichte und spätere Gattin des Kaisers Claudius und Mutter des Kaisers Nero. Wie keine andere Römerin vor ihr erarbeitete sie sich eine Machtposition und stellte die regierenden Männer ihrer Zeit in den Schatten.

Geboren wurde Agrippina am 6. November 15 oder 16 n. Chr. in Oppidum Ubiorum, einem römischen Vorposten am Rhein, der später nach ihr in Colonia Agrippinensis (heute Köln) umbenannt wurde. Agrippina war noch ein Kleinkind, als sie mit ihrer Familie nach Rom zurückkehrte, wo sie eine gute Erziehung und Ausbildung erhielt. Im Jahre 28 wurde die jugendliche Agrippina – geschlechtsreife Mädchen galten im alten Rom als heiratsfähig – mit dem um vieles älteren Gnaeus Domitius Ahenobarbus verheiratet, dem sie nach neun Jahren einen Sohn gebar, den späteren Kaiser Nero.

Als im Jahre 37 Agrippinas Bruder Caligula an die Macht gelangte, versorgte er seine Schwester mit allerlei Privilegien und Ehrungen. So ließ er sie zur

Agrippina und Nero auf einer römischen Münze, 54 n. Chr.

Vestalin erheben – ein Skandal für die Römer, denn eine Vestalin musste Jungfrau sein. Agrippina aber war verheiratet und Mutter.

Gegen Caligula, der dem Wahnsinn zu verfallen schien, wurde 39 eine Verschwörung angezettelt, an der Agrippina beteiligt gewesen sein soll. Caligula erfuhr von dem Komplott und ließ seine Schwester auf eine der pontischen Inseln westlich von Neapel verbannen. Zwei Jahre später, nachdem Caligula ermordet worden war, holte ihr Onkel, der neue Kaiser Claudius, sie wieder zurück. Agrippina, mittlerweile verwitwet, heiratete ein zweites Mal, und zwar Passienus Crispus, einen Konsul und

Millionär, der jedoch schon bald verstarb und ihr ein beträchtliches Vermögen hinterließ. Im Jahre 49 schließlich ging sie mit ihrem Onkel Claudius die dritte Ehe ein – ein Gesetz, das die Ehe zwischen Onkel und Nichte untersagte, ließ Claudius zuvor annullieren.
Mit dieser Ehe hatte Agrippina die höchste Position erreicht, die eine römische Frau erlangen konnte: Sie war die Gemahlin des Kaisers. Nach und nach baute sie ihre Macht aus: Sie erhielt den Ehrentitel „Augusta“, „die Erhabene“. Ihr Porträt war auf römischen Münzen abgebildet, ein Privileg, das bislang ausschließlich verstorbenen Frauen zuerkannt worden war. Im Jahre 50 wurde ihre Geburtsstadt als Colonia Agrippinensis nach ihr benannt.
Ihr höchstes Ziel aber war, für ihren Sohn Nero die Thronfolge zu sichern. Auf ihr Drängen hin adoptierte Claudius Nero als seinen Sohn und Erben. Agrippina holte den Schriftsteller und Philosophen Seneca aus der Verbannung zurück und machte ihn zum Erzieher ihres Sohnes. Sie nutzte ihren großen Einfluss auf den schwachen Kaiser, um Neros Position auszubauen. Dazu gehörte auch, dass sie Nero mit Claudius' Tochter Octavia verheiratete.
54 ließ Agrippina ihren Mann, Kaiser Claudius, vergiften und Nero zum Kaiser ausrufen. Die Regierung für den erst 17-Jährigen übernahm sie selbst zusammen mit Seneca und baute damit ihre bereits unter Claudius erworbene Machtstellung noch deutlich aus.
Aber bereits nach kurzer Zeit überwarf sich Nero mit seiner Mutter, die ihm im Gegenzug drohte, Britannicus auf den Thron zu bringen. Daraufhin ließ Nero seinen Stiefbruder töten. Agrippina geriet nun zunehmend in den Hintergrund, besonders seit Nero Poppaea Sabina zur Geliebten genommen hatte, die selbst große Herrschaftsambitionen besaß. 59 entschied der Kaiser, seine Mutter ermorden zu lassen. Erst sollte sie bei einem inszenierten Schiffsunglück ertrinken. Als dieses Attentat fehlschlug, ließ Nero Agrippina in ihrem Haus erdolchen. Mit dieser Tat hatte er eines der schlimmsten denkbaren Verbrechen begangen, den Muttermord.

Agrippina. Kopf einer zeitgenössischen Marmorstatue

Nero lässt seine Mutter Agrippina durch Soldaten ermorden. Radierung nach einer Zeichnung von Bartolomeo Pinelli, 1810

Literatur

- *Grimal, Pierre, Die Wölfin von Rom. Roman, aus dem Französischen von Giuliana Broggi Beckmann, Goldmann Verlag, München 1992*
- *Größing, Sigrid-Maria, Starke Frauen – schwache Männer. Von Kleopatra bis Wallis Simpson, Verlag Kremayr & Scheriau, Wien 1995*

Theophanu

** zwischen 955 und 960 n. Chr. vermutlich in Byzanz*
† 15. Juni 991 n. Chr. in Nimwegen
deutsche Kaiserin

Die Griechin auf dem deutschen Kaiserthron

Kaiser Otto II., Gemahl Theophanus, mit huldigenden Provinzen, Buchmalerei um 983

Als junges Mädchen – höchstens 17-, vielleicht aber auch nur 12-jährig, ihr Geburtsjahr ist nicht genau bekannt – wurde die byzantinische Prinzessin Theophanu 972 von einer vornehmen Gesandtschaft nach Rom geleitet, um dort mit dem künftigen Kaiser des Abendlands, Otto II. (955–983), vermählt zu werden.
Kaiser Otto I. (912–973) wollte durch diese Heirat seines Sohnes mit einer Repräsentantin des oströmischen Reiches die ebenbürtige Anerkennung des erneuerten westlichen Kaisertums neben dem oströmischen Kaiserreich erwirken.
Die Griechin Theophanu entstammte dem byzantinischen Militäradel, war eine Nichte des armenischen Generals Johannes Tzimiskes, der von 967 bis 976 die vormundschaftliche Regierung in Byzanz übernommen hatte, und wurde am Hof der kaiserlichen Familie erzogen. Die Enttäuschung, dass die Braut keine Kaisertochter und damit nicht ganz standesgemäß war, wurde durch die Schönheit und Ausstrahlung des jungen Mädchens und durch die politischen Vorteile, die sich dennoch aus der Verbindung ergaben, wettgemacht. Die Hochzeit fand am 14. April in Rom statt. In einer prachtvollen Heiratsurkunde auf Purpurpergament, die im Niedersächsischen Staatsarchiv in Wolfenbüttel bewundert werden kann, wurde Theophanu „coimperatrix“, Mitkaiserin, genannt. Wie ihre Schwiegermutter Adelheid, die Frau Ottos I., so war auch Theophanu „consors regni, particeps imperii“, Teilhaberin der Herrschaft im Reich – die Ottonen brauchten bei ihrem steilen Aufstieg die Hilfe der Frauen in der Familie –, und sie erhielt große Ländereien in Italien und Deutschland.
Die Reise nach Norden und die Ankunft im kalten Deutschland muss für die kultivierte Griechin aus der reichen und hoch entwickelten Weltstadt Byzanz ein massiver Einschnitt gewesen sein. Theophanu akklimatisierte sich jedoch rasch. Sie brachte griechisch-byzantinische Lebensart in das karge Land der Wälder und Sümpfe, gab Impulse in

Kaiserin Theophanu begrüßt ihren Gemahl Otto II. nach der Schlacht von Crotone. Holzstich nach einer Zeichnung von Friedrich Hottenroth

Kunst, Bildung und Mode. Die aus politischem Kalkül geschlossene Ehe erwies sich als glücklich und die als Fremde misstrauisch betrachtete „Byzantinerin“ als kluge, machtbewusste Mitkaiserin, die sich Einfluss und Respekt verschaffte. Das Herrscherpaar bekam fünf Kinder: Adelheid (Äbtissin von Quedlinburg und Gandersheim), Sophia (Äbtissin von Gandersheim und Essen), Mathilde (verheiratet mit dem Pfalzgrafen Ezzo), ein Mädchen, das früh starb, und schließlich den Thronfolger Otto, der 980 zur Welt kam. Bereits 983 ließ der Vater seinen 3-jährigen Sohn zum König wählen. Wenige Monate später starb Otto II. 28-jährig an Malaria. Mit großem politischen Geschick, zäher Durchsetzungskraft und dank der Unterstützung treuer Verbündeter im Reich erkämpfte sich die Witwe die kaiserliche Vormundschaft gegen Heinrich von Bayern (den Zänker), einen Vetter des Verstorbenen, und übernahm für ihren Sohn die Regentschaft. Sie setzte die Politik ihres Gatten fort, sicherte die Grenzen im Osten und Westen und schloss mit ihren Gegnern Frieden. Viele, die geglaubt hatten, mit der jungen Regentin bei der Durchsetzung eigener Interessen leichtes Spiel zu haben, mussten erkennen, dass sie es mit einer energischen und weit blickenden Politikerin zu tun hatten. Theophanu regierte „in ständiger Freundlichkeit gegenüber Rechtschaffenen, in Furcht gebietender Überlegenheit gegenüber Aufsässigen“, berichtet ihr Zeitgenosse Bischof Thietmar von Merseburg. Und in den Quedlinburger Annalen ist zu lesen, die Regentin habe „das ganze Reich wie mit einer Kette zusammengehalten“.

Gleichzeitig ließ sie ihrem Sohn eine umfassende Erziehung und Bildung zuteil werden: Er erhielt Unterricht in Sprachen, Musik, Kunst und griechischer Kultur. Als sie 991 starb, hinterließ sie dem 11-jährigen Otto III. ein gefestigtes Kaiserreich, gestärkt auch in der westlichen Selbstbehauptung gegenüber Byzanz. Ihr Grab fand die Byzantinerin, wie sie gewünscht hatte, in Köln, in der Abteikirche des griechischen Heiligen Pantaleon.

Christus krönt Otto II. und Theophanu. Zu Ottos Füßen kniet der Stifter der um 982–983 geschnitzten Elfenbeintafel.

Literatur

- *Eickhoff, Ekkehard, Theophanu und der König. Otto III. und seine Welt, Klett-Cotta Verlag, Stuttgart 1996*
- *Hoffmann, Gabriele, Frauen machen Geschichte. Von Kaiserin Theophanu bis Rosa Luxemburg, Gustav Lübbe Verlag, Bergisch Gladbach 1991*
- *Horst, Eberhard, Geliebte Theophanu. Deutsche Kaiserin aus Byzanz. Romanbiographie, Paul List Verlag, München 1995*

POLITIK

Isabella die Katholische

** 22. April 1451 in Madrigal de las Altas Torres*
† 26. November 1504 in Medina del Campo
Königin von Kastilien

Die Mutter Spaniens

Isabella I., Königin von Kastilien

„Ich die Königin" – so unterschrieb Isabella von Kastilien während ihrer 40-jährigen Regentschaft selbstbewusst neben ihrem Gemahl Ferdinand II. alle öffentlichen Erlasse. Von jungen Jahren an war sie eine Politikerin mit Mut und Weitsicht, die ihre Staatsgeschäfte aus intuitivem Antrieb führte. Sie wusste, was sie wollte und welche Mittel einzusetzen waren: eine kluge Herrscherin mit Führungskompetenz, organisatorischer Begabung, Reformwillen und ausgeprägtem Gespür für zukunftsweisende Projekte. Nach einer entbehrungsreichen Kindheit – sie war nach dem Tod ihres Vaters, König Juans II., mit ihrer schwermütigen Mutter und dem älteren Bruder Alfons vom Hof vertrieben worden – holte ihr Stiefbruder Enrique IV., König von Kastilien, den Infanten Alfons und die 11-jährige Isabella an den Königshof zurück, um sie machtstrategisch zu verheiraten. Doch Isabella wehrte alle Bewerber ab, erklärte sich nach Alfonsos plötzlichem Tod zur Thronerbin und nahm ihre Vermählung selbst in die Hand: Ihre Wahl fiel auf Ferdinand, den Erben von Aragon. Heimlich bereitete die mittlerweile 18-Jährige den Ehebund vor. Um von vornherein Klarheit über die Kronrechte zu schaffen, setzte sie den Heiratsvertrag auf, den ihre Vertrauensleute nach Aragon brachten. Der 17-jährige Auserkorene unterschrieb, machte sich auf den Weg nach Kastilien und 1469 feierten Isabella und Ferdinand Hochzeit.
Als fünf Jahre später Enrique IV. starb, ließ sich Isabella schon am Folgetag zur Königin von Kastilien ausrufen. Mit dem Tod seines Vaters 1479 trat Ferdinand dessen Nachfolge an – Kastilien und Aragon waren vereint, der Weg für Spaniens Aufstieg zur Weltmacht war geebnet.
Gemeinsam verfolgten Isabella und Ferdinand ihre Vision eines starken Spaniens, doch stets war Isabella die treibende Kraft und neben Ferdinand die Stärkere, so dass die Aristokratie Kastiliens den König spöttisch „Rey jupon", „König Unterrock", nannte.
Das Herrscherpaar schränkte den politischen Einfluss des Adels ein und errichtete einen zentralisierten Staat, reformierte das Rechtswesen und ließ Universitäten gründen. Im Einheitsstreben nach einem ideologisch geschlossenen Staat wurden die Juden gezwungen, zum Katho-

Isabella und Ferdinand empfangen ein Buch von einem Kirchenmann. Holzschnitt aus Ludolphus, Vita Christi cartuxano, 1502

lizismus zu konvertieren, oder ausgewiesen. Zu diesem Zwecke führten Isabella und Ferdinand die Inquisition ein, die alle ketzerischen Elemente vernichten sollte – eine fragwürdige und grausame Maßnahme der Regierungszeit des Königspaares. 1492 gewannen sie mit Granada die letzte maurische Bastion in Spanien zurück und beendeten damit die 700-jährige Rückeroberung Spaniens, die Reconquista. Das vereinte Spanien mit der Religion als bindendem Element und auf der Basis einer gemeinsamen Sprache, des Kastilischen, war Realität geworden. Als Isabella, die Mutter Spaniens, die Entdeckungsreise des Genueser Seefahrers Christopher Kolumbus unterstützte, auf der er Amerika entdeckte, war die Voraussetzung für Spaniens Expansion in Übersee geschaffen. Der Papst zeichnete das Herrscherpaar mit dem Titel „Katholische Könige“ aus und bestätigte die Gleichstellung Isabellas neben ihrem Gemahl. 1503 befahl die „Katholische Königin“ dem Statthalter der westindischen Insel Hispaniola, das „gute Recht“ der Einheimischen zu wahren. Sie seien „freie Menschen und keine Hörigen“. Auch in ihrem Testament verfügte die 1504 Verstorbene, die Indianer seien „gut und gerecht“ zu behandeln und der ihnen zugefügte Schaden müsse wieder gutgemacht werden. Diese Verfügung wurde bekanntermaßen niemals verwirklicht.

Nach der Entdeckung Amerikas: Isabella und Ferdinand begrüßen den Genueser Seefahrer Christoph Kolumbus. Ölgemälde von Eugene Delacroix, 1839

Literatur

- *Ennen, Edith, Frauen im Mittelalter, C.H. Beck Verlag, München 1994*
- *Horst, Eberhard, Die spanische Trilogie. Isabella – Johanna – Teresa, Claassen Verlag, Düsseldorf 1989*
- *Pérez, Joseph, Ferdinand und Isabella, Spanien zur Zeit der Katholischen Könige, Verlag Georg D.W. Callwey, München 1989*

Lucrezia Borgia

** 18. April 1480 in Rom*
† 24. Juni 1519 in Ferrara
Papsttochter, Fürstin von Ferrara

Madonna Lucrezia

Sie war eine große Frauenpersönlichkeit der Renaissance: schön, charmant, hochintelligent, diplomatisch sehr geschickt, außerordentlich beredt, heiter, lebenslustig. Ihr Schicksal war untrennbar verwoben mit dem politischen Rahmen, in den sie hineingeboren wurde, und sie spielte ihre Rolle in der väterlichen Familienpolitik: Lucrezia Borgia, berühmt-berüchtigte Papsttochter und spätere Herzogin von Ferrara. Geboren am 18. April 1480 als Tochter des spanischen Kardinals Rodrigo Borgia, des späteren Papstes Alexander VI., und seiner damaligen Geliebten Vannozza Cattanei wuchs Lucrezia in Rom auf. Aus derselben Verbindung stammten auch Lucrezias Brüder Cesare, Juan und Jofré. Die Sprösslinge des Papstes wurden nicht still beiseite geschafft, sondern der Vater bekannte sich 1496 öffentlich zu ihnen. Wie seine Vorgänger und seine Nachfolger auf dem päpstlichen Stuhl betrieb Alexander VI. territoriale Familienpolitik und Vetternwirtschaft. Der Aufstieg seiner Kinder war ihm

Dieses Gemälde von Bartolomeo Veneto wird als Porträt der Lucrezia Borgia gedeutet.

dabei eminent wichtig. Lucrezias Ausbildung entsprach der einer Tochter von Adel. Sie sprach Spanisch, Italienisch und Französisch, lernte Latein und Griechisch. Die Papsttochter ging im Vatikan ein und aus und bewegte sich inmitten einer Welt, in der Geld und Macht regierten. Als 11-Jährige wurde sie einem Mann versprochen und zwei Jahre später mit Gio-

„Lucrezia Borgia, die mit jeder Stunde an Schönheit wächst, an Tugend, am Gewinn des Ruhms und Glückes, wie die junge Pflanze im lockern Erdreich wächst beim Sonnenglanze."
So schrieb der große italienische Epiker Ariost.

Das Schlafgemach der Madonna Lucrezia in Sermoneta, Castello

vanni Sforza, dem Grafen von Pesaro, verheiratet. Als diese Verbindung für Papst Alexander VI. keine Vorteile mehr bot, setzte er die Annullierung der Ehe durch, die angeblich nie vollzogen worden war. Zu dieser Zeit, 1497, wurde Lucrezias Bruder Juan ermordet; über die Papsttochter verbreiteten sich hässliche Gerüchte. Politische Intriganten behaupteten, sie führe ein orgiastisches Leben im Vatikan, sie habe inzestuöse Beziehungen zu ihrem Vater, dem Papst, und zu ihren Brüdern.
Ein Jahr nach der Scheidung verheiratete der Papst seine 18-jährige Tochter mit Don Alfonso von Aragon, einem unehelichen Sohn der in Neapel regierenden Dynastie; 1499 kam Sohn Rodrigo zur Welt. Doch auch diese Ehe fiel der Politik zum Opfer – Lucrezias Gatte starb 1500 nach einem Attentat.
Kaum war der Tote bestattet, wurde eine neue Hochzeit eingefädelt: Die junge Witwe wurde mit Alfonso d'Este von Ferrara verheiratet, dem Erbprinzen eines der einflussreichsten Herzöge Italiens. Der Fürstenhof von Ferrara ließ sich die Verbindung mit dem Emporkömmling aus dem Hause Borgia hoch bezahlen: Mit einer Mitgift von 100 000 Dukaten und einer kostbaren Ausstattung zog Lucrezia im Februar 1502 in Ferrara ein. Die 22-Jährige ließ ihre belastete römische Vergangenheit gerne zurück – ein neues Leben begann für sie. Als Herzogin von Ferrara, das als kulturelles Zentrum galt, war sie plötzlich Förderin der Künste. Sie scharte Philosophen, Dichter und Künstler um sich und die Dichter besangen die junge Herzogin, feierten sie als „schön und gelehrt, weise und sittsam". Die hässlichen Gerüchte um sie verschwanden. Die Papsttochter galt als eine der glänzendsten Fürstinnen dieser Zeit und wurde geliebt von ihrem Volk.
Auch das Verhältnis des Ehepaares Alfonso und Lucrezia war harmonisch. Sie gebar fünf Söhne und drei Töchter, von denen aber nur drei Söhne und eine Tochter überlebten. Am 24. Juni 1519 starb die schöne Lucrezia an Kindbettfieber, nachdem sie ein Siebenmonatskind zur Welt gebracht hatte.

Rodrigo Borgia, Vater der Lucrezia und Papst Alexander VI.

LITERATUR

- *Ennen, Edith, Frauen im Mittelalter, C.H. Beck Verlag, München 1994*
- *Gregorovius, Ferdinand, Lucrezia Borgia, Verlag Paul Aretz, Berlin 1931*
- *Grillandi, Massimo, Lucrezia Borgia, Econ Verlag, Düsseldorf 1991*

Katharina von Medici

** 13. April 1519 in Florenz*
† 5. Januar 1589 in Blois
französische Königin

Die Machtpolitikerin

Für die einen war sie die skrupellose, grausame Intrigantin, die – inspiriert von der politischen Philosophie Macchiavellis – nach kaltem Machtkalkül herrschte. Andere sahen in ihr eine intelligente und diplomatische Persönlichkeit, deren einziges Ziel die Einheit Frankreichs, die nationale Monarchie, war, die sie durch ihre politische Wendigkeit, durch Vermittlung zwischen den Konfessionen und Ausgleichsbemühungen mit Spanien jahrelang bewahrte. Wie auch immer, die Bartholomäusnacht, ein schreckliches Gemetzel, bei dem Tausende von Hugenotten ermordet wurden, und die Hugenottenkriege, blutige Ereignisse, sind mit dem Namen der Renaissance-Fürstin Katharina von Medici verbunden.
Sie war ein Spross der berühmten florentinischen Kaufmannsfamilie und wurde bereits einen Monat nach der Geburt Vollwaise: Ihre Mutter, Madeleine de la Tour d'Auvergne, starb zwei Wochen nach der Niederkunft. Wenige Tage später erlag ihr Vater, Lorenzo de Medici, seiner Syphilis-Erkrankung. Die kleine Katharina Maria Romola wuchs zuerst in der Obhut einer Tante, dann in Klöstern auf und wurde schließlich von ihrem Onkel, dem Medici-Papst Clemens VII., als Trumpfkarte im politischen Spiel eingesetzt: 14-jährig wurde sie mit Heinrich II. verheiratet, der 1547 den französischen Thron bestieg.
An der Seite des Thronfolgers und späteren französischen Königs hatte die Florentinerin einen schweren Stand. Mehr als zwanzig Jahre lebte sie im Schatten von Heinrichs Mätresse, Diane du Poitiers, die eine zentrale Rolle am Hofe einnahm. Hinzu kam, dass sie wegen ihrer jahrelangen Kinderlosigkeit heftig unter Druck stand. Als sie dann innerhalb von

Grausame Intrigantin oder kluge Diplomatin? Zeitgenössisches Gemälde, französische Schule

zwölf Jahren zehn Kinder zur Welt brachte, wurde sie als „königliche Zuchtstute“ verspottet.

> *„Ich bin von den Trümmern des Hauses zermalmt worden.“*
> Katharina von Medici, kurz vor ihrem Tod

Nach dem Tode Heinrichs II. im Jahre 1559 entwickelte sich Katharina zu einer der mächtigsten Persönlichkeiten Europas. Sie übernahm nicht nur während ihrer offiziellen Regentschaft (1560–1563) die politische Führung Frankreichs, sondern war auch als Mutter dreier Könige (Franz' II., Karls IX. und Heinrichs III.) inoffizielle Regentin. Ihre 30-jährige „Regierungszeit“ umfasst einige der entscheidenden Jahre der französischen Geschichte: die Zeit der großen Auseinandersetzungen zwischen Katholiken und Protestanten. Um Toleranz bemüht, wollte Katharina von Medici den Streit zwischen den Konfessionen beilegen. Auf ihre Initiative hin kam es zum Religionsgespräch von Poissy 1561 und zum Edikt von Saint-Germain 1562, das den Hugenotten (französischen Protestanten) gewisse Rechte gewährte. Doch die Gegensätze blieben und verschärften sich sogar noch: ein Religionskrieg brach aus, weitere Toleranz-Edikte wurden erlassen. Als der Hugenottenführer Coligny mit England zu einem großen antispanischen Schlag ansetzte, ließ sie ein Attentat auf ihn ausüben und, als dieses fehlschlug, die führenden Hugenotten mit Tausenden von Glaubensgenossen in der Bartholomäusnacht vom 23. zum 24. August 1572 umbringen.
Dieses Gemetzel verhärtete die Fronten, der Krieg zwischen den Konfessionen setzte sich fort, obwohl Katharina in den folgenden Jahren als zähe Unterhändlerin und Ratgeberin agierte. Als

Katharina von Medici in jungen Jahren

sie 1589 starb, war Frankreich ein vom Bürgerkrieg ruiniertes Land und Katharina eine unheimliche und ungeliebte Herrscherin.

Ein Magier lässt Katharina in einem Zauberspiegel die Reihe der künftigen Könige Frankreichs erblicken. Radierung aus L'espion turc, *1710*

Literatur

- *Héritier, Jean, Katharina von Medici, aus dem Französischen von Christa Dericum, W. Kohlhammer Verlag, Stuttgart 1964*
- *Mahoney, Irene, Katharina von Medici. Königin von Frankreich, aus dem Englischen von Christian Zinsser, Eugen Diederichs, München 1999*
- *Siegel, Monique R., Frauenkarrieren zwischen Tradition und Innovation. Führungsfrauen der Geschichte, Schäffer-Poeschel Verlag, Stuttgart 1994*

POLITIK

Maria Stuart

** 8. Dezember 1542 in Linlithgow*
† 8. Februar 1587 in Fotheringhay
schottische Königin

Tragik einer Königin

Maria Stuart, Königin von Schottland, Porträt aus dem 16. Jh.

Sie lag noch in der Wiege, da wurde sie bereits zur Königin von Schottland gekrönt: Ihr Vater, König Jakob V., war wenige Tage nach ihrer Geburt gestorben und sie, Maria Stuart, war sein einzig legitimes Kind. Mit 6 Jahren wurde sie an den französischen Hof geschickt, wo sie als künftige Frau des Thronfolgers Franz II. erzogen wurde. Im Stil der Renaissance erhielt sie hier eine umfassende Bildung, lernte Sprachen und wurde in Poesie, Musik und Tanz unterrichtet. 1558 wurde die 16-jährige Maria mit ihrem 15-jährigen Verlobten getraut und schon ein Jahr später durch den Tod ihres Schwiegervaters Königin von Frankreich. Doch zwei Jahre später starb der kränkliche Franz II. und die junge Witwe kehrte 1561 als regierende Königin von Schottland in ihre von Reformation und politischen Fehden zerrissene Heimat zurück.

Der Wechsel vom französischen Renaissancehof ins raue Schottland muss für Maria eine große Umstellung bedeutet haben. Bei ihrer Ankunft war die schottische Küste in dichten Nebel gehüllt. John Knox, erbitterter Gegner Maria Stuarts und Wortführer der kalvinistischen Extremisten, die in Schottland eine Vormachtstellung erlangt hatten, deutete diese Wetterlage als ein böses Omen. Das Volk aber begrüßte seine Königin mit Jubel und war begeistert von ihrer Schönheit, Jugend und majestätischen Haltung.

Maria fügte sich der neuen protestantischen Staatsreligion in Schottland, trat aber für konfessionelle Toleranz ein und bestand darauf, persönlich ihrem katholischen Glauben treu zu bleiben. In den ersten Jahren gelang es ihr mit Unterstützung schottischer Clanführer, den Adel zu befrieden, während sie sich auf religiösem Gebiet in einer Art Dauerkrieg mit Knox behaupten musste. Ein weiterer Belastungsfaktor war für Maria Stuart die Beziehung zu England, wo ihre Cousine Elisabeth I. gerade den Thron bestiegen hatte. Unter dem Einfluss ihrer Onkel, derer von Guise, war die schottische Königin in Frankreich von ihrem Anspruch auf den englischen Thron überzeugt worden. Die Enkelin des Schottenkönigs Jakob IV., der mit der Schwester Heinrichs VIII. verheiratet gewesen war, sei, so meinten die Katholiken, die legitimere Thronfolgerin gegenüber Elisabeth, der zweiten unehelich geborenen Tochter Heinrichs VIII. und Anna Boleyns. So stellte Maria Stuart für Elisabeth I. eine

Maria Stuart wird zum Verzicht auf die Krone gezwungen. Gemälde von Joseph Severn, 1850

latente Bedrohung dar.
Anders als ihre englische Rivalin aber verhielt sich Maria von Schottland oft taktisch und politisch unklug, so auch in der Frage der Eheschließung. Ausländische Herrscher wie der deutsche Kaiser, die Könige von Dänemark und Schweden warben um ihre Hand. Maria verliebte sich in ihren katholischen Vetter Henry Darnley, den Grafen von Lennox, heiratete ihn und verlieh ihm den Königstitel. Doch ihr Angetrauter entpuppte sich als Intrigant, der sich mit Marias Gegnern verbündete und ihre Vertrauensleute ausschaltete, um mehr Macht zu gewinnen. Maria, die 1566 ihren Sohn Jakob zur Welt brachte, lehnte eine Trennung von Darnley ab, weil das die Erbfolge ihres Sohnes gefährdet hätte. Bedroht von Intrigen und Verrat war Maria Stuart auf sich gestellt. Einziger Vertrauter war der Earl of Bothwell, der sehr wahrscheinlich im Februar 1567 Darnley ermorden ließ. Eine Mitwisserschaft Marias bei dem Mord an ihrem Mann konnte nie bewiesen werden, stand aber für ihre Gegner außer Frage. Die berühmten *Kassettenbriefe*, benannt nach einer silbernen Kassette, einem Geschenk Marias an Bothwell, umfassen acht Briefe und einige Sonette der Königin an Bothwell, in denen das Liebesverhältnis der beiden zum Ausdruck kommt. Ob diese Kassettenbriefe, die Maria der Schuld an der Ermordung ihres Gatten Darnley überführen sollten, Fälschungen sind, konnte nie geklärt werden. Bothwell kam vor ein Scheingericht und wurde freigesprochen. Kurz darauf ließ er sich von seiner Frau scheiden und heiratete Maria Stuart.
Doch durch diese Ehe – ein verzweifelter Versuch, den drohenden Sturz aufzuhalten – wurde die Königin Schottlands doppelt entehrt: Die Vebindung war nicht standesgemäß und Bothwell war überzeugter Protestant. Misstrauisch und aufgebracht verbündete sich der schottische Adel gegen das Paar. Die Königin wurde gefangen genommen und 1567 zugunsten ihres

Schön, aber ohne Fortüne: Porträt der Maria Stuart während ihrer kurzen Herrschaft als französische Königin. Gemälde von Serrur, 16. Jh.

Der Haushofmeister Melvil nimmt von seiner Königin Abschied. Lithografie von Johann Nepomuk Geiger, 1860

Elisabeth I., Königin von England, unterschreibt das Todesurteil Maria Stuarts am 1. Februar 1587. Holzstich von Alexander Liezen-Mayer, 1873

Sohnes Jakob VI. zur Abdankung gezwungen. Nach elfmonatiger Gefangenschaft gelang Maria Stuart die Flucht. Sie sammelte ein Heer um sich, das aber im Mai 1568 geschlagen wurde. Um ihr Leben bangend, traf sie – allen Warnungen ihrer engsten Freunde zum Trotz – die fatale Entscheidung, nach England zu fliehen und sich ihrer Cousine Königin Elisabeth I. anzuvertrauen. Sie hegte die Hoffnung, Elisabeth würde sie aus königlicher Solidarität unterstützen. Doch Maria Stuart war nicht nur eine vom Volk verstoßene Königin, sie war Elisabeths Gegenspielerin, die ihr den englischen Thron streitig machen konnte – Elisabeth I. setzte Maria gefangen. Neunzehn Jahre lang war Maria Stuart in englischer „Schutzhaft", es war ein Leben im goldenen Käfig. Mit einem kleinen Hofstaat von Sekretären, Edelfrauen, Geistlichen, Ärzten und Dienern lebte die Gefangene in verschiedenen nord- und mittelenglischen Schlössern, zuletzt in Fotheringhay in der Grafschaft Northampton. Sie ritt zur Jagd aus, empfing Gäste und war Mitwissende oder Beteiligte an

> *„Als Sünderin weiß ich sehr wohl, wie oft ich mich gegen meinen Schöpfer vergangen habe, und ich bitte ihn um Vergebung, aber als Königin und Herrscherin bin ich mir keines Fehlers bewusst."*
> Maria Stuart vor dem Hochverratsprozess

Verschwörungen gegen die englische Königin. Fortwährend hoffte sie auf Befreiung, auf Hilfe aus Spanien, Frankreich, von Seiten der Kirche – und war doch nur Schachfigur im politischen Spiel. Im Oktober 1586 musste sie sich einem Hochverratsprozess stel-

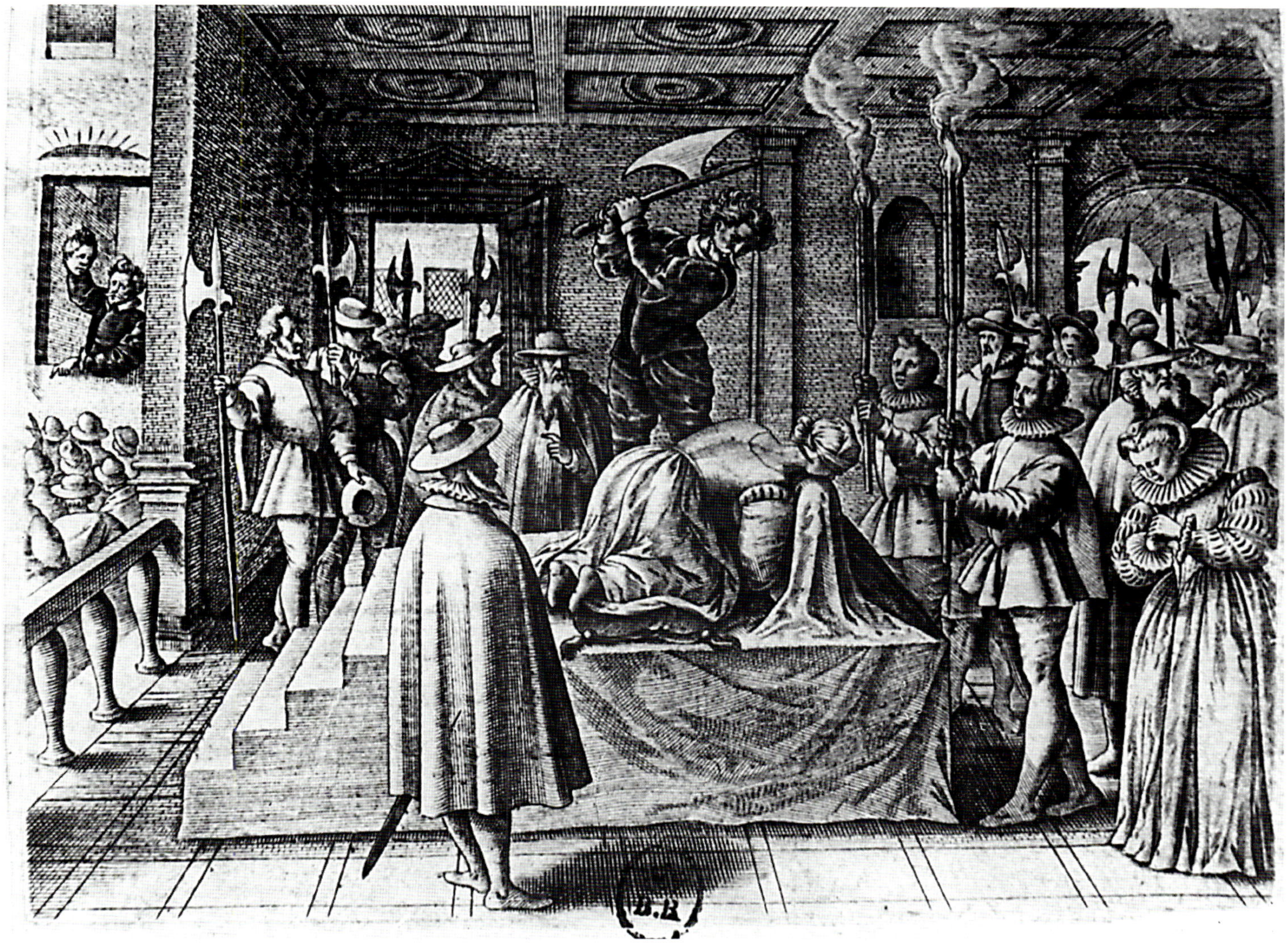

Grausames Ende der Maria Stuart: Nach neunzehn Jahren Gefangenschaft in England wurde sie der Verschwörung gegen Königin Elisabeth I. angeklagt, verurteilt und am 8. Februar 1587 in Fotheringhay hingerichtet. Kupferstich, 17. Jh.

len. Sie sei an der Verschwörung um Anthony Babington, ihrem Pagen, beteiligt gewesen, der ein Attentat auf Elisabeth geplant hatte. Maria protestierte gegen die Anklage und das Urteil des Gerichts. Als Ausländerin sei sie Elisabeth keine Treue schuldig. Doch ihr Einwand wurde verworfen. Angeklagte erhielten damals keinen Rechtsbeistand und keinen Einblick in die Papiere, auch Maria Stuart nicht. Sie wurde zum Tode verurteilt. Erst nach langem Zögern unterzeichnete Elisabeth am 1. Februar 1587 den Hinrichtungsbefehl.

Maria Stuart beeindruckte die Welt mit ihrem gefassten, geradezu heroischen Märtyrertod. Festlich gekleidet bestieg sie das Schafott, sprach laut ihre Gebete und sagte zu den maskierten Henkern, die sie um Verzeihung baten: „Ich vergebe Ihnen von ganzem Herzen, denn Ihr werdet, so hoffe ich, meinem Leiden ein Ende setzen.“ Dann kniete sie nieder und legte ihr Haupt auf den Block. Maria Stuart, Königin von Schottland, war 44 Jahre, als ihr Kopf am 8. Februar 1587 unter dem Richtbeil der Engländer fiel. Elisabeth und Maria Stuart liegen in der Westminster Abbey nebeneinander begraben.

Literatur

- *Fraser, Antonia, Maria, Königin der Schotten, Claassen Verlag, Hamburg, Düsseldorf 1971*
- *Siegel, Monique R., Frauenkarrieren zwischen Tradition und Innovation. Führungsfrauen der Geschichte, Schäffer-Poeschel Verlag, Stuttgart 1994*
- *Zweig, Stefan, Maria Stuart, Fischer Taschenbuch Verlag, Frankfurt/Main 1959*

Madame du Barry

** 19. August 1743 in Vaucouleurs, Lothringen*
† 8. Dezember 1793 in Paris
französische Mätresse

Die ungekrönte Königin

„Ich bin von Madame du Barry entzückt; sie ist die einzige Frau in ganz Frankreich, die mich vergessen lässt, dass ich demnächst sechzig werde“, vertraute König Ludwig XV. nach dem ersten Rendezvous mit seiner neuen Bekanntschaft dem Herzog von Richelieu an. Das war im Jahre 1768. Die Auserkorene, eine 25-jährige blühende Schönheit mit blonder Lockenpracht und makellosem Dekolleté, hatte bereits eine steile Karriere hinter sich. Geboren als uneheliche Tochter eines Mönchs und einer Näherin aus Lothringen erhielt Marie Jeanne Bécu in einem Kloster die für Mädchen übliche rudimentäre Erziehung. Mit 18 Jahren trat sie eine Stelle in einem mondänen Pariser Modegeschäft an und entpuppte sich hier als Kundenmagnet besonders für die männliche Klientel. Zu ihrer Kundschaft gehörte seit 1763 auch ein Mann, der Großes mit ihr vorhatte: Graf Jean du Barry, eine Art Nobelzuhälter, plante, die auffallende Schönheit dem König von Frankreich als Mätresse zu vermitteln.

Marie Jeanne führte zunächst das Spielkasino des Grafen du Barry, empfing dort Männer aus den höchsten Kreisen der Gesellschaft und eignete sich Sprache und Gebräuche der Adeligen an. Ein arrangierter Besuch im Schloss zu Versailles verlief erfolgreich: König Ludwig war auf sie aufmerksam geworden und wünschte, sie kennen zu lernen. Schleunigst vermählte Graf du Barry die Begehrte mit seinem Bruder, um sie hoffähig zu machen.

Der alternde Monarch war hingerissen von der charmanten, sinnlichen und unkomplizierten Madame du Barry. Gegen den Widerstand des Hofes machte er sie, ein gewöhnliches Mädchen aus dem Volk, zur königlichen

Zeitgenössisches Gemälde von François Drouais

Geliebten, zur maîtresse en titre. Sie bezog die Zimmer neben den Appartements des Königs, erhielt ein Schloss nahe Versailles, bekam eine großzügige Pension und besaß bald eine der berühmtesten Juwelensammlungen ganz Europas. Als der Enkel Ludwigs XV. 1770 mit der Österreicherin Marie-Antoinette vermählt wurde, nahm Madame du

> *„Lehnen Sie bitte nicht ab. Schönheit verleiht immer königlichen Rang.“*
> Kaiser Joseph II., der Bruder von Marie-Antoinette, der Madame du Barry den Arm anbot, bei einem Besuch in Frankreich.

Der alternde König Ludwig XV. nimmt das Stärkungsmittel „Du Barry" zu sich. Karikatur von Paul Hadol, 19. Jh.

Ludwig XV. im Boudoir seiner teuren Geliebten, Gemälde von Gyula Benczur

Barry an der Seite des Königs an der Hochzeitszeremonie teil – ein Skandal am Hofe und ein Triumph für die Mätresse.
Anders als ihre einflussreiche Vorgängerin Madame Pompadour war Marie Jeanne du Barry politisch wenig ambitioniert, was natürlich auch in ihrer Herkunft und Geschichte begründet lag. Doch sie lernte rasch, sich am Hof zu bewegen: Sie hatte großen Einfluss auf den König, förderte großzügig Künstler und Schriftsteller und machte als gutmütige und wohltätige Gönnerin von sich reden. Außerdem liebte Madame den Luxus und war als offizielle Mätresse ungekrönte Königin. Als Ludwig XV. im Mai 1774 starb, wurde sie in ein Kloster verbannt und durfte erst nach zwei Jahren wieder ihr Schloss beziehen.
Nach Ausbruch der Revolution emigrierte ein großer Teil der französischen Aristokratie nach England. Madame du Barry war sorglos und kümmerte sich nicht um die politischen Ereignisse. Nachdem ihr Schmuck gestohlen worden war, erstellte sie eine lange Liste der vermissten Juwelen und ließ sie verbreiten. Das hatte fatale Folgen, denn Madame – fast in Vergessenheit geraten – war nun wieder im Gespräch; vor allem wusste die halbe Welt, welch ein Vermögen sie hatte. Im Zuge der Schmuckfahndung reiste sie mehrere Male nach England und geriet in den Verdacht konterrevolutionärer Aktivitäten. In der naiven Absicht, ihren Besitz zu sichern, kehrte sie nach einem mehrmonatigen Englandaufenthalt nach Frankreich zurück, wurde im September 1793 gefangen genommen, vor ein Revolutionsgericht gestellt und im Dezember durch die Guillotine hingerichtet.

Literatur

- *Frischauer, Paul (Hg.), Die geheimen Papiere der Gräfin Dubarry, Insel Verlag, Frankfurt/Main 1990*
- *Thoma, Helga, „Madame, meine teure Geliebte ...". Die Mätressen der französischen Könige, Verlag Carl Ueberreuter, Wien 1996*

Elisabeth von Österreich

** 24. Dezember 1837 in München*
† 10. September 1898 in Genf
österreichische Kaiserin

Monarchin wider Willen

Sie galt als die „schönste Kaiserin der Welt" und als eine der aufregendsten Frauen des Fin de Siècle, eine schillernde Persönlichkeit, widersprüchlich, intelligent, faszinierend. Eine, die meistens die ihr auferlegten Rollen und Erwartungen verweigerte und doch gefangen blieb: Sissi, Kaiserin Elisabeth von Österreich, Königin von Ungarn.

Geboren als drittes von acht Kindern des Wittelsbacher Herzogs Max in Bayern und seiner Frau Ludovika hatte Elisabeth Amalia Eugenia eine unbeschwerte Kindheit. Sie wuchs freizügig auf, im Winter in München, im Sommer auf dem elterlichen Landsitz Possenhofen am Starnberger See, sprach bayerischen Dialekt, war eine gute Schwimmerin, Reiterin und Bergsteigerin.

Ernst und Mühsal des dynastischen Lebens begannen für die bayerische Prinzessin 1854, als sie, 16-jährig, den jungen Kaiser Franz Joseph von Österreich heiratete. Ihre neue Rolle als Kaiserin eines mächtigen Reiches erfüllte Elisabeth von Anfang an mit Unbehagen und Angst. Sie litt unter dem starren Protokoll des Wiener Hofes, fühlte sich fremd und einsam an der Seite ihres pflichtbewussten, arbeitsamen Mannes und verzehrte sich vor Heimweh nach Bayern.

In den ersten Jahren fügte sich Sissi der Erziehung ihrer Schwiegermutter Sophie und mühte sich redlich, ihren Aufgaben als Kaiserin gerecht zu werden. Sie repräsentierte, war ihrem Mann eine stille, ergebene Frau und brachte vier Kinder zur Welt, drei Töchter und einen Sohn. Doch sie war oft krank, melancholisch, weinte viel und wollte nicht essen. Die Hofgesellschaft urteilte abfällig über das mimosenhafte „schöne Hascherl", aber die Bevölkerung, vor allem die

Elisabeth von Österreich auf einem Gemälde aus dem Jahr 1865

liberalen Kräfte, erkannten die Kaiserin als Sympathisantin liberaler Ideen und setzten große Hoffnungen in sie.

Elisabeth mischte sich jedoch nur kurzzeitig in die Politik ein: 1867 vermittelte sie im österreichisch-ungarischen Ausgleich und setzte sich erfolgreich für die Forderungen Ungarns nach weit-

Franz Joseph I., der junge Kaiser von Österreich, und Sissi, Herzogin von Bayern, 1853

Mit einer scharf geschliffenen Feile stach der Anarchist Luigi Lucheni auf Kaiserin Elisabeth ein und verletzte sie tödlich.

gehender Selbständigkeit ein. Die Krönung des Kaiserpaares mit der ungarischen Königskrone 1867 war das Resultat ihrer Vermittlung.
Abgesehen von diesem Engagement, mit dem sie die Konservativen verärgerte, trat Sissi politisch nicht in den Vordergrund, sie spürte, dass die Monarchie keine Zukunft hatte, zog sich immer mehr zurück und verweigerte ihre Pflichten als Kaiserin. Enttäuscht von ihrer Ehe – ihr Mann war untreu und oft abwesend, ihre Schwiegermutter mischte sich massiv ein – wehrte sie sich auf ihre Art gegen diese Demütigungen und Übergriffe: Sie flüchtete in Krankheiten, die ihr zum Vorwand für lange Reisen dienten, und blieb der verhassten „Kerkerburg“ in Wien oft monatelang fern.
In den 70er Jahren verlegte sie sich mit aller Intensität auf den Reitsport und entwickelte sich zur meisterhaften Parforcereiterin – einer Art Military-Reiten. Und sie widmete sich besessen ihrer Schönheit, unterzog sich häufigen und strengen Diäten, achtete verbissen auf ihre knapp fünfzig Kilogramm Gewicht und trieb ausdauernd Sport. Gleichzeitig hatte sie einen unstillbaren Bildungshunger, lernte Ungarisch und Griechisch und studierte Literatur. In den 80er Jahren schrieb sie ein poetisches Tagebuch in der Nachfolge ihres geliebten Dichters Heinrich Heine. In den geheim gehaltenen Gedichten rächte sie sich am Wiener Hof, verspottete die kaiserliche Familie und beurteilte die Monarchie als Ruine, die „endlich fallen“ müsse.
Nach dem Selbstmord ihres Sohnes, des Thronfolgers Rudolf, im Jahre 1889 reiste sie noch rastloser als zuvor und wurde eine depressive, menschenscheue Frau, die sich ängstlich hinter Fächern und Schirmen verbarg, denn nichts war ihr schrecklicher, als angestarrt zu werden.
Tragisch starb sie mit 60 Jahren: Bei einem Besuch in Genf im September 1898 wurde sie von dem italienischen Anarchisten Luigi Lucheni erstochen.

Literatur
- *Daimler, Renate, Diana & Sisi. Zwei Frauen – ein Schicksal, Franz Deuticke Verlagsgesellschaft, Wien 1998*
- *Hamann, Brigitte, Elisabeth. Kaiserin wider Willen, Piper Verlag, München 1989*
- *Thiele, Johannes, Elisabeth. Das Buch ihres Lebens, Paul List Verlag, München, Leipzig 1996*

Eleanor Roosevelt

** 11. Oktober 1884 in New York*
† 7. November 1962 in New York
amerikanische „First Lady“, Politikerin, Journalistin

Das soziale Gewissen Amerikas

Eleanor Roosevelt, 1937

Als „große Dame Amerikas“ ging Eleanor Roosevelt in die Geschichte ein: Ihr politisch-humanitäres Engagement galt den sozial Schwachen, den Frauen, den Schwarzen, den Flüchtlingen – unermüdlich, zäh, pragmatisch. Als sie auf einer Wohltätigkeitskonferenz in Alabama aufgefordert wurde, in den für Weiße reservierten Sitzreihen Platz zu nehmen, verließ sie die Veranstaltung. Und als die Frauenvereinigung „Töchter der Amerikanischen Revolution“ der schwarzen Sängerin Marian Anderson die Aufnahme verwehrte, trat sie aus dem Verband aus. Sie war die erste First Lady, die Pressekonferenzen gab, zu der nur Frauen eingeladen waren, und erwirkte damit, dass alle Zeitungen des Landes wenigstens eine Frau als Berichterstatterin beschäftigen mussten – unerhört damals, in den 30er Jahren des vergangenen Jahrhunderts.
Zusammen mit ihrem Mann, Präsident Franklin Delano Roosevelt, entwickelte sie den „New Deal“, eine Sozialpolitik zur Überwindung der Weltwirtschaftskrise in den 20er und 30er Jahren. Mindestlöhne, Arbeitszeitverkürzung und Schutzrechte für Arbeiter, Abschaffung der Kinderarbeit, Stärkung der Gewerkschaften und Zerschlagung der Wirtschaftskonzerne sollten das Elend der verarmten Amerikaner beheben.
Anna Eleanor Roosevelt, Jahrgang 1884, war eine geborene Roosevelt, Nichte Theodore Roosevelts, der als Präsident von 1901 bis 1909 amtierte. Das unbeholfene, hoch gewachsene Mädchen – ein hässliches Entlein im Roosevelt-Clan und von der attraktiven Mutter oft als „Großmütterchen“ gehänselt – verlor früh ihren alkoholabhängigen Vater und kurz darauf auch ihre Mutter. Die Jugendliche wurde auf ein Internat in England geschickt, wo die Töchter mächtiger Familien wie der Chamberlains und der Siemens zu „kultivierten Frauen von Welt“ erzogen wurden.
Nach Amerika zurückgekehrt wurde sie in die Gesellschaft eingeführt und heiratete 1905 Franklin D. Roosevelt. Er war ein Cousin des Präsidenten, Harvard-Absolvent, selbstbewusst und aufstrebend. Innerhalb der nächsten zehn Jahre gebar Eleanor sechs Kinder, von denen eines kurz nach der Geburt starb. Doch ihre Ehe war nicht glücklich: Der Mann an ihrer Seite liebte andere Frauen.

Franklin D. Roosevelt nach seiner Wiederwahl zum Präsidenten 1936

E. Roosevelt (mittlere Reihe links) im Kreis ihrer Familie, 1932

Als Vorsitzende der Kinder-Gesundheits-Organisation

Als sie vom Verhältnis Roosevelts mit seiner Sekretärin erfuhr, „verlor meine Welt ihren Boden. Ich sah mich selbst, meine Umgebung nun wirklich zum ersten Mal. In jenem Jahr wurde ich erwachsen“, gestand sie ihrem Biografen, Joseph P. Lash. Bislang still und angepasst begann Eleanor Roosevelt nun ihr eigenes Leben. Sie setzte auf die Freundschaft mit Frauen und widmete sich sozialen Aufgaben, die ihr am Herzen lagen. Wirklich aus dem Schatten ihres Mannes trat sie, als er 1921 an Kinderlähmung erkrankte und für den Rest seines Lebens schwer behindert war. Sie motivierte ihn, sich um das Präsidentenamt zu bewerben und wurde zu einem seiner besten „Kabinettsminister ohne Gehalt“. Während er am Schreibtisch Politik machte, reiste sie als „Auge und Ohr“ Franklins durch das Land, um sich ein eigenes Bild von den gesellschaftlichen Verhältnissen zu machen. Sie entdeckte ihr Talent für öffentliche Auftritte, verkündete als Rundfunkkommentatorin mit schriller, ungeschulter Stimme, es sei Aufgabe der Frau, die Nation aus der Krise der wirtschaftlichen Depression herauszuführen, und schrieb ihre tägliche Kolumne *My Day (Mein Tag)*, die zeitweise in 90 Zeitungen des Landes erschien. Nach dem Tode Franklin D. Roosevelts 1945 wurde sie laut *Time Magazine* zum „Symbol von Hoffnung, Vernunft und menschlicher Würde“. Sie machte Politik als Mitglied der UN-Vollversammlung, als Vorsitzende der UN-Kommission für Menschenrechte, als inoffizielle US-Diplomatin. Der „zähe alte Vogel“, wie sie sich selber nannte, besuchte die Großen der Welt: das japanische Kaiserpaar, das britische Königshaus, den Papst, Golda Meir, Chruschtschow, mit dem sie unerschrocken verhandelte und bei dem sie tiefen Eindruck hinterließ. 1962 starb Eleanor Roosevelt, die Grande Dame der Demokraten, 78-jährig in New York.

LITERATUR
- *Kahlweit, Cathrin (Hg.), Jahrhundertfrauen. Ikonen – Idole – Mythen, C.H. Beck Verlag, München 1999*
- *Posener, Alan, Franklin Delano Roosevelt, Rowohlt-Taschenbuch Verlag, Reinbek 1999*
- *Roosevelt, Eleanor, Indien und der erwachende Osten, aus dem Amerikanischen von E. Tosch, Scherz Verlag, Bern 1954*

Golda Meir

** 3. Mai 1898 in Kiew*
† 8. Dezember 1978 in Jerusalem
israelische Politikerin

Israels Mutter Courage

Sie lebte ihr Leben für den Zionismus, für einen Staat, in dem Juden aus aller Welt frei, gleichberechtigt und ohne Angst sein können. Geprägt durch eine schwere, leidvolle Kindheit hatte Golda Meir schon früh begriffen, „dass man, wollte man überleben, etwas persönlich dafür tun musste." Die Tochter des jüdischen Zimmermanns Mosche Mabowitsch und seiner Frau Blume wurde am 3. Mai 1898 in Kiew geboren. Sie wuchs arm auf. Nur drei Mädchen von acht Geschwistern überlebten die frühe Kindheit. In ihrer Autobiografie schrieb Golda eindringlich über die Not, die Kälte, den Hunger, vor allem aber über die Angst, die sie und ihre Familie litten: die Angst aus jenen Tagen, als ihr Vater die Haustür mit Holzbrettern verbarrikadierte, weil er Gerüchte über ein Pogrom gehört hatte. Das Schreckliche blieb aus, aber Golda konnte nie vergessen, „wie ich mich fürchtete und wie wütend ich war, dass mein Vater nicht mehr tun konnte, als ein paar Bretter zusammenzunageln, während wir auf den Mob warteten." Mosche Mabowitsch floh vor der Not und Verfolgung in die USA und holte 1906, drei Jahre später, Frau und Töchter zu sich nach Milwaukee, wo für die Familie ein neues Leben begann.

Für Golda waren es harte, aber gute Jahre – sie konnte zur Schule gehen, zog, als die Eltern ihr höhere Bildung verwehrten, zu ihrer älteren Schwester nach Denver, besuchte die High School und schloss sich der sozialistisch-zionistischen Arbeiterbewegung an. 1917 heiratete sie den Musiker Morris Meyerson unter der Bedingung, dass er mit ihr nach Palästina auswandere. 1921 kam das Ehepaar in das damalige britische Mandatsgebiet und lebte zunächst in einem Kibbuz, ihre glücklichste Zeit, wie Golda im Alter sagte. Da ihr Mann das Kibbuz-Leben nicht ertrug, zog das Paar 1923 nach Tel Aviv, anschließend nach Jerusalem, wo ihre Kinder Menachem und Sarah zur Welt kamen. Doch „das häusliche Glück" genügte ihr nicht. „Ich musste tun, was ich tat", erklärte Golda später ihren Weg in die Politik.

Ende der 20er Jahre engagierte sie sich in der Gewerkschaft Histadrut, deren politische Leitung sie 1940 übernahm. Zudem war sie in der Führungsgruppe der jüdischen Arbeiterpartei (Mapai). 1945 reiste sie in die USA und sammelte moralische Unterstützung und Geld – 50 Millionen zum Aufbau des

Rom 1956: Golda Meir trifft sich mit UN-Beauftragten zur Beratung des Nahost-Konflikts

Ministerpräsidentin Golda Meir, 1973

Staates Israel. Diese Frau habe das Wunder bewirkt, dass der Judenstaat das Licht der Welt erblickte, sagte Ben Gurion, politischer Kopf der Arbeiterpartei und späterer Regierungschef. Er war es auch, der ihr zu dem Namen Meir riet, weil er hebräischer klinge als Meyerson. Der größte Tag im Leben der Golda Meir war der 14. Mai 1948, als sie die Urkunde über die Gründung des Staates Israel mit unterzeichnete.
Nach der Staatsproklamation versuchte sie vergeblich, den drohenden Krieg mit den Arabern zu verhindern. Unter Einsatz ihres Lebens schlich sie sich als Araberin verkleidet mehrmals über die Frontlinien, um mit König Abdallah von Transjordanien zu verhandeln. In verschiedenen politischen Ämtern unterstützte sie den harten politischen Kurs Ben Gurions gegenüber den Arabern: Sie war erste Botschafterin Israels in Moskau, später Ministerin für Arbeit und soziale Ordnung. 1956 übernahm sie für fast zehn Jahre das Außenministerium und von 1969 bis 1974 wurde Golda Meir Ministerpräsidentin Israels. Oft wurde ihr in dieser Zeit vorgeworfen, den Gegnern Israels hartherzig und unbarmherzig zu begegnen und mit „biblischer Unerbittlichkeit und Unerschütterlichkeit" die Belange Israels zu vertreten. Mit den anfänglichen Erfolgen der arabischen Staaten im Oktoberkrieg 1973 geriet ihre Politik ins Kreuzfeuer der Kritik. 1974 trat Golda Meir als Regierungschefin zurück.
1978, ein halbes Jahr nach ihrem 80. Geburtstag, starb sie an Leukämie.

LITERATUR

- *Kahlweit, Cathrin (Hg.), Jahrhundertfrauen. Ikonen – Idole – Mythen, C.H. Beck Verlag, München 1999*
- *Meir, Golda, Leben für mein Land. Selbstzeugnisse aus Leben und Wirken, hg. von Marie Syrkin, Scherz Verlag, Bern, München 1973*
- *Meir, Golda, Mein Leben, Hoffmann und Campe Verlag, Hamburg 1975*

Indira Gandhi

** 19. November 1917 in Allahabad, Indien*
† 31. Oktober 1984 in Neu-Delhi
indische Politikerin

Die Vollblutpolitikerin

„Ich bin durch und durch Politikerin, hart und unnachgiebig, wenn es sein muss", hat Indira Gandhi sich selbst einmal treffend charakterisiert. Moral oder gar Leidenschaft hatten in ihrer politischen Gefühlswelt keinen Platz. Die oberste Maxime ihres Denkens und Handelns lautete: Was dient den Interessen Indiens? Fast zwanzig Jahre lang dominierte sie die politische Bühne des indischen Subkontinents, sechzehn Jahre davon als Regierungschefin eines Staates, der mit damals 700 Millionen Menschen mehr Einwohner hatte als Westeuropa und die Vereinigten Staaten von Amerika zusammen.
Shrimati Indira Priyadarshini Nehru war das einzige Kind Pandit Jawaharlal Nehrus, des ersten Ministerpräsidenten im unabhängigen Indien von 1947 bis 1964. Die Familie Nehru stammte aus Kaschmir, gehörte zur obersten Kaste der Brahmanen – vornehm, edel, einflussreich. Schon Indiras Großvater führte die Kongresspartei im Kampf um Indiens Unabhängigkeit, ihre Mutter Kamala engagierte sich in der indischen

Indira Gandhi während ihrer Zeit als indische Ministerpräsidentin, 1960

Indira Gandhi mit ihrem Vater Jawaharlal Nehru

Freiheitsbewegung, ihr Vater Jawaharlal saß wegen seiner politischen Aktivitäten im Gefängnis und der berühmte Mahatma Gandhi war ein Freund der Familie Nehru. Dieser Hintergrund weckte in Indira die Überzeugung, dass die Nehrus berufen seien, Indien zu regieren.
Erzogen wurde die Nehru-Tochter in Poona, Genf, wo ihre lungenkranke Mutter Kamala von 1926–1927 in einem Sanatorium behandelt wurde, ferner in Bristol und am Sommerville College in Oxford. Sie hatte trotz aller Privilegien eine immer wieder beschwerte Jugend, geprägt von der Angst um die kränkelnde Mutter, die schon 1936 starb, und der Sorge um den mehrmals inhaftierten Vater, der seiner Tochter Briefe aus dem Gefängnis schickte (später veröffentlicht in dem Buch *Briefe an Indira*). Bereits mit 20 Jahren trat Indira in die Partei des Indischen Nationalkongresses ein und wurde ein Jahr später Abgeordnete. 1942 heiratete sie gegen den Willen des Vaters den Publizisten und Abgeordneten Feroze Gandhi, der mit Mahatma Gandhi nicht verwandt war – die Namensgleichheit kam jedoch Indiras Karriere zugute. Feroze Gandhi stammte, gemessen am Nehru-Clan, aus bescheidenen Verhältnissen, gehörte zum linken Flügel der Kongresspartei und engagierte sich im Laufe der Jahre mehr und mehr in der Provinzialpolitik. Das jung verheiratete Paar zog in die Provinzhauptstadt Lakhnau, südöstlich von Neu-Delhi, wo Feroze Gandhi eine Stelle als Schriftleiter einer Zeitung antrat. Bald nach der Geburt der beiden Söhne Rajiv (1944) und Sanjay (1946) lebte das Ehepaar sich auseinander. Immer weniger hielt Indira Gandhi in Lakhnau, es zog sie nach Neu-Delhi – und in die Nähe ihres Vaters. Bald schon war sie seine ständige Begleiterin, Mitarbeiterin und Beraterin. Pandit Nehru, der 1947 an die Spitze Indiens trat, förderte die Karriere seiner Tochter in der Kongresspartei und machte sie 1959 zu deren Präsidentin.
Als Nehru 1964 starb, wurde der sanfte, volkstümliche Lal Bahadur Shastri von der Kongresspartei zum neuen Regierungschef gewählt, aber nach dessen plötzlichem Tod 1966 war der Weg frei für Indira Gandhi: Die Presse- und Informationsministerin wurde nun Premierministerin Indiens. Sie lernte schnell und spielte in einer Reihe taktisch geschickter Schachzüge die Parteigrößen an die Wand. Als unbestrittene Chefin des Kongresses duldete sie keine Politiker von Format oder potentielle Rivalen neben sich. Mehrmals spaltete sie im Lauf der Jahre die Kongresspartei, weil sie nicht bereit war, auch nur ein Quantum Macht zu teilen. Zuzeiten trennte sich fast der gesamte Parteiapparat von der herrischen Regierungschefin, konnte sich jedoch nie neben ihr behaupten, weil Frau Gandhi stets genug neue Anhänger fand: „Der Kongress ist immer da, wo ich stehe“, pflegte sie oft zu sagen – und wurde immer wieder darin bestätigt.
Zu Recht wurde ihr vorgeworfen, dass ihrer Politik langfristige Konzeptionen und Strategien fehlten. Indira Gandhi lebte ganz dem politischen Tagesgeschäft; darin war sie allerdings eine glänzende Taktikerin. Sie hatte ein Faible für politische Zwickmühlen, für Durcheinander, das nur sie in Ordnung bringen konnte. Inhaltlich trat sie weitgehend in die Fußstapfen ihres Vaters, der

Die indische Ministerpräsidentin nach ihrem triumphalen Wahlerfolg im Jahr 1980

Per Knopfdruck setzte Indira Gandhi im Januar 1971 ein Bewässerungsprojekt in Loharu, Bundesstaat Haryana, in Gang.

innenpolitisch eine Art Staatssozialismus vertrat und außenpolitisch auf Blockfreiheit setzte, also die Supermächte USA und UdSSR auf Abstand hielt und einen mittleren Weg wählte.
Die großen Probleme Indiens, die Bevölkerungsexplosion, Analphabetismus und Armut, die schwerfällige indische Bürokratie, wirtschaftlich unrentable Staatsbetriebe, Kapitalmangel, konnten auch unter Indira Gandhis langer Präsidentschaft nicht gelöst und nur teilweise verbessert werden. Die „Regierung, die handelt", wie sie den Wählern angepriesen wurde, ließ viele Erwartungen unerfüllt.
Immerhin konnte der Subkontinent im wirtschaftlichen Sektor und im technischen Fortschritt aufholen und ansehnliche Wachstumsraten verzeichnen.
Auch von den schrecklichen Hungersnöten blieb die Bevölkerung verschont, obschon Mitte der 80er Jahre, also am Ende von Gandhis Regierungszeit, immer noch 300 Millionen Menschen an der Armutsgrenze lebten. Die Landreform wurde unter der Ministerpräsidentin nicht wesentlich vorangetrieben, wie sie insgesamt grundlegende soziale Reformen nicht oder nur halbherzig in Angriff nahm. Ihre „Coups" – die Verstaatlichung der Banken und die Abschaffung der Privatschulen der einstigen indischen Fürsten – spielten ihr zwar große Sympathien ein, brachten den kleinen Leuten jedoch wenig.
Indira Gandhi verstand sich als Fürsprecherin der Armen, der Moslems und anderer religiöser und ethnischer Minderheiten. Unentwegt reiste sie durch Indien, zeigte sich jenen Millionen von Indern, die als Menschen dritter Klasse lebten und setzte sich dem Elend ihres Landes aus. Besser als jeder andere indische Politiker wusste Indira Gandhi, was ihre Landsleute bewegte. „Garibi Hatao" – „Schluss mit der Armut" hieß einer ihrer erfolgreichsten Slogans, der ihr 1971 zum Wahlsieg verhalf.
1971, das war auch der Höhepunkt ihrer Regierungslaufbahn und ihrer Popularität. Indien gewann Ende dieses Jahres den (dritten) Krieg gegen Pakistan: Aus Ostpakistan wurde der Staat Bangladesh gebildet – ein wichtiger Triumph für Indira Gandhi, die sich mit der Teilung des Subkontinents in Indien und Pakistan nie hatte abfinden wollen. Daher rührte auch, dass sie nahezu jede Unruhe im Land, jeden Konflikt zwischen Moslems und Hindus und den Furcht erregend angewachsenen Fanatismus fundamentalistischer Sikhs „fremder Einwirkung" zuschrieb, das heißt Pakistan. Der Nachbar im Norden war einer der Sündenböcke, den Indira Gandhi bei politischen Schwierigkeiten verantwortlich machte. Der andere war der Kolonialismus, unter dessen Folgen Indien immer noch zu leiden hatte.

Für die Erhaltung ihrer persönlichen Macht war die „Mutter Indiens“ bereit, bis zum Äußersten zu gehen und demokratische Institutionen und Rechte kurzerhand zu ignorieren. So geschehen 1975, als sie ein Gerichtsurteil, das ihr die Wahrnehmung ihres Parlamentsmandats und damit die weitere politische Tätigkeit untersagen wollte, mit der Proklamation des Ausnahmezustands („Emergency“) beantwortete und Tausende von Oppositionellen inhaftieren ließ. Dem Vorwurf, eine bedenkenlose Diktatorin zu sein, begegnete sie mit der Behauptung, sie habe den Notstand um des Staates willen ausgerufen, wie sie überhaupt stets ihre dienende Rolle hervorhob und allen persönlichen Ehrgeiz von sich wies. Während der Notstandsregierung 1975 bis 1977 versuchte Indira Gandhis Sohn Sanjay, vor allem in Nordindien den Geburtenstrom durch Zwangssterilisation einzudämmen. Das erzeugte viel Unruhe und war ein Hauptgrund für die Wahlniederlage 1977.

Ihre Rückkehr an die Macht knapp drei Jahre später mit einem triumphalen Wahlerfolg im Januar 1980 verdankte Indira Gandhi verschiedenen Faktoren: der Regierung ihres konservativen Nachfolgers Desai, der mit den wirtschaftlichen Problemen des Landes noch weniger fertig wurde als sie; ihr Sendungsbewusstsein, das sie immer wieder antrieb. Die Nehru-Tochter war überzeugt, dass ihre Familie – sozusagen in dynastischer Erbfolge – Garant sei für die Einheit und den Fortschritt des Vielvölkerstaates. „Indien ist Indira und Indira ist Indien“ – diese Parole brachte ihre Mission auf den Punkt. Als ihren Nachfolger förderte sie den jüngeren ihrer beiden Söhne, den Draufgänger Sanjay. Nach dessen Flugzeugunglück im Juni 1980 begann sie, den älteren Sohn Rajiv, der im Gegensatz zu seinem ellbogenstarken Bruder keine politischen Ambitionen zeigte, Schritt für Schritt aufzubauen. Überzeugt davon, dass Indien zentralistisch regiert werden müsse, duldete Indira Gandhi keine eigenständigen Regierungen in den Bundesstaaten des Subkontinents. Dennoch oder vielleicht gerade deswegen wurden die zentrifugalen Kräfte des Regionalismus Anfang der 80er Jahre immer stärker. Die innenpolitische Lage spitzte sich zu, als es zwischen fundamentalistischen Sikhs und Hindus im indischen Bundesstaat Punjab zu blutigen Auseinandersetzungen kam. Die Regierungschefin ließ im Juni 1984 durch ihre Regierungstruppen das Heiligtum der Sikhs, den Goldenen Tempel von Amritsar, stürmen. Der Extremistenführer der Sikhs und rund 250 seiner Anhänger fanden dabei den Tod. Knapp fünf Monate später, am 31. Oktober 1984, wurde Indira Gandhi von ihren Leibwächtern, fundamentalistischen Sikhs, ermordet.

Einäscherung Indira Gandhis – unter den Trauernden Sohn Rajiv (Zweiter von links) und dessen Frau Sonja (Dritte von links)

LITERATUR

- *Fussenegger, Gertrud, Herrscherinnen. Frauen, die Geschichte machten, Deutsche Verlags-Anstalt, Stuttgart 1991*
- *Gandhi, Indira, Indira Gandhi spricht. Mit einer Einleitung von Gisela Bonn, R. S. Schulz Verlag, Starnberg 1975*
- *Malhotra, Inder, Indira Gandhi, Ploetz Verlag, Freiburg i. Br. 1992*

Evita Perón

** 7. Mai 1919 in Los Toldos, Provinz Buenos Aires*
† 27. Juli 1952 in Buenos Aires
argentinischer Radiostar, Schauspielerin und Politikerin

Evita Perón im Jahre 1951

Engel der Armen

„Wenn Sie, wie Sie sagen, die Sache des Volkes zu Ihrer eigenen gemacht haben, werde ich nie von Ihrer Seite weichen, bis ich sterbe." Starke Worte, mit denen sich die Rundfunksprecherin Maria Eva Duarte im Februar 1944 dem argentinischen Vizepräsidenten Oberst Juan Perón bei einer Wohltätigkeitsgala vorstellte.
Diese erste Begegnung der kühnen 24-Jährigen mit dem fast doppelt so alten Witwer markierte den Beginn des beispiellosen Aufstiegs der Eva Duarte, der jungen Argentinierin, die sich mit eisernem Ehrgeiz und durch Beziehungen mit einflussreichen Männern zur Sängerin, Filmschauspielerin und zum Radiostar emporgearbeitet hatte. Von jenem Abend an war sie die Geliebte des Politikers, begleitete ihn und erwies sich bald als seine wichtigste Stütze und als geschickte politische Strategin.
Nach einem Militärputsch 1945 wurde der inzwischen zum Kriegsminister ernannte Perón aller seiner Ämter enthoben und inhaftiert. Eva, der Rundfunkstar, mobilisierte durch ihre Radio-Appelle so viele Sympathisanten, Arbeiter und „Descaminados" (die „Hemdlosen") zu einem Generalstreik, dass Perón zurückgeholt und mit der Neubildung der Regierung beauftragt wurde.
Kurz darauf heiratete das Paar. Evita, die kleine Eva, wie Perón sie zärtlich nannte, wurde 1946 mit der Wahl ihres Mannes zum Präsidenten die „Prima Dama", die First Lady Argentiniens.
Das war ein Affront gegen die feine Gesellschaft, die dem Emporkömmling ihre Vergangen-heit nicht verzieh: Die uneheliche Tochter einer Putzfrau aus der Provinz, dieses ungehobelte Radioweib mit ihrem Unterschichtjargon, die Hure, die sich

Staatspräsident Juan Perón und seine Frau Evita Perón nach der Wiederwahl 1952

jetzt als Heilige stilisiere, sollte nun im Präsidentenpalast den Ton angeben. Evita ließ sich nicht bremsen. Mit unermüdlichem Enthusiasmus arbeitete sie von 1946 bis 1952 loyal an der Seite des Diktators und gewann ständig an politischem Einfluss, obwohl sie nie ein offizielles Amt innehatte. Ihre Erfahrung als Schauspielerin, ihre einfache Herkunft und ihr Ehrgeiz halfen ihr dabei. Sie sah sich als Anwältin der Besitzlosen und wollte die mächtige Oberschicht, insbesondere jene Großclans, die fast das gesamte Land unter sich aufteilten, entmachten. Sie setzte verschiedene Maßnahmen durch, wie die Zahlung von Urlaubsgeldern, Lohnfortzahlung bei Krankheit und verbesserten Kündigungsschutz, und sie dirigierte die Christliche Gewerkschaft (CGT). Auch für die Frauen bewirkte sie einiges: Das Gesetz zur Einführung des Frauenwahlrechts 1947 geht auf sie zurück. Sie gründete eine peronistische Frauenpartei, die Eva-Perón-Stiftung, der sämtliche karitativen Einrichtungen Argentiniens unterstanden, und überdies revolutionierte sie das Gesundheitswesen: Kliniken entstanden und eine wirkungsvolle Kampagne gegen Tuberkulose und Malaria wurde durchgeführt. Legendär sind ihre Audienzen für Arme, Kranke und Bedürftige: Evita verteilte Schuhe, Kleider, Spielsachen, zog unter ihrer Schreibunterlage 50-Peso-Scheine hervor und drückte sie den Bittstellern in die Hände. Evita war der strahlende Stern an der Seite Peróns. Obwohl die Ehe längst zerrüttet war, wurde sie nach außen als intakt dargestellt und die „Madonna der Armen" sicherte mit ihrem Charisma das diktatorische System ihres Mannes. Sie ging allerdings auch gegenüber Andersdenkenden vor: Kritik am Führungsstil Peróns wurde nicht geduldet, auch Pressefreiheit gab es nicht.

1952, im Alter von erst 33 Jahren, starb Evita, auf der Höhe ihrer Macht, an Krebs. Die Worte ihrer letzten Ansprache: „Weine nicht, Argentinien ..." gingen später als sehnsuchtsvoller Hit des Musicals *Evita* um den Globus.

„Ewig im Herzen ihres Volkes". Evita wurde nach ihrem Tode verehrt wie eine Heilige.

Literatur

- *Barnes, John, Evita Perón. Mythos und Macht, Wilhelm Heyne Verlag, München 1978*
- *Ortíz, Alicia Dujovne, Evita Perón. Die Biographie, aus dem Spanischen von Petra Strien-Bourmer, Aufbau-Verlag, Berlin 1998*
- *Perón, Eva, Der Sinn meines Lebens, Thomas Verlag Zürich 1952*

Melina Mercouri

** 18. Oktober 1925 in Athen*
† 6. März 1994 in New York
griechische Politikerin, Schauspielerin, Sängerin

Das Mädchen von Piräus

Weltberühmt wurde sie als warmherzige, fröhliche Dirne, als das Hafenmädchen Ilya von Piräus in *Sonntags … nie.* Für die Hauptrolle in diesem Film wurde sie 1960 in Cannes als beste Schauspielerin ausgezeichnet. Und das Lied, das sie in diesem Streifen sang, sehnsuchtsvoll, mit rauchig-heiserer Stimme, ertönte fortan jahrelang aus den Radios: *Ein Schiff wird kommen …* Die Filmgesellschaften rissen sich um die temperamentvolle Griechin. Doch Bühne und Film waren nur eine Facette im Leben der Melina Mercouri. Ebenso leidenschaftlich, wie sie ihre Rollen spielte und ihre Lieder sang, kämpfte sie später im politischen Widerstand und engagierte sie sich schließlich als Kulturministerin.

Amalia Maria Mercouri stammte aus einer renommierten Politikerfamilie – ihr Vater, Stammatis Mercouri, war Abgeordneter und kurze Zeit Innenminister, der Großvater, Spiros Mercouri, dreißig Jahre lang Bürgermeister von Athen. Weil sich ihre Eltern früh trennten, wuchs sie im Haus des Großvaters auf. Er war es, der sie Melina nannte, der sie schon als kleines Mädchen ernst nahm und der ihr „die unvergleichliche Liebe zu Griechenland" eingab. Als sie sich für die Schauspielschule anmeldete, war er verstimmt. Da brannte sie, 17-jährig, mit einem reichen Geschäftsmann durch und heiratete

„In Amerika genügt es, ein drittklassiger Schauspieler gewesen zu sein, um Präsident zu werden. Warum also sollte in Griechenland eine gute Schauspielerin nicht Kulturministerin werden."
Melina Mercouri 1981, nach ihrem Amtsantritt als Kulturministerin

ihn, weil er, anders als ihr Großvater und ihre Familie, ihre Schauspielpläne unterstützte und sie „in einer Zeit, in der Ehe noch Abhängigkeit bedeutete", in ihren Wünschen und Talenten bestärkte. Später trennte sie sich von diesem Mann, er spielte in

Melina Mercouri als Schauspielerin in dem Film Phaedra *aus dem Jahre 1961*

Diva und Demokratin: Melina Mercouri kämpfte gegen die Militärdiktatur in Griechenland und engagierte sich unter Papandreou als Kulturministerin für ihr Land.

ihrem Leben keine Rolle mehr. Von 1944 bis 1980 stand sie in zahlreichen Stücken auf der Bühne, von 1955 bis 1968 drehte sie mehr als 20 erfolgreiche Filme. Seit 1960 war Melina Mercouri mit Jules Dassin, dem Regisseur von *Sonntags … nie*, verheiratet. Vierzig Jahre lang, bis zu ihrem Tod, war er ihre große Liebe.

Als im April 1967 die Militärs in Griechenland die Macht ergriffen, stand sie am Broadway auf der Bühne. Mutig startete sie eine weltweite Kampagne gegen die Diktatur, der viele Künstler und Intellektuelle folgten, und wurde daraufhin von der Junta ausgebürgert und enteignet. Im Exil schloss sie sich der „Panhellenistischen Befreiungsfront" von Andreas Papandreou an, aus der später die PASOK (Panhellenistische Sozialistische Bewegung) entstand. Ihre Ausbürgerung kommentierte sie mit einem Ausspruch, der zum Slogan des Widerstands wurde: „Ich bin als Griechin geboren und werde als Griechin sterben. Pattakos (der Junta-Innenminister) ist als Faschist geboren und wird als Faschist sterben."

1974, nach dem Sturz der Junta, kehrte Melina Mercouri nach Griechenland zurück und startete ihre zweite große, ihre politische Laufbahn. Sie wurde Gründungsmitglied der PASOK unter Papandreou, kandidierte in Piräus, einem der ärmsten Viertel Athens, und war 1981 bis 1989, dann nochmals 1993 bis zu ihrem Tod Ministerin für Kultur und Wissenschaft. In diesem Amt wurde sie endgültig zum Idol, als sie in vehementen Reden von Großbritannien die Rückgabe der „Elgin Marbles" forderte, jenes 80 Meter langen Marmorfrieses, den der britische Earl of Elgin vom Parthenon auf der Athener Akropolis abmontiert und mit Genehmigung der damaligen türkischen Herrscher nach England verschifft hatte – für die Griechin ein „Akt des Vandalismus". Als sie am 6. März 1994 in einem New Yorker Krankenhaus an Lungenkrebs starb, unterbrachen alle Rundfunk- und Fernsehstationen Griechenlands ihr Programm. Das Land trauerte um seine Volksheldin.

Plakat des Films, der die junge Griechin weltberühmt machte: Melina Mercouri als zauberhafte Dirne Ilya in Sonntags nie …

Literatur

- *Elias, Gabriela, Melina Mercouri. Biographie eines Weltstars, Edition S., Verlag der Österreichischen Staatsdruckerei, Wien 1995*
- *Kahlweit, Cathrin (Hg.), Jahrhundertfrauen. Ikonen – Idole – Mythen, C.H. Beck Verlag, München 1999*
- *Mercouri, Melina, Ich bin als Griechin geboren, aus dem Englischen von Ada Klein, Rowohlt-Verlag, Reinbek 1974*

Marie-Jeanne Roland

** 17. März 1754 in Paris*
† 8. November 1793 in Paris
französische Revolutionärin und Schriftstellerin

Die Republikanerin

Sie halten mich für würdig, das Los der großen Männer zu teilen, die Sie ermordet haben; ich werde versuchen, den Mut, den sie gezeigt haben, aufs „Schafott zu tragen." Das war Madame Rolands Kommentar zu ihrem Todesurteil durch das Revolutionstribunal – heroisch, stolz, kämpferisch. Zweifellos war sie eine der einflussreichsten Frauen der Französischen Revolution. Als Ministergattin, als Mentorin und zentrale Figur der revolutionären Partei der Girondisten, die sich in ihrem Salon trafen, betrieb die überzeugte Republikanerin Politik in dem für eine bürgerliche Frau möglichen Rahmen: indirekt und im Hintergrund, denn Frauen hatten kein Wahlrecht, und Madame Roland hat es auch nicht gefordert. Ihre Intelligenz gepaart mit ihrer Schönheit, ihre außerordentliche Bildung – sie hatte die antiken und zeitgenössischen Philosophen, vor allem Rousseau, studiert – und ihre Leidenschaft für Politik machten sie zu einer interessanten Partnerin und kompetenten Ratgeberin im politischen Geschehen. Marie-Jeanne wurde 1754 als Tochter des wohlhabenden Handwerksmeisters und Graveurs Gatien Philipon und seiner Frau Marguerite geboren und wuchs im Herzen von Paris auf. Sie überlebte als einziges von sieben Kindern, bekam alle Zuwendung und Aufmerksamkeit ihrer Eltern und erhielt für ein Mädchen ihrer Zeit eine ungewöhnliche Erziehung. Mit 4 Jahren konnte sie bereits lesen und von da an verschlang sie alles, was ihr zwischen die Finger kam. Schon früh entwickelte die bildungshungrige Handwerkertochter ein Gespür für die sozialen Ungerechtigkeiten ihrer Gesellschaft. Sie empörte sich über die Privilegien der Aristokratie, lehnte die Ständegesellschaft ab und war Verfechterin einer aufgeklärten Geisteselite. Die jugendliche Marie-Jeanne Philipon war attraktiv, und eine stattliche Mitgift machte sie zudem sehr begehrenswert. Doch entgegen den Gepflogenheiten der damaligen Zeit bestand sie darauf, ihren Ehepartner selbst zu wählen und ihr Vater ließ sich darauf ein. 25-jährig heiratete die selbstbewusste Mademoiselle schließlich, nachdem sie vielen Bewerbern einen Korb erteilt hatte, den zwanzig Jahre älteren, aufgeklärten, republikanisch gesinnten Regierungsbeamten Jean Marie Roland: Zwei Wissensdurstige hatten sich gefunden. Knapp zwei Jahre später kam Tochter Eudora zur Welt. 1784 wurde Monsieur Roland nach Lyon versetzt, Madame und Tochter zogen hinterher und lebten bis 1791 in der Provinz. Den Beginn der Französischen Revolution beobachtete Marie-Jeanne aus der

Politische Aktivistin, republikanische Schriftstellerin und faszinierende Salonière: Marie-Jeanne Roland. Lithografie von Henri Grevedon, 1825

Ferne und wurde sogleich gepackt von den politischen Ereignissen: Sie verfasste viele patriotische Schreiben, schickte radikale und agitatorische Briefe an ihre Freunde in Paris, die sie „vorwärts peitschen und vom Fleck bringen" wollte. Allzu gerne wäre sie dabei gewesen, als die Nationalversammlung über eine Verfassung beriet, der Adel abgeschafft, das Rechtswesen neu geordnet, die allgemeine Religionsfreiheit verkündet und die Kirchengüter eingezogen wurden.

1791 kehrte die Familie nach Paris zurück und Madame Roland stürzte sich in die Politik. Sie besuchte die Sitzungen der Volksvertretung, gründete einen Salon, in dem sich die führenden Abgeordneten der revolutionären Parteien, der Jakobiner und Girondisten, trafen, um die politischen Ereignisse und die Aussichten einer republikanischen Staatsform zu diskutieren. 1792 wurde Jean Marie Roland zum Innenminister berufen, doch galt seine Frau, Madame Roland, als die heimliche Ministerin. Sie hatte großen Einfluss auf die politischen Entscheidungen jener Zeit, schürte durch ihr polarisierendes Wesen aber auch den erbitterten Machtkampf zwischen Jakobinern und Girondisten. Als der jakobinische Abgeordnete Robespierre die Girondisten des Verrats an der Revolution anklagte, eskalierte der Kampf: Innenminister Roland floh, Madame Roland blieb in Paris, bereit, sich der Auseinandersetzung zu stellen, und wurde wie viele ihrer Gesinnungsgenossen verhaftet.

In den fünf Monaten ihrer Inhaftierung arbeitete und studierte sie viel. Die Ereignisse aus der Amtszeit Rolands – ihre Memoiren, die 1795 erschienen – entstanden im Gefängnis.

Bei ihrem Prozess vor dem Revolutionstribunal, so berichten Augenzeugen, war sie fast heiter gelassen, dabei scharfsinnig, redegewandt und brillant wie ehedem. Selbst in ihren letzten Minuten war sie gefasst und auf ihre öffentliche Wirkung bedacht: „Oh Freiheit, welche Verbrechen begeht man in deinem Namen!", soll sie vor ihrer Enthauptung gerufen haben.

> *„Sie stand aufrecht und ruhig im Karren, bekleidet mit einem weißen, von rosafarbenen Sträußen übersäten Stoff; keine sichtbare Zerrüttung. Ihre Augen warfen lebhafte Blicke, ihr Teint war frisch und strahlend; ein anmutiges Lächeln lag auf ihren Lippen. Trotzdem war sie ernst und spielte nicht mit dem Tod."*
> Ein Augenzeuge über Madame Rolands Weg zum Schafott

Literatur

- *Madame Roland, Memoiren aus dem Kerker. Eine Jugend im vorrevolutionären Frankreich, aus dem Französischen von Irene Riesen, Artemis & Winkler Verlag, Zürich, München 1987*
- *Peine, Sibylle, Ohne Furcht ins Weite hinaus. Biographien streitbarer Frauen, Benziger Verlag, Zürich, Düsseldorf 1995*

Jenny Marx

** 12. Februar 1814 in Salzwedel*
† 2. Dezember 1881 in London
deutsche Vorkämpferin der sozialistischen Bewegung

Jenny Marx auf einem Gemälde von 1840

Botengängerin der Revolution

„Das ist nun einmal nicht unser Los, dass wir (die Frauen) auch mit in des Schicksals Räder tatkräftig eingreifen sollten. Wir sind vom Sündenfall, von Madame Evas Verstoß, her zur Passivität verurteilt, unser Los ist das Warten, Hoffen, Dulden, Leiden“, schrieb Jenny von Westphalen 1843 an Karl Marx, den sie noch im selben Jahr – nach siebenjähriger Verlobungszeit – heiratete. Doch das Leben der Baronin wurde in dieser Ehe alles andere als passiv. Fortan sollte sie tatkräftig zupacken, oft mehr als ihr lieb war. In der Beziehung mit dem genialen Karl Marx fand sie zwar die intellektuelle Herausforderung, die sie suchte, wurde Mitdenkerin und Mitarbeiterin in der sozialistischen Bewegung, doch sie trug auch die Hauptlast der täglichen Sorge um Hab und Gut sowie um die Ernährung der Familie.

Jenny von Westphalen wuchs in einem liberal und humanistisch geprägten Elternhaus auf. Sie lernte den vier Jahre jüngeren Karl Marx schon als Kind kennen und wurde mit ihm zusammen von ihrem Vater, einem Regierungsrat in Trier, unterrichtet. Mit 17 Jahren war sie die ungekrönte Königin der Casino-Bälle, das „schönste Mädchen von Trier“ und hatte natürlich viele Verehrer. Gleichzeitig war sie intelligent, wissbegierig, ehrgeizig und interessiert an Fragen der Ethik und Moral. 1837 – Jenny war damals 23, Karl Marx 19 Jahre alt, mittellos und ohne Berufsaussichten – kam es zur offiziellen Verlobung, gegen den familiären Widerstand und das Gerede der kleinstädtischen Gesellschaft, und schließlich, Jahre später, zur Heirat.

Sie, die begeisterte Anhängerin demokratischer Ideen, war es gewohnt, an politischen Diskussionen teilzunehmen, und war fortan auch mit wissenschaftlich-politischer Arbeit befasst. Sie las theoretische und philosophische Schriften, exzerpierte Aufsätze, kopierte die Texte ihres Mannes, sprach sie mit ihm durch, ordnete Materialien, führte Verhandlungen mit Druckern und Verlegern und erledigte die umfangreiche Korrespondenz. Marx legte auf die inhaltliche Ausei-

Der berühmte Gatte: Karl Marx, Philosoph und Nationalökonom

nandersetzung mit seiner Frau immer großen Wert.
Sie selbst bezeichnete sich als „Botengängerin der Revolution" und als „Sekretär" von Karl Marx und wusste um ihre unersetzliche Funktion. Abgesehen davon hatte sie auch ihren eigenen Part in der sozialistischen Bewegung: Ein Beitrag von ihr über den schlesischen Weberaufstand wurde in der sozialistischen Zeitung *Vorwärts* publiziert; bei einer Neujahrsveranstaltung des Deutschen Arbeitervereins beeindruckte sie durch ihr „geniales Deklamationstalent". Doch während ihr Mann sich ganz auf seine wissenschaftlich-politische Arbeit konzentrieren konnte, kümmerte sie sich auch noch um den Alltag und die Erziehung der Kinder. Sie organisierte das Leben im Exil, das Bummelleben, wie sie es salopp nannte: Als politische Flüchtlinge mussten sie mehrere Male das Land wechseln (Paris, Brüssel, London). Die permanente Geldnot der Familie – zwar immer wieder gelindert durch Erbschaften und die ständige Unterstützung von Marx' Freund und Schreibgenossen Friedrich Engels – zermürbte Jenny Marx. „Lieb Herzchen, ich hab' oft gar zu große Sorgen wegen unserer Zukunft …", schrieb sie schon 1844 an ihren Mann. Die materielle Not sollte sie noch viele Jahre belasten. Schlimmer aber war der Tod von vier ihrer Kinder, wodurch sie in tiefe Trauer und Depressionen stürzte. „Ich sitze hier und weine mir fast die Augen aus und weiß keine Hilfe …", schüttete sie

Karl Marx und seine Töchter Jenny, Eleanor und Laura, mit Friedrich Engels

einer Freundin ihr Herz aus.
Vor allem ein Ereignis, das Jenny Marx „nicht näher berühren" wollte, hatte sie vermutlich tief verletzt und in hohem Maße zu ihrer Verzweiflung beigetragen: die Geburt von Frederick Demuth, dem Sohn von Helene Demuth und Karl Marx. Helene war seit Jahren ergebene Haushilfin der Marxens und teilte alle Höhen und Tiefen dieser Familie. Marx' Ehebruch war eine drückende Belastung für seine Beziehung zu Jenny.
1867, nach 17-jähriger Arbeit, erschien endlich Karl Marx' erster Band des *Kapital*, die ökonomische Situation der Familie stabilisierte sich. Jenny fand zu einer gewissen Harmonie, bedingt durch die öffentliche Anerkennung des Lebenswerks ihres Mannes und durch den Stolz auf ihre drei Töchter, die inzwischen zu klugen und erfolgreichen Frauen herangewachsen waren.
Mitte der 70er Jahre erfuhr Jenny, dass sie an Krebs erkrankt war. Sie starb im Dezember 1881.

Das Elternhaus von Karl Marx in der Brückenstraße 11 in Trier

Literatur

- *Giroud, Françoise, Trio Infernale oder Das Leben der Jenny Marx, aus dem Französischen von Sylvia Koch, Beltz Quadriga, Weinheim, Berlin 1994*
- *Peters, H.F., Die rote Jenny. Ein Leben mit Karl Marx, Kindler Verlag, München 1984*
- *Stefan, Inge, Das Leben der Jenny Westphalen-Marx, in: Das Schicksal der begabten Frau im Schatten berühmter Männer, Kreuz-Verlag, Stuttgart 2000*

Eleanor Marx

** 16. Januar 1855 in London*
† 31. März 1898 in London
englische Sozialistin

DIE VATERTOCHTER

Eleanor Marx, Tochter von Karl Marx, 1875

Die Kleinste – das Baby ist „ein merkwürdiger Witzbold und behauptet, sie habe zwei Gehirne“, schrieb Karl Marx, entzückt von seiner jüngsten Tochter Eleanor, an Friedrich Engels. Tussy, so ihr Kosename, war „der Abgott des Hauses“, bildhübsch, hoch begabt und bestens gefördert. Sie war noch ein kleines Mädchen, da las ihr der Vater schon Homer, das *Nibelungenlied*, *Don Quijote* und *Tausendundeine Nacht* vor.
Wie ihre beiden zehn und elf Jahre älteren Schwestern genoss auch sie ungewöhnliche elterliche Zuwendung, wurde von klein an ernst genommen und bewegte sich ganz selbstverständlich zwischen den philosophierenden und politisierenden Erwachsenen. Ein selbstbewusstes, altkluges Kind, eingewiesen in die sozialen und sozialistischen Bewegungen Europas wie andere Gleichaltrige ins Alphabet – „Politikerin vom Scheitel bis zur Sohle“, so die Mutter über die 9-Jährige.
Später wurde sie häufige Reisebegleiterin und wissenschaftliche Mitarbeiterin des Vaters, führte in Eigenregie einen Teil seiner Korrespondenz, saß an seiner Seite im großen Lesesaal des Britischen Museums, um zu recherchieren, Texte auszuwerten und Analysen zu erstellen. Beflügelt vom Idealismus, den Menschen ganz im Geist von Karl Marx zu helfen, engagierte sie sich unermüdlich im Kampf für die Sache. Sie agitierte, dolmetschte auf Kongressen, reiste, redete, schrieb und organisierte Streiks. Gleichzeitig hatte sie auch den Drang, sich abzunabeln von ihrem berühmten Vater, sie wollte auf eigenen Füßen stehen. Ihren Wunsch, Schauspielerin zu werden, konnte sie jedoch nicht durchsetzen. Die Familie Marx, zu bürgerlich, um das billigen zu können, fürchtete um Eleanor, weil „man beim Theater mit ziemlich schlechter Gesellschaft in Berührung kommt.“
Auch in Eleanors Liebesleben griff die Familie, genauer gesagt der Vater, direkt ein. Er verhinderte die Verbindung der erst 16-Jährigen mit dem baskischen Grafen Hippolyte Prosper Olivier Lissagaray, einem Helden der Pariser Kommune, der als mittelloser Flüchtling und doppelt so alt wie Tussy als Schwiegersohn keine Chance hatte. Eleanor war erst heimlich, dann offiziell zehn Jahre lang mit Lissagaray verlobt, löste dann aber wegen der väterlichen Abwehr lautlos die Verlobung. An ihre Schwester Jenny schrieb

Eleanor, zu dieser Zeit seelisch erschöpft, magersüchtig und depressiv: „Ich wundere mich manchmal, wie ich das alles überleben konnte. Ich glaube fast, dass ich dank meines langen Umgangs mit Katzen inzwischen neun Leben habe wie sie."
Nach Marx' Tod 1883 stürzte sich die sozialistische Aktivistin und Agitatorin energisch und erfolgreich in die Arbeit. Auf Parteitagen begeisterte sie – hierin begabter als ihr Vater – die Arbeiter. Sie spielte eine maßgebliche Rolle in der englischen Gewerkschaftsbewegung und bei der Gründung der zweiten Internationale und betreute den Nachlass ihres Vaters. Doch als sie 1895 erfuhr, dass ihr Vater einen unehelichen Sohn hatte, Frederick, Spross der Marxschen Haushälterin Helene Demuth, stürzte für sie eine Welt zusammen.
Seit Mitte der 80er Jahre lebte Eleanor in „freier Liebe" mit Edward Aveling zusammen. Das Paar trat gemeinsam auf in literarischen und politischen Zirkeln, bei öffentlichen Lesungen und Streikversammlungen. Eleanor, die Unermüdliche, schrieb zahlreiche politische Bücher über die Arbeiterklasse und die Frauenfrage, übersetzte unter anderem Gustave Flaubert und Henrik Ibsen und zehrte sich auf in der Beziehung mit ihrem Lebensgefährten, der sie betrog, ausnahm und erpresste. Am 31. März 1898, nachdem Eleanor erfahren hatte, dass er unter falschem Namen eine junge Schauspielerin geheiratet hatte, war sie am Ende. Sie schickte ihre Haushälterin um Chloroform „und ein kleines Quantum Blausäure für einen Hund" zur Apotheke und nahm sich das Leben.

Eleanor Marx, mit Kosenamen Tussy genannt – die jüngste Marx-Tochter im Alter von 20 Jahren

Eleanors Schwestern: Jenny und Laura

Literatur

- *Giroud, Françoise, Trio Infernale oder Das Leben der Jenny Marx, aus dem Französischen von Sylvia Koch, Beltz Quadriga, Weinheim, Berlin 1994*
- *Stefan, Inge, Das Leben der Jenny Westphalen-Marx, in: Das Schicksal der begabten Frau im Schatten berühmter Männer, Kreuz-Verlag, Stuttgart 2000*
- *Thomalla, Ariane, „Es wäre wirklich sehr schade, wenn du das Schreiben aufgeben müsstest ...". Jenny, Laura und Eleanor Marx, in: Deutsche Schwestern, hg. von Katharina Raabe, Rowohlt Berlin Verlag, Berlin 1997*

Vera Figner

** 7. Juli 1852 in Kasan*
† 15. Juni 1942 in Moskau
russische Revolutionärin, Schriftstellerin

Die unbeugsame Kämpferin

Die Revolutionärin Vera Figner in einer Porträtaufnahme von 1883

„Schade, dass ich so wenig Zeit habe, ich könnte Sie sonst bekehren", sagte der Innenminister am Ende des Verhörs zu der Verhafteten. Sie bedauere das ebenfalls, erwiderte die Verhörte, „sonst würde ich Sie von unserer Sache überzeugen!" Wenig später wurde Vera Figner – sie war führend am Attentat auf Zar Alexander II. beteiligt gewesen – zum Tode verurteilt und gegen ihren Willen zu lebenslänglichem Kerker in der berüchtigten Festung Schlüsselburg begnadigt.
Vera Figner, 1852 geboren, gehörte dem niederen russischen Land- und Beamtenadel an. Ihr Vater, Forstmeister und Friedensrichter, war ein autoritärer und gewalttätiger Mann, der die Familie tyrannisierte, die Mutter eine duldsame Frau, die nicht viel zu sagen hatte. Mit 11 Jahren besuchte Vera Figner eine Töchterschule in Kasan, wo sie rasch durch ihre hohe Begabung auffiel. Nach der Schule wollte die junge Frau möglichst schnell unabhängig werden von ihrer Familie. Sie heiratete einen jungen Verehrer, mit dem sie nach Zürich ging – die Züricher Universität war damals die erste und einzige europäische Hochschule, die Frauen zum Studium zuließ.
In der Schweiz studierte sie Medizin und europäischen Sozialismus und schloss sich der Geheimorganisation „Land und Freiheit" an, die zum Ziel hatte, das zaristische, feudal-autokratische Russland zu revolutionieren. Nach ihrem Studium kehrte Vera Figner nach Russland zurück, um mitzuarbeiten an der geistigen, wirtschaftlichen und politischen Befreiung der Bauern, an der Aufteilung des Landes und am Aufbau einer demokratischen Volksvertretung. Bald waren sie und einige Mitglieder der Organisation entschlossen, der Gewaltherrschaft des Zaren

Karikatur auf Zar Alexander II. aus Vanity Fair, *London 1869*

Die Ermordung Alexanders II. von Russland im März 1881. Zeitgenössischer Holzstich

„Sie haben die Macht, aber wir repräsentieren die Moral, und die Kräfte der Geschichte und Ideen können nicht von Bajonetten besiegt werden!"
Eine russische Revolutionärin der Gruppe „Volkswille" vor Gericht

selbst mit Gewaltaktionen zu begegnen.
Zusammen mit anderen Revolutionärinnen und Revolutionären gründete Vera Figner Ende der 70er Jahre den Geheimbund „Volkswille" („Narodnaja Wolja"), der mit einer Reihe von Anschlägen den russischen Staat erschütterte und im März 1881 das Attentat auf Zar Alexander II. ausübte. Alle unmittelbar Beteiligten wurden gefangen genommen und hingerichtet. Vera Figner konnte zunächst entkommen und versuchte im Untergrund die revolutionäre politische Organisation zusammenzuhalten. 1884 aber wurde sie von einem Genossen verraten, gefangen gesetzt und verurteilt. „Die letzte Pflicht war erfüllt und eine unendliche Ruhe zog in die Seele ein. Und während mich das Gefühl, meine Pflicht vor der Heimat, der Gesellschaft, der Partei erfüllt zu haben, beruhigte, wurde ich erst ganz Mensch ..." – so beschrieb sie ihre Gefühle nach dem Prozess.
Konsequent und unbeugsam, wie sie war, weigerte sie sich, ein Gnadengesuch einzureichen. Dennoch wurde die Todesstrafe aufgehoben zugunsten lebenslänglicher Einzelhaft im gefürchteten Kerker Schlüsselburg, „wo eine Unheil verkündende Stille und eine Atmosphäre von Gewalt, Wahnsinn und Tod herrschten."

Dank ihrer heroischen Kraft und ihrer Widerstandsfähigkeit überlebte Vera Figner zwanzig furchtbare Jahre im Kerker. Als sie 1904 entlassen wurde, war sie fremd in der Welt. Sie wurde in das Gebiet von Archangelsk verbannt und durfte dann, gesundheitlich angegriffen, auf dem Gut ihres Bruders leben. 1906 emigrierte sie ins Ausland und lebte erst in Paris, später – einsam und zurückgezogen – in der Schweiz am Genfer See. Von hier aus engagierte sie sich für politische Gefangene.
1916 kehrte sie nach Russland zurück und erlebte ein Jahr später die Revolution, war jedoch nicht aktiv beteiligt. Stattdessen schrieb sie ihre Erinnerungen *Nacht über Russland* und *Nach Schlüsselburg*, Bücher, die nicht nur eindringliche Lebensberichte sind, sondern auch zeigen, dass Vera Figner eine glänzende Schriftstellerin war.
„Schlüsselburg war das entscheidende Ereignis meines Lebens", bekannte sie am Schluss ihrer Erinnerungen. 1942 starb sie, über 90 Jahre alt, in Moskau.

Literatur

- *Figner, Vera, Nacht über Russland. Lebenserinnerungen von Vera Figner, von der Verfasserin autorisierte und durchgesehene Übersetzung aus dem Russischen von Lilly Hirschfeld und Reinhold von Walter, Malik Verlag Berlin 1928*
- *Siemsen, Anna, Der Weg ins Freie, Büchergilde Gutenberg, Zürich 1943*

Nadeshda Krupskaja

** 26. Februar 1869 in Petersburg*
† 27. Februar 1939 in Moskau
russische Politikerin und Pädagogin

Lenins Kampfgenossin

Nadeshda Krupskaja, 1935

Nadeshda Krupskaja spricht bei einem Treffen des 250. Regiments an der Wolga 1919.

Nadeshda Krupskaja war passionierte Kommunistin der ersten Stunde, lebte und arbeitete dreißig Jahre lang an der Seite des berühmtesten russischen Revolutionärs des 20. Jahrhunderts, war Mitbegründerin der modernen Pädagogik und namhafte sowjetische Bildungspolitikerin: Die Ehefrau und Kampfgenossin Lenins verkörperte das Ideal der modernen russischen „Kopf-Arbeiterin", einer Intellektuellen mit großem Bezug zu Praxis und Realität. Geboren 1869 als Tochter politisch liberaler, antizaristisch eingestellter, verarmter Adeliger wuchs Nadeshda Krupskaja von Kindheit an in die Rolle der Revolutionärin hinein. Ihr Vater wurde wegen politischer Arbeit inhaftiert und starb früh, die Tochter stieg in seine Fußstapfen und verkehrte seit Ende der 80er Jahre in sozialistischen Kreisen, die im zaristischen Russland verboten waren.

Wie viele junge Menschen in ihrem Land glaubte auch sie an die „Macht der Arbeiterklasse", hing sie der Idee von der Entmachtung des Zaren und der Errichtung eines Staates in den Händen von Arbeitern und Bauern an. Als engagierte Lehrerin arbeitete sie in einer Sonntagsschule für Arbeiter und beschloss, über die Dörfer zu wandern, um Bauern zu unterrichten. Da traf sie 1894 in einem Studentenzirkel den „kenntnisreichen Marxisten" Lenin. Sie redeten „endlos miteinander über das Gesamtbild

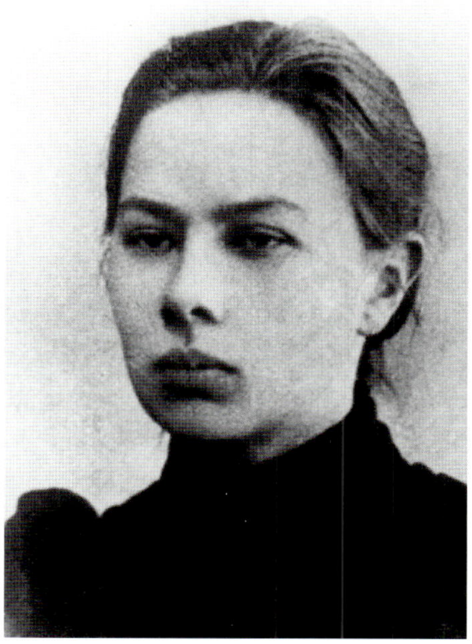

Nadeshda Krupskaja in jungen Jahren

August 1922: Lenin, Krupskaja, Lenins Schwester und zwei Kinder aus der Nachbarschaft

vom Leben der Arbeiter". Die intellektuelle Faszination wurde zur Liebesbeziehung und zur Basis für eine jahrzehntelange Zusammenarbeit.
Wegen ihrer politischen Aktivitäten musste Krupskaja 1896 zwei Jahre ins Gefängnis und hinterher drei Jahre in die Verbannung nach Sibirien. 1898 heirateten Nadeshda Krupskaja und der gleichfalls verbannte Lenin im sibirischen Jenissejsk. Das Leben auf dem Land, die gemeinsame Arbeit – sie schrieben Agitationsbroschüren und an der *Entwicklung des Kapitals in Russland* – waren „urwüchsige, schöne Jahre" für Krupskaja.
Die Repressionen des zaristischen Regimes zwangen die beiden zur Emigration. Viele Jahre zog die Petersburgerin mit dem Mann ihres Lebens von Unterschlupf zu Unterschlupf. Das Paar lebte unter anderem in München, London, Paris, Genf, Zürich illegal unter verschiedenen Namen in Armut und Isolation, publizierte die Zeitschrift *Iskra* und trieb die Organisation der verbotenen Arbeiterpartei voran. Krupskaja, zäh, zupackend und erfinderisch in den Methoden geheimer Korrespondenz, war für die praktische Seite der Parteiarbeit zuständig und für Lenin in erster Linie Sekretärin. Er hatte wechselnde Geliebte, die seine Frau offenbar duldete.
Als 1917 die Revolution in Russland begann, reisten Nadeshda Krupskaja und Lenin in einem von den Deutschen zur Verfügung gestellten Eisenbahnwaggon nach Petersburg. In den Jahren nach dem Sieg der Bolschewisten machte die promovierte Pädagogin Krupskaja Karriere „an der Bildungsfront". Die allgemeine Grundschulpflicht wurde eingeführt, das Analphabetentum abgebaut. Krupskaja wurde Mitglied im Zentralkomitee der Kommunistischen Partei, im Obersten Sowjet (einer Art Parlament) und stellvertretende Volkskommissarin für Bildungsfragen.
Nach dem Tode Lenins 1925 kämpfte sie als „Gewissen der Partei" gegen die Politik von Josef Stalin, rettete vom Diktator Stalin zum Tode Verurteilte – oder versuchte es zumindest.
Als sie 70-jährig in Moskau starb, kursierte das Gerücht, sie sei im Auftrag Stalins vergiftet worden. Mit ihrem Tod geriet sie in Vergessenheit.

Literatur

- *Kahlweit, Cathrin (Hg.), Jahrhundertfrauen. Ikonen – Idole – Mythen, C.H. Beck Verlag, München 1999*
- *Service, Robert, Lenin. Eine Biographie, aus dem Englischen von Holger Fliessbach, C.H. Beck Verlag, München 2000*
- *Weber, Hermann, Lenin –mit Selbstzeugnissen und Bilddokumenten, Rowohlt-Taschenbuch Verlag, Reinbek 1970*

Inès Armand

** 8. Mai 1874 in Paris*
† 24. September 1920 in Kislowodsk, Kaukasus
französisch-russische Revolutionärin

Die schöne Bolschewikin

Inès Armand in einer Aufnahme aus dem Jahre 1895

Sie war leidenschaftlich, unkonventionell und mutig: Inès Armand, kommunistische Revolutionärin und gefeierte Schönheit. Als Tochter eines berühmten französischen Opernsängers und einer französisch-englischen Schauspielerin kam Inès-Elisabeth Stéphane 1874 in Paris zur Welt. Nach dem frühen Tod ihres Vaters wurde sie von Tante und Großmutter in Moskau aufgenommen, wo sie behütet aufwuchs und eine hervorragende Bildung erhielt. Von Kindheit an sprach sie Französisch, Russisch, Englisch und Deutsch, spielte Klavier und verkehrte in gutbürgerlichen, gebildeten Kreisen. Mit 17 Jahren absolvierte sie das Examen als Hauslehrerin, zwei Jahre später heiratete sie Alexander Armand, den Sohn eines reichen Moskauer Wollfabrikanten, der 1200 Arbeiterinnen und Arbeiter beschäftigte. Die Armands waren liberal, zarenkritisch und behandelten die kluge und schöne Französin wie eine Tochter. In den folgenden Jahren brachte Inès vier Kinder zur Welt, zwei Söhne und zwei Töchter. Das Leben einer gut situierten Fabrikantengattin genügte ihr jedoch nicht. Betroffen von der Armut der Arbeiterfamilien gründete sie zusammen mit ihrem Mann eine Schule für Arbeiter- und Bauernkinder. 1900 übernahm sie den Vorsitz des Moskauer „Vereins zur Verbesserung des

> *„Ich bin gewiss, dass Du zu den Menschen gehörst, die wachsen und sicherer, stärker und kühner werden, wenn sie allein auf verantwortlichem Posten stehen."*
> Lenin in einem Brief vom Juli 1914 an Inès Armand

Loses der Frau". Zehn Jahre nach ihrer Hochzeit brach Inès mit dem bürgerlichen Leben. Mit ihren Kindern verließ sie 1903 ihren Mann in gegenseitigem Einverständnis und lebte mit dessen jüngerem Bruder Wladimir, mit dem sie einen Sohn hatte, zusammen. Bei einem Urlaub mit ihren Kindern in der Schweiz las sie revolutionäre Schriften, unter anderem Lenins Buch *Die Entwicklung des Kapitalismus in Russland*, und wurde zur begeisterten Bolschewistin. Besonders die Frage der Frauenrechte lag ihr am Herzen. Sie wurde Herausgeberin einer sozialistischen Frauenzeitung und war führend an den Internationalen Sozialistischen Frauenkongressen beteiligt. Wegen illegaler Parteiarbeit wurde sie im Januar 1905 verhaftet und kam erst im Oktober des-

Schön und unkonventionell: die Revolutionärin Inès Armand mit einem ihrer Söhne

Politfunktionärin Armand

selben Jahres wieder frei. Nach ihrer erneuten Verhaftung im Sommer 1907 wurde sie nach Mesen bei Archangelsk verbannt, konnte aber 1908 flüchten und emigrierte Anfang 1909 nach Brüssel, 1910 nach Paris. Hier lernte sie in der russischen Emigrantenszene Lenin kennen, mit dem sie eine Liebesbeziehung begann. Die Dokumente über diese Liaison sind jedoch dürftig: Vermutlich hat die sowjetische Geschichtsschreibung den Briefwechsel zwischen Lenin und Inès Armand zensiert, um nicht am Propagandabild des Musterrevolutionärs zu kratzen. Genossin Inessa, wie sie in der Partei genannt wurde, sollte ausschließlich als Kampfgefährtin in die Geschichte eingehen, nicht als Geliebte.

In Longjumeau nahe Paris leitete Armand eine Parteischule, überdies arbeitete sie an einer *Broschüre über die Familie*. Einen Entwurf dieser Arbeit schickte sie an Lenin, der nur auf einen Aspekt reagierte, und zwar auf die Forderung der Frau nach „Freiheit der Liebe". Lenin schrieb zurück, dass eine solche Forderung „bürgerlich" und nicht „proletarisch" sei. Er riet ihr, diesen Passus „überhaupt zu streichen." Die am Frauenthema interessierte Revolutionärin hat daraufhin ihre Thesen zur Frauenfrage nie veröffentlicht. Nach der russischen Revolution übernahm Inès Armand in der Sowjetunion wichtige Posten; unter anderem war sie seit 1918 Frauenleiterin des Zentralkomitees der Kommunistischen Partei. Die Beziehung zu Lenin war – auf sein Betreiben hin – längst distanziert. 1920 starb Inès Armand, nur 46 Jahre alt, bei einem Kuraufenthalt im Kaukasus an Cholera.

Literatur

- *Podljaschuk, Pawel, Inessa. Ein dokumentarischer Bericht über das Leben der Inès Armand, Karl Dietz Verlag, Berlin 1987*
- *Service, Robert, Lenin. Eine Biographie, aus dem Englischen von Holger Fliessbach, C.H. Beck Verlag, München 2000*
- *Weber, Hermann, Lenin – mit Selbstzeugnissen und Bilddokumenten, Rowohlt-Taschenbuch Verlag, Reinbek 1970*

Milena Jesenská

** 10. August 1896 in Prag*
† 17. Mai 1944 im Konzentrationslager Ravensbrück
tschechische Journalistin und Widerstandskämpferin

Lebendiges Feuer

Die Journalistin Milena Jesenská im Jahre 1916

Im Prag der 20er und 30er Jahre war sie „die Jesenská" – eine anerkannte und gefragte Journalistin und eine faszinierende Persönlichkeit, die das Ideal der modernen, weltoffenen, emanzipierten Frau verkörperte. Ihre engagierten Sozialreportagen, ihre brillanten politischen Analysen, die hellsichtig und unverhohlen die Bedrohung durch den Nationalsozialismus in Deutschland beleuchteten, waren damals viel beachtet und sind heute in mehrere Sprachen übersetzt. „Politische Artikel soll man schreiben wie Liebesbriefe", war ihre Devise. Wie sie schrieb, so handelte sie auch: gefühlvoll, leidenschaftlich, mit ganzem persönlichem Einsatz und immer geleitet von einer zutiefst humanen Haltung. Nach der deutschen Besetzung ihres Heimatlandes führte sie diese Haltung in den politischen Widerstand und wurde ihr zum Verhängnis. Vielen ist die Tschechin nur als Freundin von Franz Kafka ein Begriff, an die er seine berühmten *Briefe an Milena* schrieb. Dabei hat sie als junge Journalistin Anfang der 20er Jahre die Bedeutung des damals kaum bekannten Dichters entdeckt und einige seiner Werke erstmals in eine fremde Sprache, ins Tschechische, übersetzt. Aus dieser Arbeitsbeziehung zwischen Kafka und Milena entwickelte sich eine Liebe – kompliziert und aussichtslos, denn die junge Journalistin war mit dem jüdischen Literaten Ernst Polak verheiratet und der schon schwer kranke Kafka fühlte sich überfordert von Milenas leidenschaftlicher Vitalität. „Sie ist ein lebendiges Feuer, wie ich es noch nie gesehen habe", gestand der Dichter seinem Freund Max Brod. Auf Kafkas Wunsch hin brachen die beiden die Korrespondenz ab, von der heute nur seine Briefe erhalten sind, die von Milena an ihn sind verschollen. Milena Jesenská stammte aus der reichen Prager Oberschicht. Ihr Vater war erfolgreicher Universitätsprofessor und renommierter

Schwierige Liebe zu dem Schriftsteller Franz Kafka

Prag, die Geburts- und Heimatstadt der Jesenská um 1900. Blick auf die Karlsbrücke

Zahnarzt. Ihre Mutter, eine schöne, künstlerisch begabte Bürgerstochter, erkrankte früh, war bettlägerig und wurde fast sechs Jahre lang von Milena gepflegt. Sie starb 1913. Zu diesem Zeitpunkt war die Tochter knapp 17 Jahre alt. Auf Drängen ihres ehrgeizigen und jähzornigen Vaters studierte Milena Medizin, brach ab, begann halbherzig ein Musikstudium und trieb sich die meiste Zeit in den Prager Kaffeehäusern herum, wo sie den Bankangestellten, Lebemann und Literaten Ernst Polak kennen lernte. Vom Vater in die Psychiatrie zwangseingewiesen, damit sie mit dem „Kaffeehausjuden" nicht mehr verkehren konnte, traf sie sich nachts heimlich – einmal schwamm sie in Kleidern durch die Moldau – mit ihrem Geliebten. 1918, als sie volljährig wurde, heiratete sie den geistig sehr anregenden Ernst Polak und ging mit ihm nach Wien. Doch die Ehe war unglücklich. Während Milena am Bahnhof Koffer schleppte, sich als Haushälterin verdingte und Tschechischunterricht gab, um den Lebensunterhalt zu verdienen, saß Polak im Café und brachte auch noch seine Geliebte mit nach Hause. In dieser finanziellen und seelischen Misere fing sie an, für tschechische Zeitungen Feuilletons und Reportagen zu schreiben und literarische Werke zu übersetzen.
1925 trennte sie sich von Polak, kehrte nach Prag zurück und war bald eine gefragte Journalistin. Wie viele Intellektuelle stand sie den Kommunisten nahe, wandte sich jedoch, abgeschreckt durch den stalinistischen Kommunismus, wieder davon ab. Ihre zweite Ehe schloss sie mit dem Architekten Jaromír Krejcar, dem Vater ihrer einzigen Tochter Jana. Nach einer Gelenkentzündung während der Schwangerschaft wurde sie zur Schmerzlinderung mit Morphium behandelt und war anschließend acht Jahre lang süchtig. Ihre Ehe ging in die Brüche. Zwischen 1937 und 1939 entstanden ihre besten Reportagen. Sie beschrieben die Krisenzeit vor dem Krieg und die Schicksale deutscher Immigranten, die vor dem Nationalsozialismus in die Tschechoslowakei flohen. Viele von ihnen fanden Zuflucht in Milenas Wohnung. Sie knüpfte Kontakte zu Widerstandsorganisationen. Auch nachdem die Deutschen die Tschechoslowakei im März 1939 besetzt hatten, organisierte sie Fluchtwege für Juden, Kommunisten, deutsche Antifaschisten und half ohne Rücksicht auf die eigene Sicherheit. Ihre Verhaftung war – auch wegen ihres subversiven politischen Journalismus – nur eine Frage der Zeit. Im November 1939 war es dann so weit. Nach monatelangen Gestapo-Verhören und einer Odyssee durch verschiedene Gefängnisse wurde sie zur „Umerziehung" in das Frauen-Konzentrationslager Ravensbrück gebracht. Dort starb sie knapp 48-jährig an einem Nierenleiden. Postum verlieh ihr 1995 der Staat Israel den Ehrentitel „Gerechte unter den Völkern".

Literatur

- *Buber-Neumann, Margarete, Kafkas Freundin Milena, Gotthold Müller Verlag, München 1963*
- *Jesenská, Milena, „Alle meine Artikel sind Liebesbriefe". Biographie, hg. von Alena Wagnerová, Bollmann Verlag, Mannheim 1994*
- *Jirásková, Marie, Kurzer Bericht über drei Entscheidungen. Die Gestapo-Akte Milena Jesenská, Verlag Neue Kritik, Frankfurt/Main 1996*

Sophie Scholl

** 9. Mai 1921 in Forchtenberg*
† 22. Februar 1943 in München
deutsche Widerstandskämpferin

Ein Leben für den Widerstand

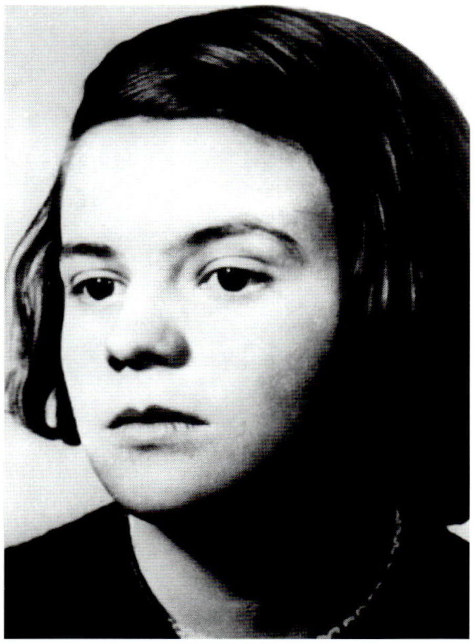

Die Widerstandskämpferin Sophie Scholl, Mitglied der Weißen Rose

„Einer muss doch einmal damit anfangen. Was wir sagten und schrieben, denken ja so viele. Nur wagen sie es nicht, es auszusprechen“, antwortete Sophie Scholl auf die Frage des Richters Roland Freisler nach den Motiven ihrer Flugblattaktionen, ihrer „Vorbereitung zum Hochverrat“. Kurz darauf wurden sie, ihr Bruder Hans Scholl und Christoph Probst zum Tode verurteilt.
Sophia Magdalena Scholl kam 1921 als viertes von fünf Kindern in dem badischen Städtchen Forchtenberg zur Welt. Sie wuchs in einem protestantischen, bürgerlich-mittelständischen Elternhaus auf. Die Mutter war vor der Ehe Diakonissenschwester, der Vater Steuerberater und Bürgermeister von Forchtenberg.
Die intelligente und künstlerisch begabte Sophie – sie schrieb, zeichnete, musizierte – war entsprechend ihrer Herkunft und Erziehung selbstbewusst und bildungshungrig. Sie las Thomas Mann, Erich Kästner, Stefan Zweig, damals Bestseller-Autoren, aber auch Philosophisches (Platon, Augustinus) und die Bibel. Und sie war ein Kind ihrer Zeit: naturverbunden, wanderlustig, romantisch.
Anfänglich begeisterte Jungmädelführerin in der Hitlerjugend wurde sie rasch skeptisch gegenüber einem System, das Individualität nicht zuließ, und wandte sich schließlich ab, angewidert von Drill und Schikanen und bedroht durch Übergriffe – ihr Bruder Hans wurde verhaftet, weil er Mitglied einer verbotenen Jugendgruppe war. Nach dem Abitur 1940 ließ Sophie sich zur Kindergärtnerin ausbilden, um dem „Reichsarbeitsdienst“ (RAD) zu entgehen, musste ihn aber nach ihrer Ausbildung doch leisten und wurde in der Feldarbeit und Kinderbetreuung eingesetzt. Ihre ethische Haltung zeigte sich nicht nur in ihrer Opposition gegenüber den Führerinnen im Reichsarbeitsdienst, sondern auch in den Briefen an ihren Jugendfreund, den Berufssoldaten Fritz Hart-

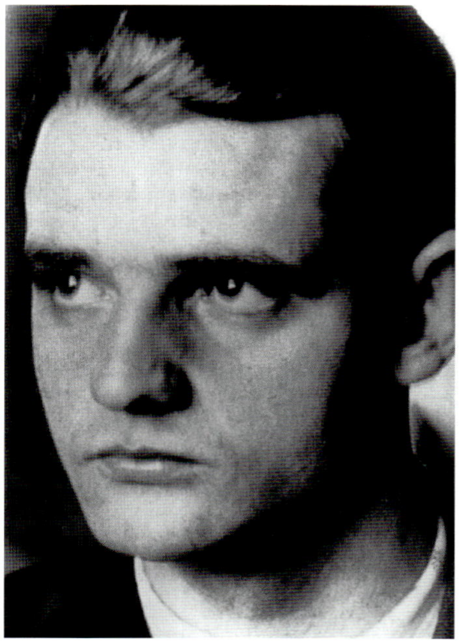

Hans Scholl, der Bruder Sophies

Die weiße Rose – *Film von M. Verhoeven*

nagel: „Ich kann es nicht begreifen, dass nun dauernd Menschen in Lebensgefahr gebracht werden von anderen Menschen ... Sag nicht, es ist fürs Vaterland."
Im Mai 1942 zog Sophie Scholl nach München, wo auch ihr Bruder Hans schon studierte, um ihr Studium der Biologie und Philosophie zu beginnen. Hier traf sie mit dem Freundeskreis ihres Bruders zusammen, besuchte Seminare des Philosophieprofessors Kurt Huber und schloss sich der Widerstandsgruppe „Weiße Rose" an, der ihr Bruder Hans, die Studenten Willi Graf, Christoph Probst und Alexander Schmorell sowie Professor Kurt Huber angehörten. Die „Weiße Rose" druckte, verteilte und verschickte Flugblätter, die zum Widerstand gegen den Naziterror aufriefen. „Zerreißt den Mantel der Gleichgültigkeit, den Ihr um Euer Herz gelegt! Entscheidet Euch, eh' es zu spät ist!" – so appellierten die Texte der Flugblätter an das Verantwortungsbewusstsein der Menschen. Neben der Mahnung und dem Aufruf zum Widerstand knüpfte die „Weiße Rose" Kontakte zu anderen Widerstandsgruppen in Deutschland, bemüht, den Krieg um jeden Preis sofort zu beenden. Nach der Niederlage von Stalingrad im Februar 1943 stand für sie der Zusammenbruch des „Dritten Reiches" fest. Sophie und ihre Gefährten beschrieben die Wände der Münchner Universität mit „Freiheit" und „Nieder mit Hitler". Am Morgen des 18. Februar 1943 streuten Sophie und Hans Scholl im Lichthof der Münchner Universität ihre Schrift für „die deutschen Studenten" aus. Der Hausmeister beobachtete sie, informierte die Gestapo; die Geschwister wurden im Gefängnis München-

„Wir haben alles, alles auf uns genommen. Das wird Wellen schlagen."
Abschiedsworte Sophie Scholls an ihre verzweifelten Eltern

Stadelheim festgesetzt und drei Tage lang verhört. Als ihr ein Gestapo-Beamter beim Schlussverhör einen Fluchtweg bauen wollte, wehrte Sophie Scholl ab und entgegnete: „Ich würde alles genau noch einmal so machen, denn nicht ich, sondern Sie haben die falsche Weltanschauung."
Am vierten Tag wurde Sophie vom Volksgerichtshof zusammen mit ihrem Bruder Hans und Christoph Probst durch das Fallbeil hingerichtet. Zwei Monate später mussten Kurt Huber, Willi Graf und Alexander Schmorell ihr Leben lassen.

Gedenkstein für die Widerstandsgruppe „Weiße Rose" im Münchner Hofgarten

Literatur

- *Hanser, Richard, Deutschland zuliebe. Leben und Sterben der Geschwister Scholl. Die Geschichte der Weißen Rose, Kindler Verlag, München 1980*
- *Jens, Inge (Hg.), Hans Scholl, Sophie Scholl. Briefe und Aufzeichnungen, S. Fischer Verlag, Frankfurt/Main 1984*
- *Scholl, Inge, Die weiße Rose, Fischer Taschenbuch Verlag, Frankfurt/Main 1983*

Maria Magdalena

** vor oder um Christi Geburt vermutlich in Magdala*
† Mitte des 1. Jahrhunderts nahe Aix-en-Provence (?)
Jüngerin Jesu

Die erste Begleiterin Jesu

Gemälde von Perugino, um 1500

Maria Magdalena, nach der Mutter Gottes wohl die bekannteste Frauengestalt des Neuen Testaments, stammte aus Magdala, einem Ort am Westufer des Sees Genezareth – ihren Beinamen erhielt sie nach ihrem Herkunftsort. Als „Apostolin der Apostel", wie der Kirchenlehrer Augustinus sie nannte, spielte sie in der Jesusbewegung eine maßgebliche Rolle. Sie wurde als erste unter den Frauen erwähnt, die Jesus und seine Jünger begleiteten, war eine führende Persönlichkeit in den Urgemeinden, lebte den Glauben, predigte das Evangelium und missionierte.

Nach dem Lukas-Evangelium trieb Jesus ihr sieben Dämonen aus und heilte sie von ihrer Besessenheit (vermutlich manisch-depressive oder epileptische Anfälle). Maria Magdalena schloss sich ihm daraufhin in Galiläa an, wurde seine erste Begleiterin und eine seiner treuesten und wichtigsten Gefährtinnen.

Maria Magdalena zog mit Jesus nach Jerusalem, ging seinen Leidensweg mit und erlebte zusammen mit anderen Frauen die Kreuzigung auf Golgota. Sie war dabei, als Joseph von Arimathäa, („ein angesehener Ratsherr", der Pilatus gebeten hatte, den Gekreuzigten begraben zu dürfen, Markus 15,42–47; Johannes 19,38) am Abend den Leichnam Jesu vom Kreuz nahm und ihn beisetzte. Am Ostermorgen lief sie mit anderen Frauen zum Grab, um den Toten zu salben, fand es aber leer vor und war die erste Zeugin, der sich der Auferstandene zeigte (Johannes 20,1 und 14). „Frau, warum weinst du? Wen suchst du?", fragte Jesus sie, die ihn erst für den Gärtner hielt. Erst als er sie beim Namen nannte, erkannte sie ihn.

Was Magdalena mit ihrem Verhalten wagte, wird erst deutlich, wenn man die politischen Hintergründe dieser Zeit kennt: Die Kreuzigung eines als aufständisch Verurteilten hatte im Römischen Reich tief greifende Konsequenzen für dessen Verwandten- und Freundeskreis: Ein gekreuzigter Verbrecher musste am Kreuz hängen, bis Tiere seinen Leichnam gefressen hatten – zur Abschreckung und zur Strafe auch für die Angehörigen. Bestattung und Trauer waren unter Drohung der Hinrichtung verboten. Deshalb stand Maria Magdalena zusammen mit den anderen Frauen bei der Kreuzigung Jesu abseits („Und es waren auch Frauen da, die von ferne zuschauten", Markus 15,40), riskierte aber vielleicht ihr Leben, als sie am Ostermorgen sein Grab aufsuchte, und war mutiger, als die männlichen Jünger, die sich zu diesem Zeitpunkt noch in Jerusalem versteckt hielten („Und sie sagten niemandem etwas, denn sie fürchteten sich", Markus 16,8). Über Maria Magdalenas Leben nach der Auferstehung Christi gibt es nur noch Legenden. Die gängigste besagt, dass sie mit Lazarus und Martha als Missionarin nach Südfrankreich ging – jedenfalls bildeten sich hier die schönsten Legenden um die Heilige. Sie soll erst erfolglos gepredigt, dann aber ein Wunder vollbracht haben, woraufhin sich viele Menschen taufen ließen. Die sogenannte *Goldene Legende* (*Legenda aurea*) erzählt, dass der Statthalter der Provinz Marseille sich zur Taufe bereit erklärte,

Gastmahl im Hause Simons, von Tintoretto

Der tote Christus, betrauert von Maria und Maria Magdalena. Gemälde von Agnolo Bronzino, um 1530

wenn seine Frau einen Sohn gebäre. Maria Magdalena erbat dem Paar ein Kind und tatsächlich wurde die Frau schwanger. Da traten die beiden die Reise zu Petrus in das Heilige Land an, doch unterwegs starb die Frau bei der Geburt und wurde mit dem lebenden Sohn auf einer kleinen Insel zurückgelassen. Der Statthalter war in tiefster Trauer, wurde jedoch von Petrus getröstet und weilte zwei Jahre in Jerusalem. Bei der Rückreise streifte er die Insel und sah einen kleinen Jungen am Strand spielen, der, als er die Reisenden sah, schnell zu seiner toten Mutter floh. Der Statthalter folgte dem Kind und beobachtete, wie es an der Mutterbrust trank. In diesem Augenblick erwachte die Frau, die im Geiste an der Hand Maria Magdalenas die Jerusalem-Reise und den Aufenthalt bei Petrus miterlebt hatte. In Massilia (Marseille) angekommen eilten die drei zu Magdalena, um ihr

Ausschnitt aus der Skulpturengruppe von Ligier Richier

Die büßende Magdalena, ein Gemälde von Tizian

alles zu erzählen, und ließen sich taufen.
Ferner berichtet die *Goldene Legende*, dass Maria Magdalena von Schiffsleuten als Seeheilige angerufen wurde, dass sie Verirrten in der Dunkelheit den Weg wies, dass sie Sündern half, ihre Schuld zu tilgen.
Nach der Legende ging Maria Magdalena später in eine Einöde bei Baume nahe Aix-en-Provence, lebte dort dreißig Jahre lang in einer Höhle, wo sie in täglichen Visionen von Engeln in den Himmel gehoben wurde, himmlischen Frieden spüren konnte und erleben durfte, wie reuige Sünder geehrt wurden. Hier, in der Wildnis, soll Magdalena Mitte des 1. Jahrhunderts gestorben sein.
Auch um Grab und Reliquien der Heiligen entstanden zahlreiche Geschichten und Legenden. Angeblich wurde sie in Aix-en-Provence begraben. Ihre Gebeine sollen im 9. Jahrhundert aber in das Kloster von Vézelay in Burgund überführt worden sein. Zwei berühmte Wallfahrtsorte entwickelten sich daraus, in denen beeindruckende Basiliken errichtet wurden: die Kathedrale von Vézelay und Saint-Maximin-la-Sainte-Baume.
Nach griechisch-orthodoxer Tradition ist Maria Magdalena in Ephesus gestorben und bestattet. Die Verehrung ist dort seit dem 6. Jahrhundert nachweisbar. Reliquien kamen dann der Überlieferung nach 899 von Ephesus nach Konstantinopel, dem heutigen Istanbul.
In der Maria Magdalena, wie sie in Liturgie, Legenden, Volksfrömmigkeit und Kunst bekannt ist, dürften jedoch drei verschiedene Frauenfiguren zusammengeflossen sein: Maria aus Bethanien (die gläubige, in sich gekehrte Schwester des Lazarus, den Jesus von den Toten erweckte), die namenlose Sünderin und schließlich Maria aus Magdala.
In der Überlieferung dominiert vor allem die Identifizierung Maria Magdalenas mit der „großen Sünderin", die – nach der Bibel – im Haus des Pharisäers Simon einen Skandal heraufbeschwor, als sie sich Zutritt verschaffte, um Jesus mit ihren Tränen die Füße zu waschen, sie mit ihren Haaren zu trocknen und zu salben (Lukas 7,36–50).
Insbesondere seit dem späten Mittelalter wurde Maria Magdalena in kirchlicher Tradition, in Dichtung und Malerei zum Sinnbild für die „gefallene Frau", ihre „sieben Dämonen" wurden als Folge ihres ausschweifenden Lebens gedeutet und ihre reuevolle Buße als vorbildhaft dargestellt. Die evangelische Theologin Elisabeth Moltmann-Wendel bezeichnete dieses „Zerrbild von einer Maria Magdalena, die von der Freundin Jesu und ersten

„Weder Verwandten noch Freunden wurde es vergönnt, heranzutreten und die Gekreuzigten zu beweinen, ja nicht einmal, sie länger zu betrachten. Wachen waren ringsum aufgestellt, die aufmerksam darauf achteten, ob jemand irgendein Zeichen von Trauer verrate."
Tacitus, römischer Historiker, Annalen

Apostolin zur großen Sünderin mit allem Nerven- und Fleischeskitzel verfälscht wurde, (als) eine der dramatischsten Fälschungen in der Kirchengeschichte."
In jüngerer Zeit – nach dem II. Vatikanischen Konzil (1962–1965) – wurde die biblisch bezeugte Maria Magdalena wieder entdeckt und für Frauen in der Kirche zur Identifikationsfigur: als Vertraute Jesu und als mutige und authentische Frau, die zum Grab eilte und ihre tiefsten Gefühle, ihre Trauer zum Ausdruck brachte.
In der Kunst wird Maria Magdalena verschieden dargestellt: mit einem Salbgefäß, als eine Hauptzeugin der Kreuzigung mit aufgelöstem Haar unter dem Kreuz stehend, in einer Höhle nur mit einem Fell bekleidet, mit einem Kruzifix und einem Totenkopf in Händen, aber auch als Heilige, die in den Himmel getragen wird. Auch in der Literatur wurde gerade das Motiv der „reuigen Sünderin", des Opfers, immer wieder aufgegriffen, unter anderem von Friedrich Hebbel (*Maria Magdalene,* 1844), Franz Xaver Kroetz (*Maria Magdalena*, 1972) und Luise Rinser (*Mirjam*, 1983). Neuerdings hat die schwedische Romanautorin Marianne Fredriksson eine literarische Verarbeitung der Heiligen verfasst: Das Prosawerk *Maria Magdalena* deutet die biblische Gestalt einmal anders – als eigenständige erste Frau der Christenheit und als Evangelistin.
Maria Magdalena ist die Patronin der Frauen, der Verführten, ferner der Friseure, Gärtner, Parfümhersteller und vieler anderer Handwerker. Ihr Festtag ist der 22. Juli.

Trauer um Jesus. Gemälde von Rogier van der Weyden, um 1400

Literatur

- *Haag, Herbert u.a., Große Frauen der Bibel in Bild und Text, Herder Verlag, Freiburg, Basel, Wien 1993*
- *Hebbel, Friedrich, Maria Magdalena. Trauerspiel, Reclam-Verlag, Leipzig 1947*
- *Ohler, Annemarie, Frauengestalten der Bibel, Echter, Würzburg 1987*
- *Schauber, Vera, Schindler, Hanns Michael, Heilige und Namenspatrone im Jahreslauf, Pattloch Verlag, Augsburg 1998*

Heilige Cäcilie

** um 200 in Rom*
† 22. November 230 in Rom
frühchristliche Märtyrerin

Patronin der Musik

„Während die Musikinstrumente erklangen, sang Cäcilia in ihrem Herzen nur zu Gott gewandt" – diese Passage in den Überlieferungen über die frühchristliche Märtyrerin machte Cäcilia zur Schutzheiligen der Musik. Immer wieder inspirierte ihre Geschichte die Künstler: Die seit dem 4. Jahrhundert verehrte Cäcilia zählt zu den am häufigsten dargestellten, und zu den volkstümlichsten Heiligen. Der Legende nach stammte sie aus dem römischen Adelsgeschlecht der Metteler oder Cäcilier. Zu einer Zeit, als die Christen im Römischen Reich verfolgt wurden, wuchs sie christlich auf. Schon als junges Mädchen fühlte Cäcilia sich zur Braut Jesu berufen und legte heimlich ein Treuegelübde ab. Ihre Eltern, die davon nichts wussten, verlobten ihre fromme Tochter mit einem reichen jungen Römer namens Valerian.
Cäcilia, die weder ihr Gelübde brechen noch ihre Eltern enttäuschen wollte, willigte in die Ehe ein, klärte aber Valerian in der Hochzeitsnacht darüber auf, dass

Cäcilie, die Schutzheilige der Musik, Gemälde von Dominico Zampieri aus dem Jahre 1620

ein Engel über ihre Jungfräulichkeit wache. Er wolle diesen Engel sehen, forderte der Bräutigam und Cäcilia ging auf die Forderung ein unter der Bedingung, dass ihr Mann sich zum Christentum bekenne. Tatsächlich, so die Überlieferung, ließ sich der junge Römer vom damaligen Papst Urban I. taufen, kehrte in sein Haus zurück und traf Cäcilia betend an, während ihr ein Engel zwei Kränze aus Rosen und Lilien überreichte. Valerian, tief berührt von diesem mystischen Erlebnis, brachte daraufhin auch seinen Bruder Tiburtius dazu, zum christlichen Glauben überzutreten.

Von nun an bekannten sich Cäcilia, Valerian und Tiburtius öffentlich zu ihrer Religion. Die beiden Männer wurden vor Gericht gestellt und unter Drohung der Hinrichtung aufgefordert, die römischen Götter zu verehren. Als sie sich weigerten, wurden sie gefoltert und enthauptet. Kurz darauf wurde Cäcilia aufgespürt und verhört. Als auch sie als Christin überführt war, sperrten die römischen Beamten sie in die überhitzte, verriegelte Badestube ihres Hauses, damit sie im Dampf ersticke. Andere Quellen berichten, man habe Cäcilia in kochendes Wasser geworfen. Doch weder der Dampf noch das kochende Wasser konnten der frommen Frau etwas anhaben – sie blieb unverletzt.

Da wurde die Verfolgte zum Tod durch Enthauptung verurteilt und vor den Henker geführt. Dreimal, so heißt es in den Erzählungen, soll der Scharfrichter zugeschlagen haben, doch auch nach dem dritten Hieb saß Cäcilias Kopf noch am Rumpf. Schwer verwundet und bewusstlos ließ der Henker sie liegen und rannte davon. Am dritten Tag nach der versuchten Hinrichtung, am 22. November 230, starb Cäcilia an ihren schweren Verletzungen. Sie wurde in den Calixtus-Katakomben in Rom bestattet.

Das Haus der Märtyrerin, von Papst Urban I. zur Kirche S. Cecilia geweiht und im heutigen römischen Stadtteil Trastevere gelegen, wurde später zu einer Basilika ausgebaut. Dorthin wurden im Jahre 821 (andere Quellen sprechen von 822) die Überreste der Heiligen gebracht und beigesetzt.

Die Darstellungen in der Kunst zeigen die heilige Cäcilia häufig mit einem Engel, der ihr und ihrem Mann Valerian Blumenkränze aufsetzt. Seit dem 15. Jahrhundert wurde sie mit einer tragbaren Kleinorgel oder anderen Musikinstrumenten als Hauptkennzeichen abgebildet.

Die Heilige, deren Festtag der 22. November ist, gilt nicht nur als Patronin der Kirchenmusik, sondern der Musik insgesamt sowie des Instrumentenbaus, des Gesangs und der Dichtung.

Die heilige Cäcilie mit einem Engel, Ölgemälde von Orazio Gentileschi, 1610

LITERATUR

- *Melchers, Erna und Hans (Hgg.), Das große Buch der Heiligen. Geschichte und Legende im Jahreslauf, Südwest-Verlag, München 1978*
- *Schauber, Vera, Schindler, Hanns Michael, Heilige und Namenspatrone im Jahreslauf, Pattloch Verlag, Augsburg 1998*

Heilige Agnes

** 3. Jahrhundert in Rom*
† 304 (?) in Rom
frühchristliche Märtyrerin

Die reine Jungfrau

Heilige Agnes mit Schriftblatt, Lucas Cranach d.Ä., um 1520

Sie gehört zu den großen Heiligen, wird in den östlichen und westlichen Kirchen verehrt, und das bereits seit Mitte des 4. Jahrhunderts: die christliche Märtyrerin Agnes. Historisch belegt ist ihr Name, über ihr Leben und ihr Martyrium berichten ausschließlich Heiligenerzählungen.
Einer Legende aus dem 6. Jahrhundert zufolge stammte Agnes aus einer vornehmen römischen Familie. Ihre Herkunft, aber auch ihre Schönheit – sie hatte langes blondes Haar, ein hübsches Gesicht und eine zauberhafte Ausstrahlung – machten sie attraktiv für die jungen Römer. Bereits als 12-Jährige wurde sie viel umworben. Sie wies jedoch alle Freier ab, weil sie sich ihrem christlichen Glauben verpflichtet fühlte und ihr Leben Christus geweiht hatte.
Der Sohn eines Stadtpräfekten namens Sempronius bemühte sich besonders hartnäckig um die schöne Agnes und schaltete, nachdem er erfolglos geblieben war, seinen Vater ein. Zwar hatte auch er keinen Erfolg, erkannte aber im Gespräch mit Agnes, dass sie Christin war. Es war die Zeit der Christenverfolgungen und Sempronius nutzte dies als Druckmittel. Er drohte ihr, sie anzuzeigen, falls sie nicht in die Heirat mit seinem Sohn einwillige. Das fromme Mädchen ließ sich jedoch nicht erpressen und landete vor Gericht. Auch hier konnte Agnes trotz vehementer Drohungen nicht eingeschüchtert werden, sondern blieb standhaft. Da riss man ihr die Kleider vom Leib, um sie zu demütigen und ihren Willen zu brechen, und zwang sie als Strafe zur Prostitution. Auf dem Weg ins Bordell – so die Überlieferung – wuchs ihr Haar schnell und wallend und verhüllte im Nu ihren Körper.
Als der in seinem Stolz gekränkte Sohn des Präfekten Agnes vergewaltigen wollte, um sich an ihr zu rächen, soll ihn ein Feuerstrahl getroffen haben; er stürzte tot zu Boden. Die Legende erzählt, dass Agnes durch ihr Gebet den jungen Mann wieder ins Leben zurückholte. Erneut wurde das Mädchen vor Gericht gestellt und zum Tode auf dem Scheiterhaufen verurteilt, doch durch ein Wunder teilten sich die Flammen und Agnes blieb unversehrt. Daraufhin wurde sie durch das Schwert hingerichtet.
Der heilige Ambrosius, Bischof von Mailand und Kirchenlehrer im 4. Jahrhundert, berichtet, dass Agnes das Todesurteil tapfer aufnahm und gefasst, ja fast heiter zum Richtplatz schritt. In einer Katakombe auf der Via Nomentana in Rom wurde sie begraben. Um 350 errichtete man über ihrem Grab die Kirche

Die Erscheinung der heiligen Agnes mit anderen Jungfrauen und einem Lamm (rechts) und singende Engel. Zwei Flügel eines Holzaltars aus der Mitte des 15. Jh.

Die heilige Agnes im Gefängnis, Ölgemälde aus dem Jahre 1641 von Jusepe de Ribera, genannt lo Spagnoletto.

S. Agnese fuori le mura (St. Agnes vor den Mauern), die Constanze, die Tochter Kaiser Konstantins, stiftete. In den folgenden Jahrhunderten wurde sie mehrfach verändert und erweitert.
Das Todesjahr von Agnes war vermutlich 304. Laut Quellen war das Mädchen bei ihrem Tod 12 oder 13 Jahre alt. In der Kunst ist die Heilige oft mit einem Lamm dargestellt als Symbol der Unschuld, aber auch in Anlehnung an die Verwandtschaft ihres Namens mit der lateinischen Bezeichnung für Lamm (agnus). Andere Darstellungen zeigen sie mit besonders langem Haar, das ihren Körper verhüllt.
Agnes ist Patronin der Keuschheit, der Jungfrauen, der Kinder, der Gärtner und Ordensheilige der Trinitarier. An ihrem Festtag, dem 21. Januar, werden in der Grabeskirche der Heiligen jedes Jahr zwei Schafe gesegnet, aus deren Wolle dann ein Pallium, ein weißes mit roten und schwarzen Kreuzen besticktes Band, hergestellt wird. Das Pallium erhalten die Erzbischöfe vom Papst als Insignie ihres bischöflichen Amtes.

Literatur

- *Melchers, Erna und Hans (Hgg.), Das große Buch der Heiligen. Geschichte und Legende im Jahreslauf, Südwest-Verlag, München 1978*
- *Schauber, Vera, Schindler, Hanns Michael, Heilige und Namenspatrone im Jahreslauf, Pattloch Verlag, Augsburg 1998*
- *Sellner, Albert Christian, Immerwährender Heiligenkalender, Eichborn Verlag, Frankfurt/Main 1993*

Radegunde von Thüringen

** 518 in Thüringen*
† 13. August 587 in Poitiers, Frankreich
Frankenkönigin und Klostergründerin

Die fromme Königin

Schön, klug und empfindsam war die germanische Prinzessin Radegunde, eine Tochter des thüringischen Königs Berthachar. Die im Jahre 518 Geborene hatte eine traumatische Jugend: Ihr Vater wurde von seinem eigenen Bruder erschlagen, ihre Mutter und Geschwister bis auf einen Bruder umgebracht. Kurz darauf, im Jahre 531, fielen die Franken unter König Chlothar I. in Thüringen ein und nahmen Radegunde und ihren Bruder als Gefangene mit ins Frankenreich.
In der Fremde erhielt die 13-jährige Radegunde auf Chlothars Anweisung eine sorgfältige Erziehung und Bildung und wurde getauft. Die thüringische Prinzessin, die bis dahin dem Christentum noch nicht begegnet war, fand im Glauben Kraft und Geborgenheit und entwickelte eine tief religiöse Frömmigkeit.
Wohl schon bei ihrer Gefangennahme hatte Chlothar geplant, Radegunde zur Frau zu nehmen. 536 wurde die Heirat festgesetzt. Die Aussicht, an der Seite dieses unbeherrschten, rohen und oft

Die Kalksteinskulptur der Radegunde aus dem 15. Jh. steht in der Kirche Saint-Saturnin de Toulouse.

Flucht aus der Residenz Chlothars, Glasmalerei aus Poitiers, 13. Jh.

Radegunde wird in Seenot angerufen. Französische Buchmalerei aus dem 11. Jh.

grausamen Mannes leben zu müssen, schreckte die Braut, sie versuchte zu fliehen, scheiterte jedoch und nahm ihr Schicksal an. Als Königin lebte sie ein asketisches, wohltätiges Leben und setzte gegenüber Chlothar wiederholt durch, dass Gefangene begnadigt wurden – die fromme und starke Frau flößte dem König offenbar Respekt ein. Als Chlothar aus unbekannten Gründen ihren Bruder ermorden ließ, trennte sich die Königin nach fast zwanzig Jahren Ehe von dem Frankenkönig und folgte ihrer geistlichen Berufung.
Sie floh zu ihrem Lehrer, Bischof Medardus von Noyon, der sie zur Diakonissin weihte und damit aus ihrer Ehe entband. In Poitiers gründete Radegunde bald darauf ein dem Heiligen Kreuz geweihtes Frauenkloster, in dem sie von nun an lebte – in einer friedlichen Welt, einer Oase des Gebets, der guten Werke und der Bildung. Sie setzte ihre geistige Ziehtochter Agnes als Äbtissin ein und widmete sich karitativen Aufgaben: Sie betreute Arme, pflegte Kranke und Aussätzige. Dabei lebte sie aber nicht weltabgewandt, sondern verfolgte in der maßvollen Askese ihres Klosterdaseins die politischen Ereignisse am Königshof und sah – wie so viele fromme Frauen nach ihr – im Kloster einen Hort der Bildung und Kultur. Angezogen und inspiriert von Radegunde schrieb der Dichter Venantius Fortunatus hier seine mystische Minnelyrik, Gedichte von außerordentlicher Feinfühligkeit, die als Vorläufer der höfischen Literatur gelten.
An die 200 Nonnen lebten zu Radegundes Zeiten im Heilig-Kreuz-Kloster von Poitiers, viele aus vornehmen Familien. Die Gründerin selbst verbrachte dreißig reiche Jahre hier, bis sie am 13. August 587 starb. „Das Antlitz der Toten übertraf die Schönheit der Lilien und Rosen", heißt es in einem Bericht über den Trauerzug. Gregor von Tour zelebrierte die feierliche Bestattung. Begraben wurde Radegunde in einer von ihr erbauten Marienkapelle nahe dem Kloster. Später wurde dort die romanisch-gotische Kirche Sainte-Radégonde errichtet, bis heute eine beliebte Wallfahrtsstätte.
Das Namensfest der heiligen Radegunde wird am 12. August gefeiert.

LITERATUR

- *Ennen, Edith, Frauen im Mittelalter, C.H. Beck Verlag, München 1984*
- *Melchers, Erna und Hans (Hgg.), Das große Buch der Heiligen. Geschichte und Legende im Jahreslauf, Südwest-Verlag, München 1978*
- *Schauber, Vera, Schindler, Hanns Michael, Heilige und Namenspatrone im Jahreslauf, Pattloch Verlag, Augsburg 1998*

Heilige Kunigunde

** um 980 in Luxemburg*
† 3. März 1033 in Kaufungen, Hessen
mittelalterliche Kaiserin und Heilige

Förderin der Kirche

Die heilige Kunigunde, Ölbild von Barbara und Wilhelmine Popp, 19. Jh.

In den Geschichtschroniken ausdrücklich als „Mitregentin" bezeichnet, stand die mittelalterliche Kaiserin Kunigunde ihrem Ehemann, Kaiser Heinrich II., sachkundig und selbstbewusst zur Seite. Als solche war sie eine wichtige Stütze der ottonischen Herrschaft: Sie bestimmte mit bei wichtigen Entscheidungen und regierte das Reich während der Reisen und Kriegszüge ihres Mannes.
Bekannt aber ist Kaiserin Kunigunde vor allem in ihrer Rolle als Schützerin und Förderin der Kirche. Ihre große Frömmigkeit ist vielfach bezeugt.
Kunigunde war eine Tochter des Grafen Siegfried von Lützelburg (Luxemburg). Geboren um 980 im väterlichen Schloss wurde sie standesgemäß erzogen. Das bedeutete damals, dass sie als Frau lernte, feinere Handarbeiten auszuführen, aber auch dass sie im Lesen und Schreiben sowie in der lateinischen Sprache, der damaligen Amtssprache, unterrichtet wurde. 999 heiratete Kunigunde den Bayernherzog Heinrich. Nach dem Tod Kaiser Ottos III. wurden Heinrich und Kunigunde 1002 in Paderborn zum deutschen König und zur deutschen Königin gekrönt. Zwölf Jahre später, 1014, empfingen beide von Papst Benedikt VIII. in Rom die Kaiserkrone.
Kunigundes Lieblingsprojekt war das von ihr – gemeinsam mit Heinrich – gestiftete Bistum Bamberg am Schnittpunkt wichtiger Handelsstraßen. Bamberg war auch geistliches Zentrum und Ausgangspunkt der christlichen Mission im Osten. Später gründete Kunigunde das Benediktinerinnen-Kloster Kaufungen bei Kassel, dessen erste Äbtissin ihre Nichte Uta war und das sich, wie in jener Zeit alle Abteien dieser Gegend, zu einem bedeutenden und kulturellen Mittelpunkt entwickelte.
Die Ehe zwischen Kunigunde und Heinrich verlief nach historischen Zeugnissen „ohne Widrigkeiten, denn sie stand unter dem Zeichen einer persönlichen Frömmigkeit". Sie blieb aber kinderlos, so dass sich später um das Paar die Legende rankte, sie hätten in einer Josephsehe, das heißt in sexueller Enthaltsamkeit, gelebt.
Nach Heinrichs Tod 1024 versuchte Kunigunde, das Reich zu halten, konnte sich aber gegenüber den zentrifugalen Kräften und Fehden um die Herrschaft nicht durchsetzen und übergab im Herbst 1024 die Reichsinsignien an Konrad II. Sie selbst zog sich ein Jahr nach dem Tod ihres Mannes in das von ihr gestiftete Kloster Kaufungen zurück, legte das Gelübde ab und lebte dort bis zu ihrem

Stuckplastik der heiligen Kunigunde von Johann Baptist Straub, Polling, 1763–1764

Kaiserin Kunigunde und Kaiser Heinrich II. im Bamberger Dom, um 1235

Tod am 3. März 1033 (andere Überlieferungen datieren ihren Tod auf das Jahr 1039, wieder andere auf 1040) als Nonne. Auf ihren eigenen Wunsch wurde sie an der Seite ihres Ehemannes, Heinrichs II., im Dom von Bamberg beigesetzt. Am 29. März 1200 wurde Kunigunde von Papst Innozenz III. heilig gesprochen. Auf Abbildungen ist Kunigunde oft mit einer Pflugschar dargestellt. Das ist eine Anspielung auf die wohl bekannteste Legende, die sich um die Heilige rankt: Vermutlich aufgrund ihrer besonderen Stellung sollen missgünstige Zeitgenossen die Kaiserin angefeindet und des Ehebruchs bezichtigt haben. Als die Gerüchte mehr und mehr Aufregung verursachten, habe Kunigunde angeboten, sich einem Gottesurteil zu unterziehen. Vor ihrem Mann, den Anklägern und dem Volk soll sie barfuß über glühende Pflugscharen gegangen sein. Dass sie dabei unverletzt blieb, wurde als Beweis ihrer Unschuld und als Zeichen ihrer Heiligkeit gedeutet. Die heilige Kunigunde ist Patronin der Kinder und der schwangeren Frauen. Ihre Attribute sind – neben der Pflugschar – eine Kaiserkrone und ein Kirchenmodel in ihrer rechten Hand. Ihr Namensfest wird an ihrem Todestag, dem 3. März, gefeiert, in Bamberg begeht man es am 13. Juli, dem Todestag ihres Mannes.

Literatur

- *Melchers, Erna und Hans (Hgg.), Das große Buch der Heiligen. Geschichte und Legende im Jahreslauf, Südwest-Verlag, München 1978*
- *Pernoud, Régine, Die Heiligen im Mittelalter. Frauen und Männer, die ein Jahrtausend prägten, aus dem Französischen von Sybille A. Rott-Illfeld, Gustav Lübbe Verlag, Bergisch Gladbach 1988*
- *Schauber, Vera, Schindler, Hanns Michael, Heilige und Namenspatrone im Jahreslauf, Pattloch Verlag, Augsburg 1998*

Katharina von Siena

** 25. März 1347 in Siena*
† 29. April 1380 in Rom
italienische Heilige, Dominikanerin, Kirchenlehrerin

Die grosse Mystikerin

Katharina von Siena auf einem Gemälde von Lorenzo Lotto, 1508

Sie setzte sich unermüdlich für Frieden und Versöhnung ein, konfrontierte weltliche und geistliche Herrscher mit unerschrockener Direktheit und scharfer Kritik und war Beschützerin der Armen und Schwachen. Gleichzeitig führte Katharina von Siena ein asketisches, kontemplatives Leben: Ihre tiefe Gläubigkeit, genährt von mystischer Versenkung, religiösen Ekstasen und göttlichen Erscheinungen, sowie ihre Stigmatisation führten dazu, dass sie schon zu Lebzeiten als Heilige verehrt wurde.

Als vierundzwanzigstes Kind der Färberfamilie Benincasa erblickte Katharina 1347 in Siena das Licht der Welt. Schon sehr früh fühlte sie sich von Christus erwählt. Mit 12 Jahren sollte sie auf Wunsch der Familie verheiratet werden, doch sie weigerte sich und lebte fortan zurückgezogen im Hause ihrer Eltern. 18-jährig schloss sie sich dem Dritten Orden der Dominikaner an und war eine Mantellata; so wurden die Mädchen genannt, die ein Gott geweihtes Leben führten. In den folgenden Jahren pflegte sie Kranke, kümmerte sich um Arme, betreute Gefangene. Katharina war eine Frau mit Charisma, die gleich gesinnte Laien und Geistliche anzog, aber

„Seid überzeugt, dass die einzige Ursache meines Todes die Glut für die Kirche ist, die mich verzehrt."
Katharina von Siena in der Stunde ihres Todes

auch zunehmend zur begehrten Ratgeberin wurde: Weltliche und geistliche Fürsten, Mönche und päpstliche Gesandte suchten sie auf und sogar der Papst bat sie um Unterstützung.

Es waren unruhige Zeiten. Die Macht der Päpste und der Kirche war gebrochen, die Nachfolger Petri hatten ihren Sitz nach Avignon in Südfrankreich verlegt und waren dort in die Abhängigkeit der französischen Könige geraten. In Italien schwelten überall Kriege, Städte bekämpften sich, vor allem in der Toskana, der Heimat Katharinas.

Die Ordensfrau mischte sich ein und hatte maßgebenden Einfluss auf die Entscheidungen ihrer Zeit: Sie diktierte Briefe an herrschende Politiker und Kirchenfürsten – die 381 erhaltenen Briefe zeigen nicht nur Mut und Leidenschaft für ihre Mission, sie sind auch Zeugnisse mystischer Theologie und gelten als form-

Die mystische Hochzeit der heiligen Katharina von Siena. Ölgemälde auf Holz von Fra Bartolomeo aus dem Jahre 1511.

„Herr, ich will immer so leben, dass ich an mir das Bild deines Kreuzes sehe und ich meinen Ruhm und meine Wonne in den Leiden und Drangsalen finde."
Gebet Katharinas während einer Bußübung, bei der sie sich eine Dornenkrone aufs Haupt drückte

vollendete klassische Literatur. „Wenn Ihr erwidert, mein Vater, die Welt liege so sehr im Argen, wie denn da noch Friede möglich sei, dann antworte ich Euch im Namen Christi ...: Rottet im Garten der heiligen Kirche die übel riechenden Blumen aus. Sie sind voll Unrat und Begierlichkeiten und vom Stolze aufgeblasen. Ich meine die schlechten Hirten und Verwalter, die diesen Garten vergiften." Mit diesen Worten forderte Katharina von Siena Papst Gregor XI. auf, aus dem Exil in Avignon nach Rom zurückzukehren und eine Reform der Kirche einzuleiten. Ihre Appelle waren erfolgreich. Papst Gregor XI beendete 1377 seine Exilherrschaft, starb jedoch kurz nach seiner Rückkehr in Rom. Unter seinem Nachfolger Urban VI. kam es zum abendländischen Schisma, als in Avignon ein Gegenpapst gewählt wurde. Katharina sah ihre Mission gescheitert. Auf Wunsch Urbans VI. zog sie nach Rom, wo sie 1380 – ausgezehrt und nach monatelangem Leiden – mit 33 Jahren starb.

Ihre letzte Ruhestätte fand die große Mystikerin in der Dominikanerkirche Santa Maria sopra Minerva in Rom. In der Kirche San Domenico in Siena, in der Katharina einst ihre religiösen Ekstasen erlebte, wird das Haupt der Heiligen als Reliquie aufbewahrt.
1461 wurde Katharina heilig gesprochen, 1939 zur Patronin Italiens ernannt und 1970 zur Kirchenlehrerin erhoben. Ihr Namensfest wird am 29. April begangen.

Katharina vor Papst Gregor XI. Malerei von Giovanni die Paolo, 1447/49

Literatur

- *Ennen, Edith, Frauen im Mittelalter, C.H. Beck Verlag, München 1984*
- *Gnädinger, Louise (Hg.), Caterina von Siena, Walter Verlag, Olten, Freiburg i. Br. 1980*
- *Schauber, Vera, Schindler, Hanns Michael, Heilige und Namenspatrone im Jahreslauf, Pattloch Verlag, Augsburg 1998*

Katharina von Bora

** 29. Januar 1499 in Lippendorf bei Leipzig*
† 20. Dezember 1552 in Torgau
deutsche Pfarrfrau

Die Lutherin

Porträt von Lucas Cranach d.Ä., 1526

Mündig und souverän stand Katharina von Bora als selbstbewusste Ehefrau neben dem großen Reformator Martin Luther. Von Achtung, Liebe und Humor zeugen seine Briefe, die er „meiner herzlieben Käthe", „meinem Liebchen" oder „Katherin Lutherin, meiner gnädigen Frauen zu Händen und Füßen" von seinen Reisen schickte und manchmal schelmisch mit „Eurer Heiligkeit williger Diener" unterschrieb.
Katharina von Bora stammte aus einem alten, verarmten Adelsgeschlecht, ihre Mutter starb früh und ihr Vater gab die 5-jährige Tochter in ein Kloster im sächsischen Brehna. Mit 10 Jahren kam Katharina ins Kloster St. Marienthron bei Grimma, wo sie eine Ausbildung erhielt und 1515 zur Nonne geweiht wurde. Für adelige Töchter ohne Aussicht auf Heirat galt dies damals als gute Lösung, sich eine lebenslange Versorgung zu sichern.
Vermutlich durch Luthers Schrift *Von der Freiheit eines Christenmenschen* (1520), in der der Reformator Klostergelübde und Zölibat angriff, wurden sie und elf ihrer Mitschwestern ermutigt, aus der Enge des Klosters zu fliehen. Die Nonnen baten Luther um Hilfe, der daraufhin einen Freund, welcher als Lieferant Zugang zum Kloster hatte, zu ihnen schickte, um sie in der Osternacht 1523 aus Marienthron zu befreien.
Für die mittellosen, in Wittenberg untergebrachten Entflohenen ließ Luther eine Kollekte organisieren und sorgte für deren Verheiratung, die den Frauen den Lebensunterhalt sicherte. Drei der Nonnen blieben erst mal übrig, darunter auch Katharina von Bora.
Sie war entschieden, dass Luther ihr Gemahl werden sollte, und ergriff die Initiative. Der Reformator, dem zunächst der Sinn nicht nach Heiraten stand, willigte schließlich ein. Am 13. Juni 1525 traten die ehemalige Zisterziensernonne Katharina von Bora und der ehemalige Augus-

Katharina in Witwentracht. Kolorierter Holzschnitt von Jörg Scheller, 1546

Luther und seine Frau. Doppelporträt von Lucas Cranach d. Ä. aus dem Jahre 1529

Katharinas und Luthers Vermählung. Radierung von Gustav König, 1847

tinermönch Martin Luther vor den Altar, ein Freund, Johannes Bugenhagen, traute das Paar. Es war keine Liebesheirat, doch die Liebe wuchs zwischen den Partnern während der Ehe.

Luthers Heirat mit Katharina wurde von Feinden und Freunden kritisiert, aber der Bund der beiden erwies sich schon bald als stabile Gemeinschaft. Wohnsitz wurde das verkommene Kloster Wittenberg, das Kurfürst Johann zur Verfügung stellte. Katharinas Energie und Fleiß machten es zu einem wirtlichen Haus. Nach der Hochzeit soll sie als Erstes Luthers Strohsack weggeworfen haben, der, wie es heißt, nie gelüftet und folglich völlig vergammelt gewesen sei.

Aus bescheidenen Anfängen entwickelte sie im Lauf der Jahre einen ansehnlichen Betrieb. Sie legte Gärten an, erwarb Grundstücke, betrieb Gemüseanbau, Viehzucht, eine Bierbrauerei und führte mit ihren Bediensteten einen mittelständischen Betrieb, der die vom Ruhm ihres Mannes angezogenen Studenten, Gelehrten und Gäste beherbergen und versorgen konnte. Gleichzeitig war „Herr Käthe“, wie Luther sie nannte, sechsfache Mutter, aktive und kompetente Teilnehmerin an den Tischgesprächen und sie hatte ein Herz für Arme und Kranke: In Pestzeiten nahm sie Bedürftige auf. Im Gegensatz zu Luthers Kränklichkeit soll sie sehr robust gewesen sein.

Nach seinem Tod 1546 musste sie als „arme verlassene Wittfrau“ mit ihren Kindern im Schmalkaldischen Krieg flüchten. Nach ihrer Rückkehr zwang sie die Pest erneut zur Flucht. Dabei erlitt sie einen schweren Unfall, an dessen Folgen sie 1552 starb.

Zeitgenössischer Holzschnitt der Katharina von Bora, vermutlich von Lucas Cranach d. Ä.

Literatur

- *Sachau, Ursula, Das letzte Geheimnis. Das Leben und die Zeit der Katharina von Bora, Ehrenwirth Verlag, München 1991*
- *Wintersteiner, Marianne, Luthers Frau. Katharina von Bora, Stieglitz Verlag, Irdning, Steiermark 1983*
- *Zeller, Eva, Die Lutherin, Spurensuche nach Katharina von Bora, Deutsche Verlags-Anstalt, Stuttgart 1966*

Bernadette Soubirous

** 7. (oder 17.) Januar 1844 in Lourdes*
† 16. April 1879 in Nevers
französische Heilige

Die Seherin von Lourdes

Bernadette Soubirous, Porträtaufnahme um 1860

Lourdes am 11. Februar 1858. Die 14-jährige Bernadette Soubirous, asthmakranke Tochter armer Tagelöhner, zog mit ihrer Schwester und einem Nachbarsmädchen los, um Holz zu sammeln. Bei der Grotte von Massabielle am Ufer der Gave wollte sie gerade ihre Schuhe und Strümpfe ausziehen, um wie die beiden anderen Mädchen durch den kalten Fluss zu waten. Da geschah etwas, das sich in den folgenden Monaten noch 17-mal ereignen und Bernadettes Leben sowie das des ganzen Ortes prägen sollte: „Ich habe etwas Weißes gesehen, das aussah wie eine Dame. Sie trug ein weißes Kleid, einen blauen Gürtel und eine gelbe Rose auf jedem Fuß ...", erklärte das Mädchen später seinen Begleiterinnen. Das Geschehnis verbreitete sich rasch und erregte großes Aufsehen: Bernadette Soubirous behauptete, sie habe in der Grotte von Massabielle die Gottesmutter gesehen! Die Umwelt reagierte aufgewühlt, neugierig und zweifelnd und die Obrigkeit ging sogleich gegen den Schwindel vor. Klerus, Polizei, Staatsanwaltschaft und Mediziner wurden aktiv, verhörten und untersuchten Bernadette viele Male und bemühten sich, sie vom Besuch der Grotte abzuhalten. Ohne Erfolg. Sie hatte der „schönen Dame" versprochen, wieder zu kommen, um ihre Aufträge entgegenzunehmen: am Ort der Erscheinung eine Kapelle erbauen zu lassen und Prozessionen dorthin zu lenken. Während der Vision am 25. Februar 1858 soll sie die Anweisung erhalten haben, aus einem kleinen, schmutzigen Rinnsal nahe der Grotte zu trinken; seit jenem Tag wurde aus dem Rinn-

Das Geburtshaus der Bernadette Soubirous, der Seherin von Lourdes

sal eine sprudelnde Quelle, der Heilkräfte nachgesagt werden. Die Erscheinungen zogen immer größere Menschenmengen an, doch niemand außer Bernadette konnte die „weiß gekleidete Frau“ sehen oder hören. Tausende von Pilgern aber konnten in Bernadettes Gesicht Freude, Lächeln, Traurigkeit feststellen, wurden Zeugen ihrer Gesten und Verneigungen und verfolgten gebannt das Mysterium um Bernadette, die Wunder von Lourdes. Nach der letzten Erscheinung am 16. Juli 1858 zog sich Bernadette zurück und sprach nicht mehr über das, was sie in der Grotte von Massabielle gesehen hatte. Immer noch wurde sie verhört, bis schließlich der zuständige Bischof von Tarbes 1862 die Echtheit und überirdische Natur der Marienerscheinungen bestätigte. Bernadette, die sich als Werkzeug Gottes empfand und keinerlei Sendungsbewusstsein hatte, trat 1866 in den Orden der Caritas- und Schulschwestern in Nevers ein. Doch auch die Jahre im Kloster waren offensichtlich eine schwere Zeit: Bernadette war ständig krank und erlitt in der Gemeinschaft Demütigungen und Zurücksetzungen. Sie starb mit nur 35 Jahren an Knochentuberkulose. Lourdes entwickelte sich zum größten Marienwallfahrtszentrum der ganzen Welt. Millionen von Menschen pilgern jährlich dorthin, trinken aus der Quelle oder baden in ihr, bitten um Heilung und beten zu Bernadette, die am 8. Dezember 1933 heilig gesprochen wurde.

Bildpostkarte der Grotte (oben); Pilgermesse mit Kranken (unten)

Literatur

- *Läpple, Alfred, Ketzer und Mystiker, Delphin Verlag, München 1988*
- *Melchers, Erna und Hans (Hgg.), Das große Buch der Heiligen. Geschichte und Legende im Jahreslauf, Südwest-Verlag, München 1978*
- *Werfel, Franz, Das Lied von Bernadette, S. Fischer Verlag, Frankfurt/Main 1941*

Edith Stein

** 12. Oktober 1891 in Breslau*
† 9. August 1942 im Konzentrationslager Auschwitz
deutsche Philosophin, Pädagogin und katholische Heilige jüdischer Herkunft

Auf der Suche nach Wahrheit

Edith Stein, 1930

„In den ersten Lebensjahren war ich von einer quecksilbrigen Lebhaftigkeit, immer in Bewegung, übersprudelnd von drolligen Einfällen, keck und naseweis … Aber in meinem Inneren gab es noch eine verborgene Welt. Der Anblick eines Betrunkenen konnte mich tage- und nächtelang verfolgen und quälen." So schrieb Edith Stein rückblickend über sich als Kind. Als Jüngste von elf Geschwistern, von denen vier schon im Kleinkindalter starben, wuchs Edith Stein in einer jüdischen Familie auf. Ihr Vater, ein Holzhändler, starb, als Edith knapp 2 Jahre alt war. Der Mutter gelang das Kunststück, ihren Kindern eine gute Schulbildung und teilweise ein Studium zu ermöglichen. Die hoch begabte Edith setzte sich schon als Schülerin mit Fragen der Religion und der Philosophie auseinander, sagte sich von ihrem jüdischen Glauben los und bezeichnete sich, nachdem sie sich „das Beten ganz bewusst und aus freiem Entschluss abgewöhnt" hatte, als Atheistin. Nach dem Abitur studierte sie Psychologie, Philosophie, Deutsch und Geschichte in Breslau und machte hier das Staatsexamen. Anschließend ging sie nach Göttingen und wurde Schülerin von Edmund Husserl, dem Begründer der „Phänomenologie", die lehrt, Alltagserfahrungen auf den Grund zu gehen.

„Was nicht in meinem Plan lag, das hat in Gottes Plan gelegen."

Als der Weltkrieg ausbrach, meldete sie sich, von nationalem Eifer erfüllt, zu einem Krankenpflegerkurs für Studentinnen. Einige Monate verbrachte sie als Rot-Kreuz-Helferin in einem Seuchenlazarett an der Ostfront. 1916 folgte sie ihrem Lehrer Husserl an die Universität Freiburg. Sie promovierte im gleichen Jahr mit „summa cum laude" und wurde Husserls Assistentin. Zwei Jahre später trennte sie sich enttäuscht von

Edmund Husserl, Begründer der Phänomenologie

1933 wurde aus Edith Stein Schwester Teresia Benedicta a Cruce.

Blick auf das Eisenbahntor des Konzentrationslagers Auschwitz-Birkenau. Hier wurde Edith Stein im August 1942 ermordet.

dem Professor, der sie in einer dienenden und sich unterordnenden Rolle sehen wollte.
Sie, die bereits als Schülerin und Studentin für die Gleichberechtigung von Mann und Frau gekämpft, sich im preußischen Verein für das Frauenstimmrecht engagiert hatte, setzte sich nun verstärkt für Frauenrechte ein.
Ihr Versuch, sich an einer deutschen Universität zu habilitieren, scheiterte.
Edith durchlebte eine tiefe Krise. Trost und Orientierung gab ihr die Lektüre der Autobiografie Teresas von Avila, der großen Reformatorin des Karmelitinnen-Ordens im 16. Jahrhundert. „Das ist die Wahrheit", soll sie gesagt haben, als sie das Buch zu Ende gelesen hatte. Sie wollte Christin werden und beschloss 1922, sich taufen zu lassen. Der Weg zur völligen Bekehrung war ein langer Prozess. Als Lehrerin in der Mädchenschule der Dominikanerinnen von St. Magdalena in Speyer führte sie von 1923 bis 1931 ein fast klösterliches Leben, verbrachte viele Stunden in Gebet und Meditation. Andererseits widmete sie sich der Wissenschaft und erhielt 1932 einen Ruf als Dozentin an das „Deutsche Institut für wissenschaftliche Pädagogik" in Münster.
Am 14. Oktober 1933 trat sie, ihrem lang gehegten Wunsch folgend, als Schwester Teresia Benedicta a Cruce (vom Kreuz) in das Karmelitinnenkloster in Köln-Lindenthal ein. Als sich in der Reichskristallnacht vom 9. auf den 10. November 1933 der Hass der Nationalsozialisten gegen die Juden entlud, war sie, die getaufte Jüdin, tief verstört und in Not. Erst als Christin war ihr die Bedeutung des jüdischen Volkes in der Heilsgeschichte aufgegangen. Wenige Wochen später, in der Silvesternacht, floh sie über die holländische Grenze in den Karmel nach Echt.
Am 2. August 1942 erschienen dort zwei SS-Offiziere und holten Edith Stein ab. Zeugen berichteten, dass sie im Sammellager Westerbork versucht haben soll, ihren Leidensgenossen Mut zuzusprechen. Man brachte sie nach Auschwitz-Birkenau. Im Ankunftsregister wurde Edith Stein nicht eingetragen. Sie muss sofort durch Giftgas ermordet worden sein.
Am 11. Oktober 1998 wurde Edith Stein heilig gesprochen. Sie ist die erste Heilige der katholischen Kirche, die als Jüdin geboren wurde.

LITERATUR:

- *Endres, Elisabeth, Edith Stein. Christliche Philosophin und jüdische Märtyrerin, Herder Verlag, Freiburg i. Br. 1987*
- *Stein, Edith, Aus meinem Leben, Herder Verlag, Freiburg i. Br. 1987*
- *Wimmer, Reiner, Vier jüdische Philosophinnen, Reclam-Verlag, Leipzig 1996*

Sappho

** zwischen 617 und 612 vor Chr. in Eresos auf Lesbos*
† zwischen 560 und 557 vor Chr. auf Lesbos
griechische Dichterin

Inbegriff lyrischer Poesie

Gemälde von Angelika Kaufmann, um 1770

Sappho von Lesbos, die große Dichterin der Antike, lebte vor mehr als 2500 Jahren und gilt bis heute als „Inbegriff lyrischer Poesie". Zu allen Zeiten waren Menschen von ihrer Kunst fasziniert. Der Dichter Alkaios, ein Zeitgenosse, bewunderte die Lieder der „Veilchenlockigen", Plato besang Sappho in einem Epigramm als „zehnte Muse", für die Römer Catull und Horaz war sie ein Vorbild, ebenso für Friedrich Schlegel, Ezra Pound und viele weitere Dichter und Dichterinnen. Die Schriftstellerin Marie Luise Kaschnitz zeichnete ein zauberhaftes Bild von Sapphos Welt: „Es ist die junge, die märchenhafte Welt der Frühzeit, in der die Frauen noch Kränze wanden, Festlieder sangen, von Veilchengeruch und Meerwind umweht. Dies alles scheint unendlich fern ... Aber das Zauberwort, ‚es ist noch alles wie je', klingt aus jedem Vers der Sappho an unser Ohr. Wenn wir uns ihrer Dichtung öffnen, sind wir jung wie damals" – die Verse der frühgriechischen Dichterin, ja die Dichterin selbst wurden zur Verheißung, zum Mythos bis heute.

Über Sapphos Leben ist nur wenig bekannt. Geboren ist sie zwischen 617 und 612 v. Chr. in Eresos, vielleicht auch in Mytilene, auf der Insel Lesbos nahe der Küste Kleinasiens (heute Türkei). Sie stammte aus einer adeligen Familie und erhielt mit Sicherheit eine höhere Bildung. Ihr Vater Skamandronymos – benannt nach dem Fluss Skamander in Troja, woher er wohl auch kam – starb früh; von ihrer Mutter weiß man nur, dass sie Kleïs hieß und von aristokratischer Herkunft war. Sappho war die älteste der Kinder, sie hatte noch drei jüngere Brüder. Die Familie besaß Güter auf Lesbos – Weinberge und Olivenhaine –, muss aber auch Seefahrt und Handel mit Ägypten betrieben haben. Nach der Überlieferung war Sappho mit Kerkylas, einem reichen Mann von der Insel Andros, verheiratet, mit dem sie eine Tochter hatte, die nach der Großmutter Kleïs hieß. Allem Anschein nach spielte Kerkylas in Sapphos Leben kaum eine Rolle; jedenfalls taucht er in keinem ihrer Gedichte auf. Infolge politischer Wirren, die damals Lesbos erschütterten,

So genanntes Sappho-Rondo, Pompeji, 1. Jh. n. Chr.

wurde Sappho nach Sizilien verbannt. Um 586/85 kehrte sie zurück und zog, mittlerweile wahrscheinlich verwitwet, nach Mytilene, der Hauptstadt von Lesbos. Hier begann sie zu dichten, in ihrer Sprache, dem äolischen Dialekt. Man vermutet, dass sie – wohl auch, weil ihr Vermögen als Folge der Verbannung konfisziert worden war und sie für ihren Lebensunterhalt sorgen musste – eine Art Erziehungs- und Bildungsgemeinschaft für Mädchen und junge Frauen der gehobenen Gesellschaftsschicht gründete. Die Schülerinnen kamen von der ganzen Insel Lesbos, aus Kleinasien und Zypern. Sappho bereitete sie auf ihre häuslichen und gesellschaftlichen Aufgaben vor und unterrichtete sie in musischen Fertigkeiten, in Poesie, Musik, Gesang und Tanz. Ziel der Erziehung war die Tugend der „Kalokagathia", das bedeutete „schön und gut" zu sein, und zwar im Sinne einer umfassenden Persönlichkeitsbildung. Eine große Rolle spielte in dem Mädchen- und Frauenkreis um Sappho wohl auch der Kult: Das wird aus den zahlreichen Anrufungen von Gottheiten, der Aphrodite, der Hera, aber auch der Musen (Göttinnen der Künste und Wissenschaften) und Chariten (göttliche Dienerinnen, oft im Gefolge der Aphrodite), in den Gedichten Sapphos geschlossen.

Die heutige Bedeutung des Begriffs „lesbisch" leitet sich daher, dass der Mädchenkreis der Dichterin von Lesbos vermutlich auch eine weiblich homosexuelle Komponente besaß. Tatsächlich wurde die gleichgeschlechtliche Liebe, die Homoerotik, im archaischen Griechenland gesellschaftlich toleriert. Sie war Ritual innerhalb einer Gemeinschaft, mit dem soziale Verhaltensformen in der Phase der Pubertät tradiert und kultiviert wurden. So wie Knaben bei ihrer Vorbereitung für den Kriegsdienst und die Politik vom Beginn der Pubertät an einen erwachsenen Mann, den Erzieher, als festen Liebhaber hatten, so hatte auch die erotische Bindung zwischen Lehrerin und Schülerin eine anleitende Funktion, ja war Teil der Initiation, dem Übergang in das Erwachsenenleben. Mit dem Eintritt in das Frauendasein, das hieß in der Regel mit der Verheiratung, en-

Sappho – Sammelbild auf einer Nahrungsmittelverpackung

Sappho mit Kithara. Gemälde von Leopold Burthe, 1848

Skulptur der griechischen Dichterin von James Pradier, 1852

dete diese Bindung. An Homosexualität im modernen Sinne ist also nicht zu denken. Es ist zudem nicht zu übersehen, dass sich diese Gemeinschaft von hohen religiösen Vorstellungen und speziell vom Eros (im Sinne einer formenden Kraft, einer archaischen Macht, die den Menschen den Göttern ausliefert) getragen wusste. Die moralisierende Literaturdeutung späterer Jahrhunderte konnte mit dieser kultisch-didaktischen Form der Homoerotik nicht umgehen und versuchte sie daher zu leugnen.

Sappho war Lyrikerin im ursprünglichen Wortsinn: Ihre Gedichte waren vertont. Begleitet von der Lyra oder der Kithara, Instrumenten, mit denen sie oft dargestellt wurde, rezitierte sie oder der Kreis ihrer Frauen vor einem speziellen Publikum. Ihre Poesie war auf die Frauen ihrer sozialen Gruppe, einer Oberschicht, bezogen und vermittelte deren Wertesystem.

Die Dichterin hat viel geschrieben: Liebesgedichte, Epithalamia (Hochzeitsgedichte), „Lieder" in Form eines Gebets oder einer Huldigung, Hymnen auf ihre Göttinnen. Ihre Gedichte bringen die Gefühlswelt der menschlichen Existenz zum Ausdruck, allgemein gültig und doch aus subjektiver Erfahrung, unmittelbar und persönlich: Sie beschreiben die unerwiderte Liebe, Trennung und Abschiedsschmerz, Leidenschaft und Hingabe, Sehnsucht, überwältigende Ergriffenheit, Hass auf einen Feind, Klage über Verfall und Tod.

Noch 300 Jahre nach Sapphos Tod besaß die Bibliothek in Alexandria über 12 000 Einzel-

Sappho am Leukadischen Riff. Gemälde von Franz Dreber, um 1864/70

verse. Heute sind uns nur wenige Fragmente aus ihrem Werk überliefert: Zitate bei anderen antiken Autoren, Papyrusreste, die Ende des 19. Jahrhunderts in Ägypten gefunden wurden und Tonscherbenfunde. Vollständig erhalten ist nur ein einziges Sappho-Lied, die *Ode an Aphrodite*. Dass Sapphos Poesie immer noch auf uns wirkt, trotz fragmentarischer Überlieferung, selbst in Übersetzung, ohne Versmaß und Musik – dieses Geheimnis versuchten Literaturkundige und Schriftsteller seit der Antike immer wieder zu ergründen. „Diese Lyrik Sapphos ist erfüllt von Realismen", schlussfolgerte Wolfgang Schadewaldt, ein Sappho-Kenner des 20. Jahrhunderts. „Was immer diese Frau zur Hand nimmt, wird zum realen Wunder. Einfachste Vorgänge, ein Abschied, ein gemeinsames Ausblicken über das Meer in einer Mondnacht, verwandeln sich in unaussprechliche Situationen." Ihren Gefühlsreichtum, ihre Sprachkunst und ihre Fähigkeit zur Wiedergabe feiner und heftiger Seelenregungen beweist Sappho in einem ihrer bekanntesten Gedichte:

Wie ein Gott kommt er mir vor,
der Mann, der neben dir sitzt
und dem Klang deiner Stimme
lauscht und sich freut, wenn du
lächelst.

Mir aber rast das Herz in der Brust,
wenn ich dich sehe,
die Kehle schnürt sich mir zu
und die Zunge ist wie gelähmt.

Feines Feuer brennt in der Haut,
das Auge verliert an Sehkraft,
ein Dröhnen braust in den Ohren,
kalter Schweiß bricht mir aus.

Ich zittre an allen Gliedern;
bleicher als dürres Gras
bin ich mehr tot als lebendig.
Aber alles muss man ertragen ...

Sappho, Übersetzung von Michael Korth

LITERATUR

- *Giebel, Marion, Sappho, Rowohlt-Taschenbuch Verlag, Reinbek 1980*
- *Schrott, Raoul, Die Erfindung der Poesie. Gedichte aus den ersten viertausend Jahren, Eichborn Verlag, Frankfurt/Main 1997*
- *Schadewaldt, Wolfgang, Sappho. Welt und Dichtung. Dasein und Liebe, Verlag Eduard Stichnote, Potsdam 1950*

Margarete von Navarra

** 11. April 1492 in Angoulême*
† 21. Dezember 1549 auf Schloss Odos bei Tarbes
französische Dichterin

Königin der schönen Künste

Sie war eine der meistgerühmten und liebenswürdigsten Gestalten der französischen Frührenaissance: intelligent, gebildet, einflussreich, aufgeschlossen gegenüber neuen Ideen – und sie war eine bedeutende Schriftstellerin. Als Schwester Königs Franz I. nutzte Margarete von Navarra ihre Macht und ihre Möglichkeiten zu fördern, was ihr am Herzen lag. Das waren vor allem Künste und Wissenschaften, aber auch religiöse Reformbewegungen. Darüber hinaus engagierte sie sich für Vermittlung und Frieden sowie für soziale Einrichtungen: Beispielsweise war sie für ihren Bruder vielfach diplomatisch tätig und gründete und finanzierte zahlreiche Spitäler.

Die älteste Tochter des Grafen Charles d'Angoulême und seiner Frau Louise von Savoyen wuchs im Schatten ihres einzigen Bruders auf, der Thronfolger werden sollte, da der König von Frankreich keinen männlichen Erben hatte. Gleichwohl erhielt Margarete eine hervorragende Bildung, lernte Latein, Spanisch, Italienisch, später Griechisch und Hebräisch und wurde in Philosophie unterrichtet.

17-jährig wurde sie mit dem Herzog von Alençon verheiratet, einem älteren Mann, mit dem sie nichts verband außer der ihr aufgezwungenen politischen Räson. Umso mehr richtete Margarete, nun Herzogin von Alençon, ihr Leben auf den Bruder und auf ihre geistigen Interessen hin aus. 1515, nach der Thronbesteigung Franz I., zog sie an den Hof und kümmerte sich von Anfang an um Literatur, Kunst und Wissenschaften. Sie scharte einen Kreis von Dichtern um sich, ließ viele Bücher übersetzen, unter anderem die Werke Platons und Boccaccios, und stillte ihren eigenen Bildungshunger durch vielseitige Lektüre.

Es war die Zeit der Glaubenskriege und Margarete, vermittelnd, aufgeschlossen und tolerant, stand im Austausch mit dem kirchlichen Reformzirkel um Bischof Briçonnet von Meaux, begrüßte und unterstützte Reformen, blieb aber selber ihrem alten Glauben treu.

Daneben war sie als Beraterin ihres Bruders nach ihrer Mutter Louise von Savoyen zweite Dame des königlichen Hofs von Fontainebleau. Als solche empfing sie während der Abwesenheit des Königs Gesandte und war weisungsbefugt. Beim berühmten „Damenfrieden von Cambrai" 1529, der den Konflikt zwischen Frankreich und

Habsburg für einige Jahre beilegte, war sie neben ihrer Mutter und der Tante Karls V. die Dritte im Kreis der verhandelnden Frauen.

„Das Heptameron ist ernsthafte moralisch-philosophische Unterweisung und ebenso ernsthafte Unterhaltung."
Peter Amelung

Nach dem Tod ihres Ehemanns heiratete Margarete den jungen König von Navarra. Doch auch diese Ehe war nach anfänglicher Zuneigung enttäuschend, weil der König ständig Geliebte hatte. Belastet durch mehrere Fehlgeburten brachte sie schließlich Tochter Jeanne zur Welt. Trost und Halt fand sie während dieser Jahre und auch später im Schreiben. Sie verfasste Gelegenheitsreimereien, Gedichte, weltliche und geistliche Schauspiele und Novellen.

Ihr berühmtestes Werk ist das *Heptameron*, ein Buch, das nach dem Vorbild von Boccaccios *Decamerone* 100 Novellen umfassen sollte, jedoch mit 72 Novellen unvollendet blieb. Die Sammlung beschreibt das Leben ihrer gesellschaftlichen Schicht, unbefangen, freizügig und unterhaltsam – ein spannendes, kulturgeschichtliches Dokument. Erst neun Jahre nach Margarete von Navarras Tod erschien die erste Auflage des *Heptameron* – unter einem männlichen Pseudonym und sittlich-moralisch zurechtgestutzt. Die später veröffentlichte, ergänzte Fassung wurde als eines der wenigen französischen Bücher aus dem 16. Jahrhundert in der Folgezeit bis in unsere Gegenwart immer wieder aufgelegt und gelesen. Alle übrigen Werke der Autorin einschließlich ihrer späten, reifen Dichtungen *Les Prisons* und *Navire* lagen unbeachtet in einer Handschrift der Bibliothèque Nationale in Paris, bis sie über 300 Jahre später entdeckt und 1896 herausgegeben wurden. Margarete von Navarra, die große Kulturmäzenin und Dichterin, war am Ende ihres Lebens zermürbt und resigniert von den politischen Ereignissen und vom Lauf der Geschichte: Die Glaubenskämpfe tobten, die Scheiterhaufen brannten – Krieg und Fanatismus hatten über Toleranz und Humanität gesiegt. Ihre letzten Jahre verbrachte sie zurückgezogen, widmete sich ihrer Meditation und dem Schreiben und starb im Dezember 1549 auf Schloss Odos im Pyrenäenvorland.

Margarete von Angoulême, Königin, Schriftstellerin und Freundin der Künste

Literatur

- *Gnüg, Hiltrud, Möhrmann, Renate, Frauen Literatur Geschichte. Schreibende Frauen vom Mittelalter bis zur Gegenwart, J.B. Metzler Verlag, Stuttgart 1985*
- *Margarete von Navarra, Die Liebesgedichte der Margarete von Navarra, übersetzt und hg. von Werner Dürrson, Erato-Presse, Darmstadt 1974*
- *Margarete von Navarra, Das Heptameron, aus dem Französischen von Walter Widmer mit einem Nachwort von Peter Amelung, dtv, München 1999*

Marie de Sévigné

** 5. Februar 1626 in Paris*
† 18. April 1696 in Château de Grignan
französische Schriftstellerin

Die geistreiche Briefschreiberin

Die Marquise de Sévigné war eine der berühmtesten Briefschreiberinnen ihrer Zeit. Ihre umfangreiche Korrespondenz – 1500 Briefe, meist an ihre Tochter, aber auch an Verwandte, Freundinnen und Freunde – wurde schon zu ihren Lebzeiten viel bewundert. Im lockeren Plauderton geschrieben, dabei einfühlsam, persönlich, spontan und natürlich, galten ihre im Stil eines Gesprächs verfassten Briefe damals als modern und typisch weiblich. Heitere, geistreiche und kritische Beobachtungen über das Leben am Hofe Ludwigs XIV., Klatschgeschichten über die Pariser Gesellschaft, Reflexionen über Theateraufführungen und Literatur waren Gegenstand ihres ausgedehnten schriftlichen Austausches. Geboren wurde Marie de Rabutin-Chantal im Jahre 1626 in Paris. Ihr Vater, der Baron de Chantal, fiel 1627 im Krieg gegen die Engländer. Ihre Mutter, eine Baronin de Coulonges, starb, als Marie 6 Jahre alt war. Die Verwaiste wuchs

Die junge Madame de Sévigné auf einem Gemälde von Pierre Mignard

Kupferstich aus dem 18. Jh.

wohl behütet in der Familie der Mutter auf und wurde sorgfältig erzogen. Besonders der Onkel des Mädchens, der Abbé de Coulonges, wurde enger Vertrauter, Ratgeber und umsichtiger Vermögensverwalter. Der gelehrte Geistliche war für Marie „le Bien Bon", der Allerbeste, der ihre erstklassige Ausbildung weitgehend bestimmte: Das Mädchen lernte Latein, Italienisch, Spanisch, las antike und zeitgenössische Dichter und war schon als Jugendliche eine intelligente, geistreiche Gesprächspartnerin.

Kaum 18 Jahre alt wurde die vornehme und reiche junge Frau an einen bretonischen Adeligen, den Marquis de Sévigné, verheiratet, mit dem sie zwei Kinder hatte. Die Ehe war unglücklich. Als Madame de Sévigné 25 Jahre alt war, starb ihr Mann im Duell um eine Geliebte. Die schöne Witwe trauerte um ihren verflossenen Gatten nur so lange, wie es sich geziemte. „Monsieur de Sévigné schätzt mich, aber liebt mich nicht, ich liebe ihn, aber schätze ihn nicht", beschrieb sie einmal ihre Ehe.

Statt einen ihrer vielen Verehrer zu heiraten, widmete sie sich der Erziehung ihrer damals 6-jährigen Tochter und des 4-jährigen Sohns, der Verwaltung ihrer Güter in der Bretagne und in Burgund und dem mondänen Gesellschaftsleben im Frankreich des Sonnenkönigs. Als ihre Tochter Françoise Marguerite erwachsen war, den Grafen Grignan heiratete und mit ihm in die Provence zog, litt die Mutter sehr unter der Trennung und suchte ihre Sehnsucht nach dem geliebten Kind in Briefen zu stillen und auszudrücken. Das Briefschreiben wurde ihr zum Lebensinhalt und in den folgenden fünfundzwanzig Jahren entstand ihre umfangreiche schriftliche Konversation. „Ihnen schreibe ich mit Freuden, mit Ihnen rede ich, plaudere ich. Darauf zu verzichten wäre mir unmöglich", heißt es in einem Brief an die ferne Tochter. Unermüdlich berichtete die Mutter, was sie an Neuigkeiten wusste. So entstand eine detaillierte Chronik des Lebens am Hof und der gehobenen Gesellschaftsschicht im Frankreich des 17. Jahrhunderts – aus der klugen und heiter kommentierenden

Kupferstich von Lestudier-Lacour, 19. Jh.

Sicht der Marquise de Sévigné. Die schriftlichen „Gespräche" wurden weitergereicht und in den Salons vorgelesen, die damals die einzigen Diskussionsforen für die literarischen Produktionen von Frauen waren. Erst nach Madame Sévignés Tod im Jahre 1695 wurde ihr Briefwerk gedruckt. Die erste Gesamtausgabe erschien 1745. Lange galten die „natürlichen Frauenbriefe" der Marquise als formale und stilistische Vorbilder der literarischen Briefkultur.

Literatur

- *Martin, Marie-Madeleine, Das Genie der Frauen, aus dem Französischen von Heinrich Willersinn, Maximilian Dietrich Verlag, Memmingen 1982*
- *Sévigné, Madame de, Briefe, hg. und übersetzt von Theodora von der Mühl, Insel Verlag, Frankfurt/Main 1979*
- *Siemsen, Anna, Der Weg ins Freie, Büchergilde Gutenberg, Zürich 1943*

Annette von Droste-Hülshoff

** 10. Januar 1797 auf Schloss Hülshoff bei Münster*
† 24. Mai 1848 in Meersburg
deutsche Dichterin und Komponistin

Die Geniale

„In Annette von Droste besitzt Deutschland eine Dichterin, der kein Erfordernis wahrer poetischer Begabung fehlt, eine Dichterin der seltensten Weihe ...", huldigte ihr ein Literat nach Erscheinen von Drostes zweiter Werkausgabe 1844. Diese Publikation war der Durchbruch zum Erfolg für die 47-Jährige. Von nun an zählte sie zu den bedeutendsten Autorinnen der Zeit, deren Originalität und Genialität anerkannt wurden.

Aufgeschlossen für die übernatürlichen, mythisch-dämonischen Urkräfte und die heimlichen Stimmen in der Natur entdeckte sie die Heide- und Moorlandschaft für die Dichtung. Ihre Balladen, Natur- und Landschaftsgedichte in der für sie charakteristischen herben Sprache voller Geheimnisse und düsterer Ahnungen zeugen von ihrer poetischen Kraft. Auf die Unsicherheit aller Erkenntnis verweist die geniale Novelle *Die Judenbuche*, eine Abrechnung mit ihrer beengten Herkunft und mit der Gesellschaft dieser Zeit. Und ihr Gedichtzyklus *Das geistliche Jahr*, das wohl wichtigste Werk der religiösen Dichtung des 19. Jahrhunderts, geprägt von Zweifel, Hader und Gottessuche, gibt psychologische Einsicht in das zerrissene Weltgefühl der Dichterin, wodurch sie bis heute höchst modern erscheint.

Annette von Droste-Hülshoff, am 10. Januar 1797 auf einem Wasserschloss im Münsterland als Tochter eines altwestfälischen Adelsgeschlechts geboren, wuchs in einem strengen, konservativen Milieu auf. Sie erhielt eine ausgezeichnete Bildung – Latein, Griechisch, Mathematik, Englisch, Italienisch, Niederländisch, Musik –, spürte und verwirklichte schon früh den Drang zu komponieren und zu schreiben. Damit geriet sie aber bereits als Jugendliche in Konflikt mit den Erwartungen ihres Standes und ihrer Familie, die literarische Leistungen von einer Frau ablehnten. Dieser Konflikt, gepaart mit der eigenen Ambivalenz gegenüber ihrer weiblich-ständischen und ihrer dichterischen Rolle, begleitete die Droste ihr Leben lang und prägte fast alle ihre Werke.

Auf ihren Reisen an den Rhein, die die stets kränkelnde junge Frau unternahm und die sie in

„Diese wie ganz durchgeistigte, leicht dahinschwebende, bis zur Unkörperlichkeit zarte Gestalt hatte etwas Fremdartiges, Elfenhaftes; sie war fast wie ein Gebilde aus einem Märchen."
Levin Schücking

aufgeschlossene, intellektuelle Kreise führten, blühte sie stets auf. Hier wurde sie als gebildete und begabte Literatin respektiert, hier erhielt sie Impulse für ihr literarisches Schaffen, unter anderem von Adele Schopenhauer, der Schwester des Philosophen, von Wilhelmine von Thielmann und Sybilla Mertens-Schaafhausen, drei selbstbewussten, geistreichen Frauen. Zu Hause auf Schloss Hülshoff, wo das adelige Landleben trotz Gesellschaften, Vorlesen und Musizieren oft langweilig, einsam und voller Verpflichtungen war, holte die Enge und Schwere sie wieder ein.

In zähen Verhandlungen hatte die Tochter der sittenstrengen Mutter die Einwilligung zur Publikation ihrer „Schreibereien" abgerungen, und als der Gedichtband 1838 erschien, hielt ihre Familie „alles für reinen Plunder ... und begreift nicht, wie eine scheinbar vernünftige Person solches Zeug habe schreiben können".

Die Droste wohnte häufig bei ihrer Schwester Jenny und ihrem Schwager in Meersburg am Bodensee. Bei ihrem Besuch 1841/42 entwickelte sich zwischen ihr und dem fast achtzehn Jahre jüngeren Levin Schücking, dem Bibliothekar im Hause des Schwagers, eine Liebe, die für sie zur Quelle der Inspiration wurde.

Schücking spornte die Dichterin an, *Die Judenbuche* abzuschließen und mehr als 50 Gedichte (darunter über ein Dutzend Balladen) zu schreiben. Sie „hat alle Hochmute, den aristokratischen, den Damen- und den Dichterhochmut, aber sie ist trotzdem die liebenswürdigste Erscheinung, die man sich denken kann; sie ist natürlich im höchsten Grade, eine Beobachtungsgabe, die wirklich merkwürdig ist", beschrieb der junge Bibliothekar später die Dichterin. Als er Meersburg verließ und ein Jahr später heiratete, war Droste tief enttäuscht und verletzt. Sie starb 1848 mit 51 Jahren, am Anfang ihres schriftstellerischen Erfolgs.

Annette von Droste-Hülshoff: Die Porträtbüste der Dichterin steht auf Schloss Hülshoff bei Münster.

Das Geburtshaus der Droste, Schloss Hülshoff, der Stammsitz ihrer Familie

Literatur

- *Freund, Winfried, Annette von Droste-Hülshoff, dtv, München 1998*
- *Heselhaus, Clemens, Annette von Droste-Hülshoff. Werk und Leben, August Bagel Verlag, Düsseldorf 1971*
- *Maurer, Doris, Annette von Droste-Hülshoff. Ein Leben zwischen Auflehnung und Gehorsam, Keil Verlag, Bonn 1992*

Fanny Lewald

** 24. März 1811 in Königsberg*
† 4. August 1889 in Dresden
deutsche Schriftstellerin

Der Traum vom selbst bestimmten Leben

„Ich war, was ich war, durch meine Kraft, durch mein Talent, durch mich selbst" – Stolz und Selbstbewusstsein sprechen aus diesem Statement der Schriftstellerin Fanny Lewald, die – von Zeitgenossen als „deutsche George Sand" gefeiert – im 19. Jahrhundert eine der einflussreichsten Schriftstellerinnen Deutschlands war (auch wenn sie heute fast vergessen ist). In ihren Romanen, unter anderem in *Adele* (1855), *Die Reisegefährtin* (1858), *Die Erlöserin* (1873), in ihren Schriften, Artikeln und Reiseberichten spiegeln sich die Kämpfe, kleinen Errungenschaften und Grenzen der bürgerlichen Frauenbewegung in der zweiten Hälfte des 19. Jahrhunderts. Die Schriftstellerin, die seit jungen Jahren an ihrem Traum von einem freien, selbst bestimmten Frauenleben festhielt, hat lange gebraucht, bis sie sich, ihrem Können und ihrer Leistung vertraute. Immer wieder angefochten und zweifelnd, „weil ich fortdauernd auf das Urteil des

Jugendbildnis der Schriftstellerin Fanny Lewald. Kupferstich von Auguste Hüssener

andern hinhorchte, weil ich jenes Sicherheitsgefühls ermangelte, welches Männer, die viel unbedeutender waren als ich, in unbeirrter Ruhe ihren Zweck verfolgen ... ließ", ging sie doch ihren Weg als Schriftstellerin und setzte sich konsequent und bis zuletzt für ihre emanzipatorischen Forderungen ein.

Fanny Lewald erblickte als älteste Tochter eines wohlhabenden jüdischen Kaufmanns 1811 in Königsberg das Licht der Welt, erhielt zunächst eine gute Schulbildung, musste aber mit 13 Jahren – wie für Mädchen üblich – die Schule verlassen, um ihre künftigen weiblichen Aufgaben einzuüben: Handarbeiten, Klavierspielen, die jüngeren Geschwister beaufsichtigen und auf eine eventuelle Heirat warten. Der Vater förderte zwar seine begabte Tochter sehr, wollte aber nicht, dass aus ihr ein „gelehrtes, unpraktisches Frauenzimmer" würde, das war unschicklich. Mit „brennendem Neid" blickte Fanny auf ihre Brüder, die das Gymnasium besuchen durften – und fügte sich vorerst in die ihr zugedachte Rolle.

„Alles, was ich für den weiblichen Schriftsteller fordere, ist, dass man ihn ohne Schonung, aber auch ohne Vorurteile behandle, dass man von ihm absehen und sich an seine Leistung halten möge; mit einem Worte, dass man den weiblichen Schriftsteller dem männlichen gleich verantwortlich und damit gleichberechtigt an die Seite stelle, was noch lange nicht genug bei uns geschieht."

Jahre später, in ihrer 1870 publizierten Schrift *Für und Wider die Frauen*, prangerte sie diese „gewissenlose Erziehung" der Töchter an: „Und wir Frauen sitzen und sitzen von unserem siebzehnten Jahre ab und warten und warten und hoffen und harren in müßigem Brüten von einem Tage zum andern, ob denn der Mann noch nicht kommt, der uns genug liebt, um sich unserer Hilflosigkeit zu erbarmen."
Diese Hilflosigkeit mochte die junge Fanny Lewald für sich nicht akzeptieren: Sie weigerte sich, den vom Vater ausgesuchten Mann zu heiraten, und tat damit den ersten Schritt in Richtung selbst bestimmtes Leben. Und sie fing an zu schreiben, veröffentlichte ihre ersten Romane – anonym – und setzte nach diesem erfolgreichen Debüt den Umzug nach Berlin durch, um dort als selbständige Schriftstellerin zu leben. Dieser Umzug, gepaart mit literarischem Erfolg, war wie „ein Blick aus der Wüste in das gelobte Land, es war eine Aussicht auf Befreiung", schrieb sie in ihrer mehrbändigen Autobiografie.
Die finanzielle Unabhängigkeit, die zum Umzug aus dem Elternhaus nach Berlin geführt hatte, gab ihr die nötige Selbstsicherheit, um sich den langjährigen Wunsch einer Reise nach Italien zu erfüllen. Hier lernte sie 1845 den verheirateten Schriftsteller und Gymnasiallehrer Adolf Stahr kennen, den sie nach zehnjährigem Kampf um die Scheidung heiratete. Mit ihm führte sie in Berlin ein offenes Haus, einen bedeutenden literarischen Salon und schrieb weiterhin Bücher.

Ihre Romane drehen sich um ihre Themen und um die der Frauen zu ihrer Zeit: um Ehescheidung, um das Recht der Frauen auf freie Partnerwahl und Erwerbstätigkeit, um die Problematik der Versorgungsehe, um konfessionell gemischte Ehen zwischen Angehörigen des jüdischen und des christlichen Glaubens.
Einmal auf den Geschmack gekommen unternahm Fanny Lewald noch mehrere Reisen in den Süden und verarbeitete ihre Erfahrungen und Eindrücke in drei Reisebüchern: *Römisches Tagebuch* (1845/46), *Italienisches Bilderbuch* (1847) und *Reisebriefe aus Deutschland, Italien und Frankreich* (1880). Sie starb 1889 im Alter von 78 Jahren.

Porträtaufnahme der Literatin um 1870

LITERATUR

- *Lewald, Fanny, Meine Lebensgeschichte (gekürzte Fassung), hg. und eingeleitet von Gisela Brinker-Gabler, Fischer Taschenbuch Verlag, Frankfurt/Main 1980*
- *Rheinberg, Brigitta van, Fanny Lewald. Geschichte einer Emanzipation, Campus Verlag, Frankfurt/Main 1990*
- *Venske, Regula, Ach Fanny! Vom jüdischen Mädchen zur preußischen Schriftstellerin. Fanny Lewald, Elefanten Press Verlag, Berlin 1988*

Else Lasker-Schüler

** 11. Februar 1869 in Elberfeld, Westfalen*
† 22. Januar 1945 in Jerusalem
deutsch-jüdische Schriftstellerin

Der Prinz von Theben

Leidenschaftliche Hingabe, grenzenlose Phantasie und eine einzigartig ausdrucksvolle Sprache, bilderreich, emotional und ekstatisch, zeichnen das Werk der Else Lasker-Schüler aus. Karl Kraus nannte sie „die stärkste und unwegsamste Erscheinung des modernen Deutschlands“ und für Gottfried Benn war sie die „größte Lyrikerin, die Deutschland je hatte“. Sie gehörte zu den Wegbereiterinnen des Expressionismus und war eine der eigenwilligsten Figuren der Berliner Boheme. In den Jahren zwischen 1902, als ihre ersten Gedichte erschienen, und 1933 wurde sie gefeiert, geliebt, wegen ihrer Exzentrik aber auch abgelehnt, verhöhnt und schließlich als Jüdin nach Palästina ausgewiesen – in das Gelobte Land ihrer Träume.
Als jüngstes von sechs Kindern kam Else Schüler 1869 in Elberfeld-Wuppertal zur Welt. Sie entstammte einer großbürgerlichen, deutsch-jüdischen Familie und wuchs in einer liebevollen, bildungsbewussten Atmosphäre auf. Nach Besuch

Else Lasker-Schüler in einer Porträtaufnahme aus dem Jahre 1912

> *„Sie nahm sich die großartige und rücksichtslose Freiheit, über sich allein zu verfügen, ohne die es ja Kunst nicht gibt."*
> Gottfried Benn

des Lyceums und Privatunterricht im Bankiershaushalt der Eltern heiratete sie 1894 Bertold Lasker, einen angesehenen Arzt, und zog mit ihm nach Berlin. Hier stahl sie sich zunächst zaghaft aus der Enge ehelicher Geborgenheit weg, brachte 1899 ihren Sohn Paul zur Welt, dessen Vater sie nie nennen wollte, und lernte den Dichter Peter Hille kennen. Wie kein anderer wusste er ihr Talent einzuschätzen und förderte sie. Dafür setzte sie ihm mit ihrem Prosawerk, dem *Peter-Hille-Buch*, ein literarisches Denkmal. Unter seinem Einfluss kehrte Lasker-Schüler sich mehr und mehr von der geschützten bürgerlichen Welt ihrer Herkunft ab, er beschrieb sie als „schwarzen Schwan Israels", als „Sappho, der die Welt entzweigegangen ist" und als „Prinzessin Tino von Bagdad" – Attribute, die das Bild der Dichterin für immer prägten.

In diesen Jahren mietete Else Lasker-Schüler ein Atelier, nahm Malunterricht bei Simon Goldberg, einem Liebermann-Schüler, versuchte sich als Fotografin und schloss sich der Künstlerkolonie „Neue Gemeinschaft" an. 1903 wurde ihre Ehe geschieden. Im selben Jahr heiratete sie den neun Jahre jüngeren Musiker, Literatur- und Kunstkritiker Herwarth Walden, der Herausgeber der expressionistischen Zeitschrift *Sturm* war. Ein Jahr zuvor war bereits ihr Gedichtband *Styx* erschienen, der sie ins Umfeld des Expressionismus stellte und auf Anhieb bekannt machte. 1909 wurde *Die Wupper*, das erste Drama der Autorin, veröffentlicht, das zehn Jahre später im Deutschen Theater erfolgreich uraufgeführt wurde. Als ein Höhepunkt ihres lyrischen Schaffens gelten die *Hebräischen Balladen* (1913), eine lyrische Einkehr in die Welt des Alten Testaments. In dieser Zeit entstand auch der Briefroman *Mein Herz. Ein Liebesroman mit Bildern und wirklich lebenden Menschen* (1912) und *Der Malik* (1919), der Versuch, die Erfahrung des Ersten Weltkriegs zu verarbeiten. Sie hatte im Krieg viele ihrer Künstlerfreunde verloren, darunter den Maler Franz Marc und den Dichter Georg Trakl. 1919 begann der Verlag Paul Cassirer mit

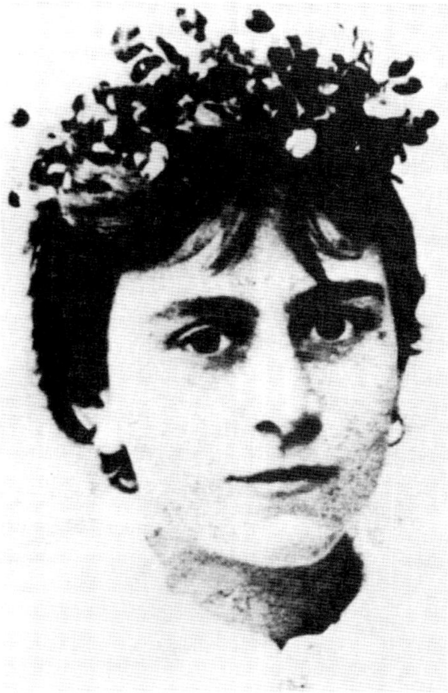

Die Dichterin als Braut, 1894

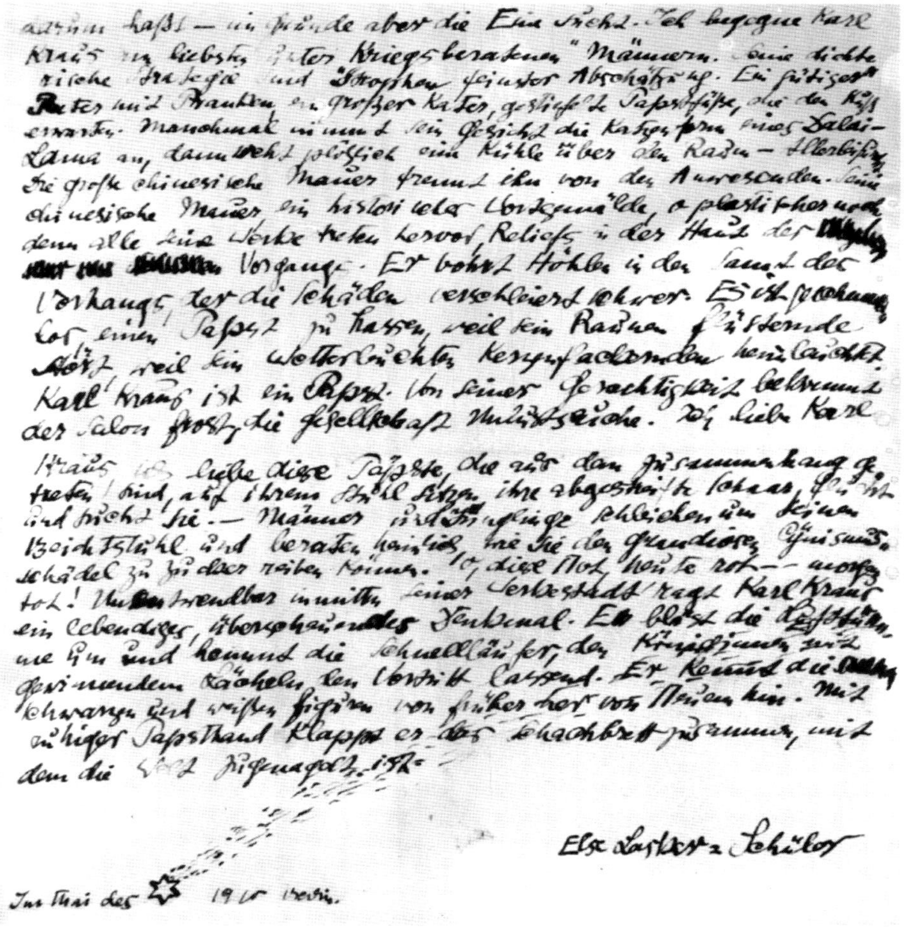

[illegible] lässt – ich finde aber die Eine nicht. Ich begegne Karl
Kraus im liebsten Zirkel „Kriegsberatender" Männer. Seine dichterische Strategie und Strophen feinster Abschätzung. Ein fetter
Kater mit Pranken, ein großer Kater, geschliffene Papstfüße, die den Kuss
erwarten. Manchmal nimmt sein Gesicht die Katzenform eines Dalai-
Lama an, dann weht plötzlich eine Kühle über den Raum – allerdings
die große chinesische Mauer trennt ihn von den Anwesenden. Seine
chinesische Mauer ein historisches Wortgemälde, so plastisch [illegible]
denn alle seine Worte treten hervor, Reliefs in der Haut der
Vorgänge. Er bohrt Höhlen in den Samt der
Vorhänge, der die Schäden verschleiert schwer. Es ist [illegible]
vor einen Papst zu treten, weil kein Raum für stehende
Ehrfurcht, weil kein wetterleuchtendes [illegible] herüberleuchtet.
Karl Kraus ist ein Papst. Von seiner Gerechtigkeit bekommt
der Salon Frost, die Gesellschaft [illegible]. Der liebe Karl
Kraus, ich liebe diese Päpste, die nur dann zusammen[illegible] getreten sind, auf ihrem Stuhl sitzen, ihre abgeschnittene Schar, [illegible]
und nicht sie. – Männer [illegible] schleichen um seinen
Beichtstuhl und beraten heimlich, wie sie den grandiosen Chinesenschädel zu [illegible] können. Oh, diese Not, heute rot – morgen
tot! Unzertrennbar inmitten seiner Werkstadt ragt Karl Kraus
ein lebendiges, überschäumendes Denkmal. Er bläst die [illegible]
wie Zinn und kennt die Schnellläufer, den [illegible] mit
gewinnendem Lächeln, den Vortritt lassend. Er kennt die
schwarzen und weißen Figuren von früher her [illegible]. Mit
ruhiger Papsthand klappt er das Schachbrett zusammen, mit
dem die [illegible]

Else Lasker-Schüler

Im Mai des ✡ 1915 Berlin.

Selbstbildnis im Sternenmantel

Else Lasker-Schüler im Jahre 1920

einer zehnbändigen Gesamtausgabe ihrer Gedichte und Prosatexte.

Doch hatte Else Lasker-Schüler inzwischen schwere Zeiten durchgemacht. Ihr Zusammenleben mit Herwarth Walden war von ständiger Geldnot überschattet, hinzu kam die Sorge um ihren lungenkranken Sohn. 1912 wurde auch diese zweite Ehe geschieden; Walden hatte eine junge Schwedin kennen gelernt und sich von der Dichterin getrennt. Diese Zurückweisung war für sie eine tiefe Kränkung und stürzte sie in eine schwere Krise. In diesen Jahren erlebte sie die „Nacht meiner tiefsten Not" und „erhob" sich „zum Prinzen von Theben" – für sie eine Rettung in orientalisch-märchenhafte Bereiche.

Sie war 43 Jahre alt, als sie sich in den siebzehn Jahre jüngeren Dichter Gottfried Benn verliebte. „König Giselheer" nannte sie den jungen Geliebten, einen „Heiden und Barbaren". Doch auch dieses Begehren wurde nicht erwidert: Zu bedrohlich war ihr Liebestaumel, zu fordernd die Intensität ihrer Hingabe. Als ihr klar wurde, dass er zu ihr keine Liebesbeziehung wollte, war sie tief verstört und verletzt: „Seit ich Giselheer verlor, kann ich nicht mehr weinen und nicht mehr lachen", schrieb sie in einem Brief an ihren Freund, den Maler Franz Marc. Benn verriet sie später gänzlich, als er sich der nationalsozialistischen Rassenlehre anbiederte. 1931 fielen Else Lasker-Schülers Zeichnungen und handkolorierte Lithografien zusammen mit denen ihres Sohnes, eines hoch begabten Zeichners, dem Urteil „entartet" zum Opfer. 1932 erhielt sie den angesehenen Kleistpreis, ein Jahr später musste die als „frivole, morbide Kaffeehaus-Literatin" abgestempelte Dichterin Deutschland verlassen. Sie fand zunächst in der Schweiz Zuflucht, doch war sie auch hier Schikanen ausgesetzt, durfte ihren Beruf nicht ausüben und lebte ständig in der Angst, dass ihre immer nur befristete Aufenthaltserlaubnis nicht verlängert würde. Sie reiste immer wieder nach Palästina, das damals noch engli-

Der Schlangenanbeter auf dem Marktplatz in Theben, ein Werk von Else Lasker-Schüler, Collage und Farbkreide

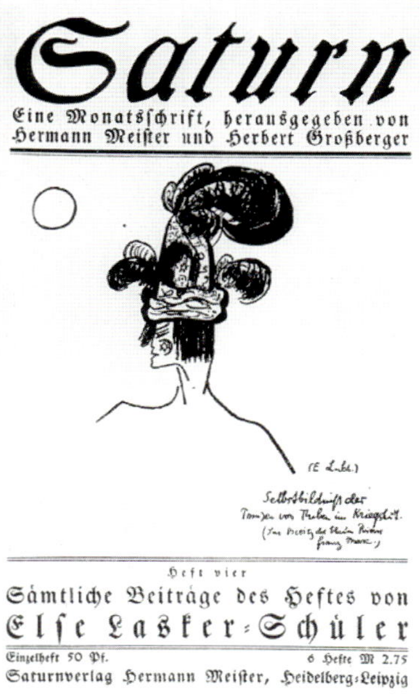
Saturn

Eine Monatsschrift, herausgegeben von
Hermann Meister und Herbert Großberger

Heft vier

Sämtliche Beiträge des Heftes von
Else Lasker-Schüler

Einzelheft 50 Pf. 6 Hefte M 2.75

Saturnverlag Hermann Meister, Heidelberg-Leipzig

oben: Titelblatt der Zeitschrift Saturn*;*
unten: Plakat für eine Dichterlesung

sches Mandatsgebiet war. 1936 wurde ihr deutsch-jüdisches Versöhnungsdrama *Arthur Aronymus und seine Väter* in Zürich uraufgeführt, aber auf Druck der deutschen Botschaft wieder vom Spielplan genommen. 1937 wurde Else Lasker-Schüler nach Palästina abgeschoben. Im Gelobten Land gründete sie einen Vortragsclub, hielt Lesungen und gab 1943 ihren letzten und wohl schönsten Gedichtband *Mein blaues Klavier* heraus. Dieses letzte Werk, durchdrungen von Heimweh, Einsamkeit und Versöhnungswünschen mit ihrem deutschen Vaterland, widmete sie „Meinen unvergesslichen Freunden und Freundinnen in den Städten Deutschlands und denen, die wie ich vertrieben und zerstreut in der Welt in Treue!" Vereinsamt und verarmt starb sie am 22. Januar 1945 in Jerusalem an den Folgen eines Herzleidens. Ihr Grab am Fuße des Ölbergs verfiel in den folgenden Kriegswirren.

Literatur

- *Hamburger, Käthe, Else Lasker-Schüler, in: Es ist ein Weinen in der Welt. Hommage für deutsche Juden unseres Jahrhunderts, hg. von Hans Jürgen Schultz, Quell-Verlag, Stuttgart 1990*
- *Klüsener, Erika, Else Lasker-Schüler mit Selbstzeugnissen und Bilddokumenten, Rowohlt-Taschenbuch Verlag, Reinbek 1980*
- *Lasker-Schüler, Else, Gesammelte Werke in drei Bänden, hg. von Friedhelm Kemp, Werner Kraft und Margarete Kupper, Kösel-Verlag, München 1959–1969*

Grazia Deledda

** 27. September 1871 in Nuoro, Sardinien*
† 15. August 1936 in Rom
italienische Schriftstellerin

Die grosse Erzählerin Sardiniens

„Ich habe in Berührung mit dem Volk und den schönsten und wildesten Landschaften gelebt, in die sich meine Seele versenkt hat ... und daraus ist meine Kunst entstanden, wie ein Lied, ein Motiv, das sich plötzlich von den Lippen eines primitiven Dichters erhebt." Mit diesen Worten charakterisierte die sardische Schriftstellerin Grazia Deledda ihr eigenes literarisches Werk, für das sie 1926 den Literaturnobelpreis erhielt. Fast alle ihre Bücher sind angesiedelt in der kargen Landschaft Sardiniens. Sie erzählen von den Menschen der Mittelmeerinsel, von Mägden, Knechten, Bäuerinnen und Gutsbesitzern, von Banditen und Priestern, deren aller Zusammenleben archaischen Gesetzen unterworfen ist – dramatisch, schicksalhaft und unentrinnbar.

Grazia Deledda wurde am 27. September 1871 als viertes von sechs Kindern in der kleinen Stadt Nuoro im Landesinneren der Insel Sardinien geboren. Ihr Vater, ein einflussreicher und gebildeter Mann, dichtete in der

Grazia Deledda, die sardische Schriftstellerin, in einer Radierung aus dem Jahre 1904

Mundart seiner Heimat. Die Mutter war – wie 95 Prozent der Bevölkerung – Analphabetin. In ihrem autobiografischen Roman *Cosima. Die Jugend einer Dichterin* (postum 1937) schildert sich Grazia Deledda als eine gute Schülerin mit großem Wissensdurst, die „den Heften den Vorzug vor dem Spielzeug" gab. Besonders fasziniert war sie vom „Handwerkszeug des Schreibens… Sie schrieb und schrieb aus einem inneren natürlichen Bedürfnis, so wie andere junge Menschen sich auf breiten Parkalleen ergehen oder sich an einen verbotenen Ort, wenn möglich zu einem Stelldichein, begeben."

> *„Wie eine alte sardische Bäuerin am offenen Herdfeuer so erzählte sie ihre Geschichten von Liebe und Schuld, voller Anteilnahme am Geschick der anderen, gleichsam als identifiziere sie sich mit ihnen. Und dabei geriet ihr alles zum Gleichnis – des Wesentlichen, des Eigentlichen."*
> Die Autorin und Übersetzerin Ute Stempel über die Literatur der Grazia Deledda

1888, Grazia war knapp 17 Jahre alt, veröffentlichte sie ihre erste Erzählung – eine Sensation und ein Affront gegen ihre Umwelt, in der Prosa, erst recht aus Frauenhand, als unmoralisch galt. Für die Nachbarschaft und Verwandtschaft stand fest, was auch die Eltern fürchteten, dass die Tochter nun keinen Mann mehr finden würde. Doch Grazia Deledda ließ sich nicht beirren. Von nun an verging kein Jahr mehr, in dem nicht ein Werk von ihr erschien: 35 Romane, 350 Novellen, etliche Erzählungen, Fabeln und Skizzen schrieb sie bis zu ihrem Tod – eine unglaubliche Produktivität, in der bestimmte Motive immer wieder auftauchen: die leidenschaftlichen, fatalistischen Menschen ihrer Heimat, deren Denken und Tun auf magische und mystische Art mit der Natur verwoben sind. Durch Deleddas Prosa wurde Sardinien, damals eine der rückständigsten Gegenden Europas, in die europäische Literatur eingeführt.

Entgegen allen Befürchtungen lernte Grazia Deledda einen Mann kennen und lieben, mit dem sie eine glückliche Ehe führte und zwei Söhne hatte. Nach ihrer Heirat mit dem Beamten Palmiro Madesani verließ sie ihre Heimatinsel und zog nach Rom, wo sie abseits der mondänen und literarischen Zirkel lebte und sich ganz der Familie und dem Schreiben widmete. Täglich zog sie sich für mindestens zwei Stunden in ihr Arbeitszimmer zurück und schrieb, während eine zahme Krähe auf ihrer Schulter oder der Stuhllehne saß. Während dieser Zeit entstanden ihre großen Romane: *Elias Portolu* (*Die Maske des Priesters*, 1903) und *Cenere* (*Asche*, 1904), verfilmt 1916 mit Eleonora Duse, ferner *L'edera* (*Der Efeu*, 1906)

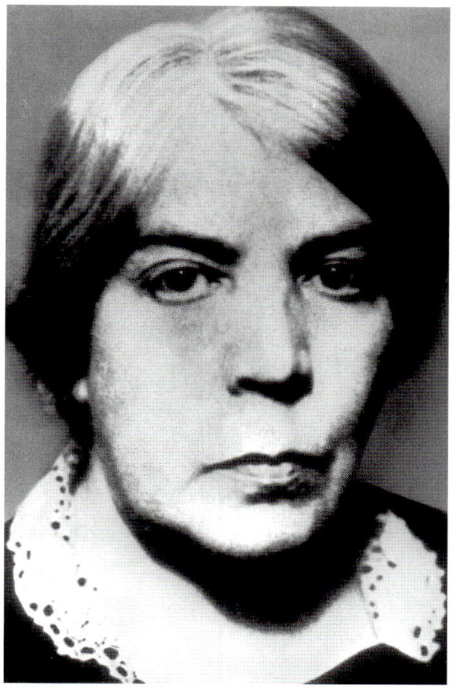

Die Autorin 1926, als sie den Nobelpreis erhielt

und *Canne Al Vento* (1913), ein Roman, der sowohl unter dem Titel *Schilf im Wind* als auch *Schweres Blut* ins Deutsche übertragen wurde, und schließlich *Marianna Sirca* (1915).

1927, kurz nachdem ihr der Literaturnobelpreis verliehen worden war, erkrankte die damals 57-jährige Grazia Deledda an Krebs. In diesen Jahren schrieb sie den bereits erwähnten autobiografischen Roman *Cosima*, dessen Manuskript erst nach ihrem Tod entdeckt wurde. Mit 64 Jahren starb die Schriftstellerin – einen heiligen Tod, den sie mit Ruhe erwartet habe, berichtete ihre Schwester Nicolina.

Literatur

- *Deledda, Grazia, Cosima. Die Jugend einer Dichterin, Matthias-Grünewald-Verlag, Mainz 1942*
- *Ferchl, Irene, Es genügt, das innere Leben zu leben. Grazia Deledda (1871–1936), Nobelpreis für Literatur 1926, in: Charlotte Kerner, Nicht nur Madame Curie … Frauen, die den Nobelpreis bekamen, Beltz Verlag, Weinheim, Basel 1990*

Sidonie Gabrielle Colette

** 28. Januar 1873 in Saint Sauveur, Burgund*
† 3. August 1954 in Paris
französische Schriftstellerin

Die Stilistin

Noch heute ist sie eine der bekanntesten und meistgelesenen französischen Schriftstellerinnen. Als Anfang des 20. Jahrhunderts ihre Romane erschienen, erregte sie Aufsehen mit ihrer wundervollen, unmittelbaren Prosa, mit dem außerordentlichen Reichtum ihrer Sprache. Ihre ehrlichen, differenzierten Beobachtungen der menschlichen Beziehungen, ihre poetische Liebe zur Natur, ihre respektvolle Zuneigung zu Tieren – all das war neu in der französischen Literatur. Colette schrieb mit der Sprache der Leidenschaft, sie hatte die Sinnlichkeit entdeckt und wurde eine der größten Schriftstellerinnen des modernen Frankreich. Zwischen 1900 und 1950 schrieb sie etwa 70 Bücher – Romane, Memoiren, Novellen, Tagebücher, Gespräche und Prosastücke. Ihr Werk ist eine Studie weiblicher Psychologie und immer wieder eine kritische Auseinandersetzung mit den patriarchalischen Strukturen der damaligen Ehe, die Frauen entmündigte. *Chéri, La Fin de Chéri, Mitsou, Erwachende*

Sidonie Gabrielle Colette auf einem Foto von 1910

Herzen sind Höhepunkte ihres literarischen Schaffens.
Aus einem kleinen Dorf in Burgund kam Sidonie Gabrielle Colette mit 20 Jahren in das pulsierende Paris der Belle Epoque, ein naives Mädchen, frisch verheiratet mit dem vierzehn Jahre älteren Journalisten und Musikkritiker Henry Gauthier-Villars. Er, ein berüchtigter Lebemann, war erst bezaubert von ihrer „Anmut eines Wildfangs“. Doch bald war der Zauber verflogen.

„Monsieur Willy“ ging zu seinen wechselnden Geliebten, befahl seiner jungen Frau, ihre Kindheits- und Jugenderinnerungen aufzuschreiben und publizierte diese Claudine-Romane unter seinem Namen.
Dreizehn Jahre lang ließ er sie für ihn arbeiten, sie machte mit. „Ich dachte nicht daran, davonzulaufen ... Man muss verstehen, dass ich nichts Eigenes besaß“, erklärte sie Jahre später. Dann kam doch die Trennung, die „literarische Zusammenarbeit“ war zu Ende. Wie sollte sie zurechtkommen?
Colette nahm allen Mut zusammen, trat im Varieté auf und war erfolgreich – als leicht bekleidete Pantomimin. Sie ging eine Liebesbeziehung mit einer Frau ein, der Marquis de Belbeuf – sie hatte nichts mehr zu verbergen.

> *„Was mich betrifft, so ist es mein Körper, der denkt. Er ist intelligenter als mein Geist. Wenn mein Körper denkt, hat alles Seele.“*

Es hatte sich herumgesprochen, dass sie schreiben konnte und dass diese Begabung ausgenutzt worden war. Verlage machten ihr Angebote, sie schrieb, veröffentlichte unter eigenem Namen und wurde mit Preisen ausgezeichnet. Ein neuer Mann trat in ihr Leben, gebildet, adelig: Baron Henry de Jouvenel, Chefredakteur des *Matin*. Colette wagte die zweite Ehe, war glücklich, brachte mit 40 ihre einzige Tochter zur Welt und schrieb für die Zeitung, die ihr Mann leitete. Doch schließlich zerbrach auch dieses Glück und das Paar ließ sich scheiden. Wieder hatte sie die Liebe, die Sicherheit, den Rang verloren. Sie arbeitete erneut mit wachsender Kraft, reiste umher und kostete es aus, eine unabhängige Persönlichkeit zu sein.
Mit 62 Jahren heiratete Colette zum dritten Mal: Maurice Goudeket, einen liebenswerten, intelligenten Juden, der viel jünger war als sie. Sie nannte ihn „meinen besten Freund“, bei ihm fand sie Geborgenheit.
Als sie 1949 zur Präsidentin der Académie Goncourt gewählt wurde, war sie auf dem Höhepunkt ihres Ruhms. Fünf Jahre später starb sie und erhielt als erste Frau in Frankreich ein Staatsbegräbnis.

Colette, die Schriftstellerin mit der Miene eines „nachdenklichen Raubtiers“ (Jean Cocteau), ist noch heute eine der meistgelesenen französischen Autorinnen.

Die Künstlerin am Ort des Schaffens: Sie verfasste etwa 70 Bücher.

Literatur

- *Lottman, Herbert, Colette. Eine Biographie, aus dem Französischen von Roselie und Saskia Bontjes van Beck, Paul Zsolnay Verlag, Wien 1991*
- *Mitchell, Yvonne, Colette. Eine Biographie, aus dem Englischen von Hanna Lux, Fischer Taschenbuch Verlag, Frankfurt/Main 1979*
- *Richardson, Joanna, Colette. Leidenschaft und Sensibilität, aus dem Englischen von Renate Zeschitz, Wilhelm Heyne Verlag, München 1985*

Gertrude Stein

** 3. Februar 1874 in Allegheny bei Pittsburgh, Pennsylvania*
† 27. Juli 1946 in Paris
amerikanische Schriftstellerin

MUTTER DER MODERNE

Gertrude Stein auf einem Foto von 1942

Schon zu Lebzeiten war sie eine Legende – und eine der berühmtesten Schriftstellerinnen des 20. Jahrhunderts, deren Werk 600 Titel umfasst. Wenige nehmen die Mühe auf sich, ihre anspruchsvollen und eigenwilligen Schriften wirklich zu lesen, doch kennen viele ihren oft zitierten, ins Unendliche fortsetzbaren Satz: „Rose is a rose is a rose ...“ (Rose ist eine Rose ist eine Rose ...). Dieser Satz, der auf Gertrude Steins Briefkopf stand, wurde zur berühmtesten Zeile der amerikanischen Literatur und zum Schlagwort der Moderne.

Als jüngstes von sieben Kindern wurde Gertrude Stein 1874 in eine gut situierte und rastlose deutsch-jüdische Familie hineingeboren, die von Amerika nach Wien zog, dann in Paris lebte und sich schließlich, als Gertrude 5 Jahre alt war, in Baltimore niederließ. Ihre Eltern starben früh und ihr ältester Bruder Michael, ein reicher Kaufmann, sorgte für seine Geschwister. Gertrude studierte einige Jahre Literatur, Philosophie, Psychologie und Medizin, brach ihr Studium aber gelangweilt ab, begann Anfang 1900 mit ihren ersten literarischen Notizen und zog zu ihrem kunstinteressierten Bruder Leo nach Paris. Die Geschwister mieteten eine Wohnung mit Atelier in der Rue de Fleurus und sammelten – mit einem ausgeprägten Gespür für die moderne Malerei, den Kubismus und Fauvismus – Gemälde zeitgenössischer, noch unbe-

„Einstein war der schöpferische philosophische Geist des Jahrhunderts und ich bin der schöpferische literarische Geist des Jahrhunderts."
Gertrude Stein in *Jedermanns Autobiografie*

kannter Maler, die zu den Großen der Moderne werden sollten: Georges Braque, Rousseau, Matisse, Cézanne, Picasso. Bald war die Steinsche Bildergalerie die Attraktion in Paris. Jeden Samstag öffneten Gertrude und Leo ihren Salon in der Rue de Fleurus für Kunstkenner, Künstler und Literaten, darunter André Gide, Thomas S. Eliot, Ezra Pound, Braque, Juan Gris, Ernest Hemingway und Picasso. Nicht elegante Konversation, sondern kühne Neuerungen in Malerei und Literatur standen im Mittelpunkt dieser Treffen. Gertrude Stein, die fasziniert war von Picassos Bildern, versuchte den Kubismus für die Literatur nutzbar zu machen. Sie entdeckte für sich eine neue Sicht der Dinge, übertrug die kubistische Sehweise auf die Sprache, setzte bei der Beschreibung eines Gesichts ein Auge an die Stelle des Kinns, beschrieb die Nase in mehreren Variationen. „Bei einer Komposition ist ein Ding so wichtig wie das andere", hatte sie von Cézanne gelernt. Wie im kubistischen Bild die einzelnen Teile sich nicht mehr hierarchisch dem zentralen Blickpunkt des Betrachters zuordnen lassen, so befreite Gertrude Stein Wörter aus der Abhängigkeit des Satzgefüges. Sie war ein Picasso der Sprache. Ihre Texte wurden zu verbalen Stillleben: „Eine Tür soll eine Tür muss eine Tür, soll und muss zum Öffnen und Schließen sein. Schließ die Tür und zieh die Gardinen zu. Schließ die Läden und öffne das Fenster. Öffne das Fenster und öffne die Tür ..."
Gertrude Steins Sprachexperimenten konnten nur wenige folgen. Ihr Schreibstil galt als „verrückt", doch die Amerikanerin mit dem beispiellosen Selbstbewusstsein ließ sich dadurch nicht verunsichern. Sie hielt sich für die kompromissloseste, innovativste Schriftstellerin des 20. Jahrhunderts und publizierte ihre Bücher, die kein Verlag drucken wollte, im Eigenverlag. Unterstützt wurde die „Mutter der Moderne" (Thornton Wilder) von ihrer Lebensgefährtin Alice B. Toklas, die 1909 in die Rue de Fleurus einzog und die Zügel des gemeinsamen Lebens in die Hand nahm: als Sekretärin, Haushälterin, Managerin und Geliebte. Die beiden Frauen lebten als Paar, verspottet oder bewundert in ihrer ungenierten Exzentrik: Alice in der Rolle einer Ehefrau, die ihrer Gertrude den Rücken freihielt, und Gertrude, die zentrale Figur im Pariser Künstlerkreis, eher in der Männerrolle. Gertrude Steins einziger Bestseller war die *Autobiographie von Alice B. Toklas* (1933), ihre eigene Lebensgeschichte in der Fiktion einer Autobiografie der Freundin, ein stilistisch eher konventionelles Buch voller Witz und Esprit. Nach Erscheinen dieses Buches reiste Stein nach Amerika: Universitäten warben um Lesungen von ihr, Studenten waren begeistert.
Doch ihre Pariser Künstlerfreunde waren verärgert. Sie fühlten sich in ihrem Buch missverstanden und verspottet. Gertrude Stein trug es gelassen. Sie starb 1946 – souverän, wie sie auch gelebt hatte.

Berühmte Porträtaufnahme von Man Ray, 1930

Literatur
- *Brinnin, John Malcolm, Die dritte Rose. Gertrude Stein und ihre Welt, Henry Goverts Verlag, Stuttgart 1962*
- *Sabin, Stefana, Gertrude Stein, Rowohlt-Taschenbuch Verlag, Reinbek 1996*
- *Stein, Gertrude, Autobiographie von Alice B. Toklas, aus dem Amerikanischen von Elisabeth Schnack, Arche Verlag, Zürich 1985*

Tania Blixen

** 17. April 1885 auf Gut Rungstedlund bei Kopenhagen*
† 7. September 1962 auf Gut Rungstedlund
dänische Schriftstellerin

Meisterin im Reich der Phantasie

„Es ist stets die Idee des Paradieses, auf die es ankommt, und wenn eine hinreichend ansprechende Illusion erschaffen werden kann, folgt die Wirklichkeit von selbst." Das war einer der Leitsätze der dänischen Schriftstellerin Tania Blixen. Sie suchte das Heroische, das Abenteuer, den Glanz – im Leben und im Schreiben. Ihr Glaube an die Kraft ihrer Wünsche gab ihr den Mut, Ungewöhnliches zu wagen, und den unerschütterlichen Willen, selbst in schweren Krisen nicht aufzugeben. Und er beflügelte ihre Phantasie, literarische Welten voller Zauber, Romantik und Faszination zu schaffen.

Tania Blixen nach ihrer Rückkehr aus Afrika, 1931

Karen Christentze Dinesen war der Spross einer kultivierten, aus reichen Hause stammenden Bürgerstochter und eines schriftstellerisch ambitionierten Gutsbesitzers. Das Kind hing vor allem am Vater, einem rastlosen, innerlich zerrissenen Mann, der sich 1895 das Leben nahm – ein Kindheitstrauma der 10-jährigen Tochter.

Das Gutsfräulein, Tanne oder Tania genannt, wuchs mit ihren vier Geschwistern in ländlicher Umgebung auf, wohlhabend, behütet. Als Jugendliche schrieb sie, malte, reiste viel und besuchte die adeligen Verwandten, deren Welt sie idealisierte und nach deren Lebensstil sie sich sehnte. Wirklich zur Schriftstellerei kam sie erst in ihrem „zweiten Leben", nach dem Abenteuer Afrika.

Von ihrer Krankheit gezeichnet, um 1947

Das begann im Januar 1914. Tania reiste nach Kenia und heiratete ihren schwedischen Vetter, den Baron und Großwildjäger Bror Blixen-Finecke, mit dem sie eine Kaffeeplantage am Fuße der Ngong-Berge kaufte. Bror war zwar nicht ihre große Liebe, doch die Ehe verhalf ihr zu dem gewünschten Adelstitel und sie öffnete ihr die Tür zu einem herrschaftlichen Leben in einer fremden, faszinierenden Welt. Die Begegnung mit der Natur und den Eingeborenen, deren Kultur und Würde Tania Blixen respektvoll achtete, beschrieb sie viele Jahre später in ihrem erfolgreichen Roman *Afrika – dunkel lockende Welt* (1940, verfilmt als *Jenseits von Afrika*).

Das Leben in Kenia war indessen nicht nur glanzvoll: Die Farm florierte nicht, der Ehemann war untreu und infizierte Tania mit Syphilis, einer Krankheit, die ihr unendliche Qualen einbrachte, sie auszehrte und zerstörte. Nachdem die Ehe aufgelöst worden war, bewirtschaftete sie die Plantage alleine. 1918 verliebte sie sich in den englischen Aristokraten Denys Finch-Hatton, einen Dandy und Abenteurer, der ihre große Liebe wurde, aber ebenso bindungsunfähig war wie Bror. 1931, nach dem tödlichen Unfall ihres Geliebten und dem wirtschaftlichen Bankrott der Farm, kehrte sie zurück nach Rungstedlund, dem dänischen Familienbesitz, und wohnte dort mit ihrer Mutter. Aus der Trauer um ihren Liebsten und die Farm flüchtete sie in die Welt der Phantasie, in romantische Träume und wilde Abenteuer: Ihr zweites, kreatives Leben als Schriftstellerin begann. Unter dem Pseudonym Isak Dinesen veröffentlichte sie 1934 ihr erstes Buch *Sieben phantastische Geschichten*, eine Idealisierung der versunkenen Welt des Adels. 1940 erschien ihr Afrika-Roman, zwei Jahre später die *Wintergeschichten*. Tania Blixen, die große Erzählerin, wurde viel gelesen, in Amerika, England und Europa. Sie war berühmt und wurde zweimal für den Nobelpreis vorgeschlagen. Und sie schrieb weiter, blieb – trotz körperlichen Verfalls – elegant, mondän, eine stolze und schillernde Figur. Am 7. September 1962 starb Tania Blixen im Alter von 77 Jahren.

Eine Aufnahme aus dem Jahre 1930 – die Schriftstellerin vor ihrem Haus in Kenia

LITERATUR

- *Blixen, Tania, Afrika – dunkel lockende Welt, Manesse-Verlag, Zürich 1986*
- *Brennecke, Detlef, Tania Blixen, Rowohlt-Taschenbuch Verlag, Reinbek 1996*
- *Thurman, Judith, Tania Blixen. Ihr Leben und Werk, Rowohlt-Taschenbuch Verlag, Reinbek 1991*

Agatha Christie

** 15. September 1890 in Torquay*
† 12. Januar 1976 in Wallingford, Oxfordshire
englische Schriftstellerin

First Lady des literarischen Mordes

Agatha Christie, Krimiautorin, in einer Aufnahme aus dem Jahr 1956

So erfolgreich wie sie mordete keine: Mit ihren 85 Romanen, zahlreichen Kurzgeschichten, Hörspielen und Theaterstücken wurde Agatha Christie zur meistgelesenen Krimi-Autorin der Welt. Die Gesamtauflage ihrer Bücher, die in 109 Sprachen übersetzt wurden, wird auf über 500 Millionen Exemplare geschätzt. Mehr als zwanzig Jahre lang wurde ihr Bühnenstück *Die Mausefalle* Abend für Abend in einem Londoner Theater gespielt, und viele ihrer Krimis wurden verfilmt.
Berühmter als die Autorin selber wurden zwei Figuren, die sie schuf: ein eingebildeter, etwas zwanghafter Herr mit prächtigem Schnurrbart, der dank seiner „kleinen grauen Zellen" über einen scharfen Spürsinn und logisches Denken verfügt, und eine schrullig-liebenswürdige, weißhaarige Dame mit sagenhafter Neugier und Beobachtungsgabe – Hercule Poirot und Miss Jane Marple, die beiden Meisterdetektive in Christies Kriminalromanen.
Ihre Geschichten spielen in einer Welt, die es längst nicht mehr gibt: dem England der Dampfeisenbahnen, der Fünf-Uhr-Tees und prasselnden Kaminfeuer. Mordfälle und ihre Aufklärung haben dort fast etwas Heimeliges.
Ihren ersten Roman, in dem bereits Hercule Poirot auftrat, schrieb Agatha Christie so nebenbei, zur Entspannung – während des Ersten Weltkriegs, als sie als Krankenschwester und Apothekenhelferin arbeitete. Doch erst 1920 erschien dieser

Margaret Rutherford als Miss Marple *und Albert Finney in* Mord im Orientexpress

Krimi *Das fehlende Glied in der Kette*. Sechs Verleger hatten das Manuskript abgelehnt und ihre Entscheidung wahrscheinlich tief bereut, denn schon bald war Agatha Christie die populärste Schriftstellerin in Großbritannien.

> *„Es gibt keine endgültig überzeugende Erklärung dafür, wie es eine Frau aus der Mittelklasse, nett, konventionell und ein wenig angepasst in ihrem Verhalten, immer wieder fertig brachte, die Leser total in ihren Bann zu ziehen.“*
> Edmund Crispin, 1975

1890 geboren wuchs Agatha Mary Clarissa Miller 1890 gemäß den für das viktorianische England typischen Grundsätzen auf: distanziert von den Eltern in der Obhut eines Kindermädchens. Sie war viel sich selbst überlassen und kompensierte ihre Einsamkeit durch die Flucht ins Reich der Phantasie.

1914 heiratete sie den Offizier Archibald Christie, von dem sie 1919 ihr einziges Kind Rosalind bekam. Doch die Ehe war nicht glücklich, Agathas Mann arbeitete viel und verbrachte die Wochenenden beim Golfspielen. Seine Ehefrau vertrieb sich ihre Zeit mit Schreiben. 1928 wurde die Ehe geschieden. In jener prüden und von Doppelmoral geprägten Gesellschaft war das ein gravierender Schritt. Zwei Jahre später heiratete Christie den fünfzehn Jahre jüngeren Archäologen Sir Max Mallowan. Ob sie sich vorstellen könne, mit einem Menschen die Zukunft zu verbringen, dessen Beruf es sei, „die Toten auszugraben“, soll Mallowan sie gefragt haben. Ihre Antwort war: „Ich liebe Leichen.“ Die beiden führten eine gelungene Beziehung voller Humor und Komplizenschaft. Agatha Christie war eine abenteuerlustige Frau, die gern und viel reiste. Sie begleitete ihren Mann als Mitarbeiterin zu allen Ausgrabungen in Syrien und im Irak, oft monatelang in einem Zelt mitten in der Wüste kampierend. Viele Krimis entstanden auf ihren Reisen, sie wurde inspiriert durch die Eindrücke im Orient.
Die „First Lady des literarischen Mordes“, wie sie genannt wurde, war bis ins hohe Alter produktiv. Mit 82 Jahren schrieb sie ihren letzten Roman: *Alter schützt vor Torheit nicht.* Drei Jahre später starb sie.

Agatha Christie mit einer Darstellerin des Krimis Verdict

Literatur

- *Christie, Agatha, Meine gute alte Zeit. Eine Autobiographie, aus dem Englischen von Hans Erik Hausner, Scherz Verlag, Bern, München 1990*
- *Gripenberg, Monika, Agatha Christie, Rowohlt-Taschenbuch Verlag, Reinbek 1994*
- *Morgan, Janet, Agatha Christie. Eine Biographie, Ernst Kabel Verlag, Hamburg 1986*

Pearl S. Buck

** 26. Juni 1892 in Hilsboro, West Virginia*
† 6. März 1973 in Danby, Vermont
amerikanische Schriftstellerin

Mittlerin zwischen den Welten

„Ich war ein willkommenes Kind“, heißt es in ihrer Autobiografie *Mein Leben – meine Welten* (1954), „ein Umstand, der, wie ich glaube, eine natürliche Gutmütigkeit und eine Neigung zum Optimismus zur Folge hat. Jedenfalls war es ein glücklicher Lebensanfang ...“ Pearl Sydenstricker wuchs als Tochter eines amerikanischen Missionarsehepaares in China auf, sie sprach früher Chinesisch als Englisch. Die Kindheit in zwei Welten, „der kleinen weißen, äußerst sauberen, presbyterianisch-amerikanischen Welt meiner Eltern und der großen, freundlichen, nicht gar zu sauberen chinesischen Welt“, prägte ihr Leben und ihr Werk. In allen ihrer mehr als 70 Bücher versuchte sie, Brücken zu bauen zwischen der westlichen Kultur und der Kultur Asiens, und warb für Verständigung und Verständnis. Sie war bereits 17 Jahre alt, als sie zum ersten Mal in die USA reiste, um dort zu studieren, mehr als Gast denn als Amerikanerin. 1917 heiratete sie den Agrarwissenschaftler John Lossing Buck, der im Dienst der presbyterianischen Missionsgesellschaft arbeitete. Das junge Paar zog nach Nordchina, wo sie als fast einzige Weiße ein sehr einsames Leben führten. 1921 kam Tochter Carol zur Welt.

Pearl S. Buck in einer Porträtaufnahme um 1940

Pearl S. Buck lehrte an chinesischen Universitäten englische Literatur, begann zu schreiben und veröffentlichte nach mehreren Novellen 1930 ihren ersten Roman *Ostwind – Westwind.*

„Es war eine glückliche Welt für ein Kind – auch für ein weißes Kind – trotz der Leprakranken und der Bettler."
Pearl S. Buck über ihre Kindheit in China

Ein Jahr später erschien *Die gute Erde,* bis heute ihr bekanntestes Werk, das – in 30 Sprachen übersetzt – ihren Weltruhm begründete. 1932 erhielt sie dafür den Pulitzerpreis, 1938 als erste Amerikanerin den Nobelpreis für Literatur. Zusammen mit den 1932 und 1935 erschienenen Romanen *Söhne* und *Das geteilte Haus* bildet *Die gute Erde* eine Trilogie. Sie schildert den kulturellen Überlebenskampf von Chinesen, den zunehmenden Einfluss der westlichen Zivilisation auf ihre traditionsbestimmte Welt und den dadurch verursachten sozialen Wandel im ländlichen China des beginnenden 20. Jahrhunderts.
Veranlasst durch die politischen Unruhen in China kehrten die Bucks Anfang der 30er Jahre in die USA zurück, wo sich Pearl S. Buck ganz der Schriftstellerei widmete. „Die Länder zu wechseln ist ein überwältigendes, kann aber auch ein zermürbendes Erlebnis sein. Seit ich China verlassen habe, sind meine Achtung vor allen Einwanderern und mein Verständnis für sie ständig gestiegen", schreibt sie in ihrer Autobiografie. Sie fühlte sich heimatlos und lebte zwischen den Welten.
1935 ließ Pearl Buck sich scheiden und heiratete den Journalisten und Verleger ihrer Bücher Richard Walsh. Jahr für Jahr folgten nun neue Werke über chinesische oder amerikanische Themen, darunter viele Weltbestseller. Weil „ein Haus ohne Kinder kein Heim" ist, adoptierten die beiden acht Kinder und die Schriftstellerin engagierte sich auf sozialem Gebiet: Sie gründete das „Welcome House" (1949), die erste internationale Agentur, die amerikanisch-asiatische Waisenkinder an Adoptiveltern vermittelte. Für ihr menschliches Engagement und ihre schriftstellerische Arbeit wurde Pearl Buck mit Auszeichnungen überhäuft. 1973 starb sie in Danby im US-Bundesstaat Vermont.

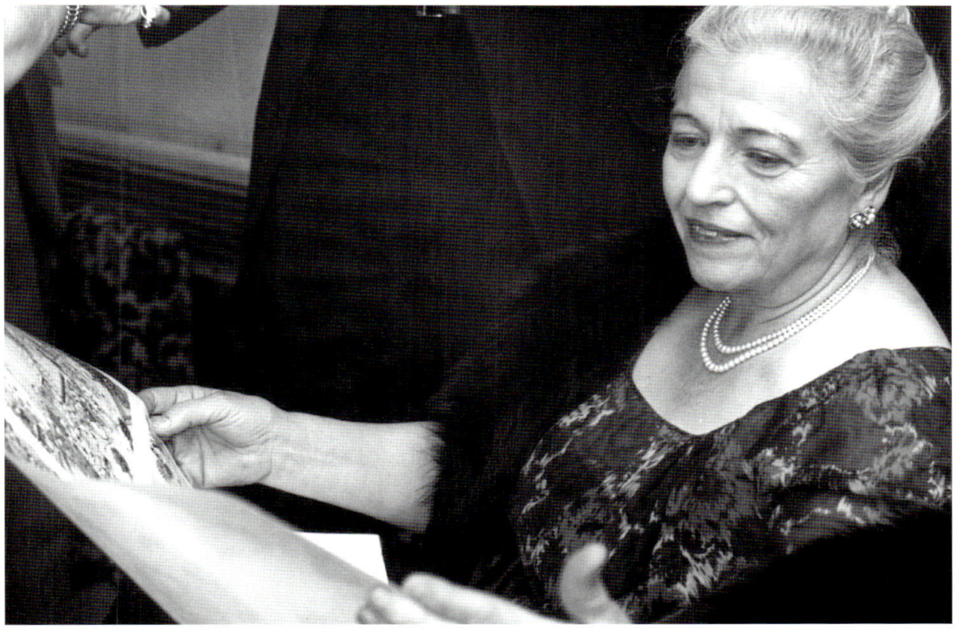

„Alles, was ich unternahm, selbst das Schreiben, entsprang der Faszination durch Menschen, den Rätseln ihres Denkens und Fühlens" – Bilanz der Bestsellerautorin Pearl S. Buck

LITERATUR

- *Buck, Pearl S., Mein Leben – meine Welten. Eine Autobiographie, übersetzt von Hans B. Wagenseil, Verlag Kurt Desch, Wien, München, Basel 1954*
- *Harris, Theodore F. (Hg.), Pearl S. Buck. Von Morgen bis Mitternacht, Scherz Verlag, Bern, München 1962*
- *Stuby, Anna Maria, Ich bin nirgendwo ganz zu Hause und überall ein bisschen – Pearl S. Buck (1892–1973), Nobelpreis für Literatur 1938, in: Charlotte Kerner, Nicht nur Madame Curie ... Frauen, die den Nobelpreis bekamen, Beltz Verlag, Weinheim, Basel 1990*

Marie Luise Kaschnitz

** 31. Januar 1901 in Karlsruhe*
† 10. Oktober 1974 in Rom
deutsche Schriftstellerin

Die Zeitgenossin

Beobachten, hinhören und nachdenken – so war ihr Zugang zur Welt und so hat sie auch geschrieben: Lyrik vor allem, aber auch Kurzgeschichten, Betrachtungen, Hörspiele, zeitkritische Tagebucheintragungen. Marie Luise Kaschnitz war eine scharfe Beobachterin des 20. Jahrhunderts, das für sie noch im Kaiserreich begann. Ihre frühen Gedichte mit Anklängen an Georg Trakl spendeten den Soldaten im Krieg Trost. Als „Trümmerdichterin" wurde sie im Nachkriegsdeutschland bekannt, denn sie hat die zerstörten Städte bedichtet, wie kaum jemand anderer. Nach dem Auschwitz-Prozess in Frankfurt schrieb sie: „So werden wir / Du Bruder und ich / Hinübergehen / Schuldig / Denn freizusprechen ist keiner." Später gesellte sie sich zu den Frankfurter Hausbesetzern. Die „Zeitgenossenschaft", die Auseinandersetzung mit dem, was um sie herum geschah, war für sie eine Selbstverständlichkeit. „Als eine ewige Autobiografin werde ich, wenn überhaupt, in die Literaturgeschichte eingehen ...", schrieb Marie

Marie Luise Kaschnitz in einer Porträtaufnahme von 1950

Luise Kaschnitz über sich selbst. Und so ist ihr Werk Zeitchronik aus der Perspektive ihres persönlichen Erlebens.

„Der Dichter soll das Erwünschte verschweigen und das Unerwünschte sagen."

Marie Luise von Holzing-Berstett erblickte im Januar 1901 als Tochter des Generalmajors Adolf Max Freiherr von Holzing-Berstett und seiner Frau Elsa Freifrau von Seldeneck in Karlsruhe das Licht der Welt. Ihre Kindheit und Jugend verbrachte sie in Potsdam und Berlin. 1916 zog ihre Familie nach Bollschweil im Breisgau, einem kleinen Ort, dem die Dichterin in der *Beschreibung eines Dorfes* (1966) zu literarischem Ruhm verhalf. Marie Luise machte eine Buchhändlerlehre in Weimar, dann zog es sie in den Süden, nach Italien: In Rom bekam sie die Möglichkeit, im Deutschen Archäologischen Institut als Bürokraft zu arbeiten. So ging die 23-jährige Frau in die Ewige Stadt und lernte hier, im Institut, den österreichischen Archäologen Guido Kaschnitz von Weinberg kennen, den sie 1925 in Rom heiratete. Später arbeitete Marie Luise Kaschnitz in einem römischen Antiquariat. 1928 wurde das einzige Kind, die Tochter Iris Constanza, geboren. Aufgehoben in ihrer Ehe erlebte die Dichterin viele reiche, schöpferische Jahre. Sie reiste viel mit ihrem Mann und wohnte an verschiedenen Orten: in Rom, Königsberg, Marburg, Frankfurt, dazwischen immer wieder in Bollschweil, das sie zu ihrem Heimatort erklärte. Gebildet, welterfahren und tief mit der abendländischen Kultur vertraut hatte Marie Luise Kaschnitz anfänglich in ihrer Dichtung eine Neigung zum Klassischen, löste sich dann aber zunehmend von diesen Formen und Rhythmen. Vor allem zwei Zäsuren beeinflussten die Entwicklung und das Werk der Marie Luise Kaschnitz: die Erfahrungen des Zweiten Weltkriegs einschließlich dem Kriegsende sowie der Tod ihres Mannes im Jahre 1958. Die Konfrontation mit Krieg, Zerstörung, Schuld, Tod und dem Verlust ihres Partners erschütterten sie zutiefst und trieben sie in neue schöpferische Unruhe. Die Gedichtsammlungen *Totentanz* und *Neue Gedichte zur Zeit* von 1947, *Neue Gedichte* von 1957 und die poetische Auseinandersetzung mit dem Tod ihres Mannes *Dein Schweigen – meine Stimme* von 1962 sind Antworten auf diese gravierenden Einschnitte in ihrem Leben. In *Ein Wort weiter* von 1965 findet sich der bedeutende Gedichtzyklus *zoon politicon*, der unter dem Eindruck des Auschwitz-Prozesses in Frankfurt entstand. Unter ihren Prosatexten war Marie Luise Kaschnitz zeitlebens die Erzählung *Das dicke Kind* (1951) die liebste. Dieser kurze Text beschreibt eine Wiederbegegnung der Schriftstellerin mit sich selbst als Kind. Die Stücke *Wohin denn ich* (1963), *Beschreibung eines Dorfes* (1966), *Tage, Tage, Jahre* (1968), *Steht noch dahin* (1970), *Kein Zauberspruch* (1972) und *Orte* (1973) gehören zu ihrem Alterswerk, das manche für den Höhepunkt ihres Schaffens halten.

„Ohne Vor-den-Kopf-Stoßen in irgendeinem Sinne kann große Kunst nicht gedeihen."

Die Büchner-Preisträgerin des Jahres 1955 war nie eine Kämpferin. Aber sie war eine Respektsperson mit Ausstrahlung: souverän, bescheiden und bestimmt. Sie hat die Schwermut der Welt besungen. Und schwermütig ist ihr Werk, aber weder sentimental noch hoffnungslos. Die wache und ehrliche Beobachterin war nüchtern in ihrer Prosa, ihren Tagebuchaufzeichnungen und oft apokalyptisch in ihren Gedichten. Ihr Werk ist durchtränkt vom Wissen um die Allgegenwart des Todes. Am 10. Oktober 1974 starb Marie Luise Kaschnitz überraschend in Rom. Begraben liegt sie in ihrem Dorf, in Bollschweil.

LITERATUR

- *Gersdorff, Dagmar von, Marie Luise Kaschnitz. Eine Biographie, Insel Verlag, Frankfurt/Main 1992*
- *Kaschnitz, Marie Luise, Gesammelte Werke, 7 Bände, hg. von Christian Büttrich und Norbert Miller, Insel Verlag, Frankfurt/Main 1981–1985*
- *Reichardt, Johanna Christiane, Zeitgenossin. Marie Luise Kaschnitz. Eine Monographie, Peter Lang Verlag, Frankfurt/Main 1984*

Erika Mann

** 9. November 1905 in München*
† 27. August 1969 in Zürich
deutsche Schriftstellerin, Journalistin und Schauspielerin

Die Aufklärerin mit scharfer Zunge

Erika Mann in einer Aufnahme von 1930

Erika Mann war eine Aufklärerin. Mit spitzer Feder und mit den Mitteln des Kabaretts klärte sie auf. Als politische Publizistin benannte sie schon Ende der 20er Jahre die heraufziehenden Gefahren des Antisemitismus und des Nationalsozialismus, als Kabarettistin prangerte sie mit beißendem Hohn und Spott die Barbarei der Nazis an. Sie schrieb Bücher und beleuchtete den Missbrauch der Erziehung im nationalsozialistischen Deutschland, die schleichenden und alltäglichen Formen der Anpassung in diktatorischen Systemen. Unverhohlen, mutig, oft spektakulär und auf gefahrvolle Weise brachte sie ihr Entsetzen über die politische Situation in Deutschland zum Ausdruck.
Dabei waren Politik und Einmischung in das politische Weltgeschehen in ihrem Leben eigentlich gar nicht vorgesehen gewesen – so schrieb sie in ihrer Fragment gebliebenen Autobiografie. Sie, die das Theater und die Kunst liebte, die die Kultur und das pulsierende Leben der „wilden 20er" genoss und auskostete, habe sich einmischen müssen, denn Zeit und Umstände hätten das verlangt. Im Kampf gegen Hitler und den Nationalsozialismus sei es um das Überleben der Zivilisation und der Humanität gegangen, schlichtweg um elementare Prinzipien.
Erika Julia Hedwig Mann wurde 1905 in München geboren. Das älteste Kind des berühmten Schriftstellers Thomas Mann und seiner Frau Katia (geb. Pringsheim) hatte – zumindest nach außen – keine Mühe, ihre eigene Individualität und Kreativität im Schatten des Vaters und auch des Onkels Heinrich zu entwickeln und zu behaupten. Sie war von klein an vital, energiegeladen und verwegen, so dass selbst ihr in Familiendingen reservierter Vater stolz war auf das „kühne, herrliche Kind".
Eine besondere Nähe und Vertrautheit verband Erika Mann

immer mit ihrem ein Jahr jüngeren Bruder Klaus; sie nannte ihn „Seelenzwilling" – und oft, auch noch als Erwachsene, gaben sich die beiden Geschwister als Zwillinge aus.
Erika und Klaus besuchten teilweise dieselben Schulen, gingen beide nach dem Abitur nach Berlin, dem damals modernsten und aufregendsten Ort Europas, waren in denselben Zirkeln, liebten dieselben Bars und fanden die Stadt aufregend und von „schamloser Verruchtheit" – ein „Sodom und Gomorrha mit preußischem Tempo".
Erika, die schon als Jugendliche ihr Talent für die Bühne erkannt und eine Theatergruppe gegründet hatte, studierte Schauspiel bei dem großen Regisseur Max Reinhardt. Sie arbeitete beharrlich an einer Theaterkarriere, bekam Engagements in Berlin und Bremen, in Hamburg und München, führte zusammen mit ihrem Verlobten Gustaf Gründgens und ihrer Geliebten Pamela Wedekind – denn Erika Mann liebte Männer und Frauen – Stücke ihres Bruders Klaus auf und reiste mit ihrem „Seelenzwilling" im eigenen Auto durch Europa. Das Geld für die Reisen verdiente sie sich durch Reportagen und Berichte, die sie unterwegs schrieb. Ende der 20er Jahre begann Erika Mann für den Rundfunk und für Zeitungen zu arbeiten. Das war der Auftakt für ihr lebenslanges politisches Engagement. Kurz vor der Machtergreifung der Nationalsozialisten gründete sie in München mit zehn jungen Schauspielern, darunter Therese Giehse, ihr antinationalsozialistisches Kabarett „Die Pfeffermühle". Wenige Monate später, im März 1933, emigrierte sie mit ihrem Ensemble in die Schweiz und tourte von dort aus als Leiterin, Autorin und Conferencier der „Pfeffermühle" durch mehrere Länder. In den Jahren 1933–1937 gab das Kabarett über 1000 Vorstellungen – bis die Nazis Erika Mann als der „geistigen Urheberin" der „deutschfeindlichen Pfeffermühle" die deutsche Staatsbürgerschaft aberkannten. Um einen englischen Pass zu bekommen, heiratete die Ausgebürgerte 1935 den englischen Schriftsteller Wystan Hugh Auden; von dem späteren Nazikollaborateur Gustaf Gründgens hatte sie sich nach dreijähriger Ehe (1925–1928) scheiden lassen.
Ein Jahr später wanderte sie in die USA aus, versuchte dort ihr Kabarett weiterzuführen, arbeitete dann als politische Journalistin und hielt Vorträge gegen das Hitler-Deutschland. Nach dem Krieg war sie als Europa-Korrespondentin für amerikanische Medien tätig und erregte durch ihre kritischen Positionen im Kalten Krieg Anstoß. 1952 ging sie mit ihrer Familie in die Schweiz, wo sie Werke und Nachlass ihres Vaters und ihres

Porträtaufnahme um 1960. Zu dieser Zeit war Erika Mann v.a. Nachlassverwalterin des Werks ihres Vaters.

Bruders Klaus verwaltete. Sie starb am 27. August 1969 nach langer Krankheit in Zürich.
Die meisten ihrer Bücher verfasste Erika Mann im Exil, darunter *Zehn Millionen Kinder – die Erziehung im Dritten Reich* (1939) oder *Die Lichter gehen aus* (1940). Sie schrieb auch Kinderbücher, Essays und Erzählungen. 1969 kam eine Briefsammlung Erika Manns mit dem Titel *Mein Vater, der Zauberer* heraus, die den mühsamen Weg nachzeichnet, mit dem die Autorin Thomas Mann zwischen 1933 und 1936 zur Ablehnung des nationalsozialistischen Regimes bewog: „Uns ist bei unserer Jugend eine große Verantwortung aufgeladen in Gestalt unseres unmündigen Vaters".

LITERATUR:

- *Keiser-Heyne, Helga, Beteiligt euch, es geht um eure Erde. Erika Mann und ihr politisches Kabarett die „Pfeffermühle" 1933-1937, Spangenberg Verlag, München 1990.*
- *Lühe von der, Ursula, Erika Mann. Eine Biographie, Campus Verlag, Frankfurt/Main 1993*

Patricia Highsmith

** 19. Januar 1921 in Fort Worth, Texas*
† 14. Februar 1995 in Locarno
amerikanische Schriftstellerin

Dichterin der Beklemmung

Patricia Highsmith, 1991

Sie ist eine Schriftstellerin, die „eine eigene Welt geschaffen hat, eine bedrückend geschlossene, irrationale Welt, die wir jedes Mal mit einem Gefühl von persönlicher Bedrohung und fast widerstrebend betreten ..., denn wir gehen grausamen Vergnügen entgegen." So sah Graham Greene die Geschichten der Patricia Highsmith, für ihn „eine Dichterin der unbestimmbaren Beklemmung."
Sie hat mehr als 20 Romane und etliche Bände mit Kurzgeschichten geschrieben, mit denen sie ihre Leserschaft nicht nur fesselte, sondern sie dazu brachte, sich mit den Tätern zu identifizieren. Die bekanntesten Romane erzählen von dem „talentierten" Tom Ripley, einem charmanten, skrupellosen Schurken, der aus Amerika auswanderte, um sich in Europa Geld und Wohlstand zu ergaunern und dabei auch über Leichen ging, gehen musste, wollte er nicht seine Vorstellungen vom angenehmen Leben riskieren. Das Faszinierende – und Schockierende – für die Leser ist, dass sie hoffen, alles möge gut ausgehen, der Mörder solle ungestraft davonkommen und seine Beute behalten können.
Dass ihre Romane als Krimis eingestuft wurden, verdross Patricia Highsmith. „Ich bin keine Kriminalschriftstellerin", betonte sie immer wieder, „weil mich weder Spannung noch Geheimnis interessieren; und noch weniger die Bullen. Aber die Entwicklung eines Gelegenheitsverbrechers – was wir alle potentiell sind – fasziniert mich. Sein Motiv und seine Reaktionen sind es, die mich fesseln. Ein gewöhnlicher Mensch wird für mich interessant, sobald er sich seiner Instinkte bewusst wird. Das ist der Motor all meiner Romane." Gerechtigkeit war dabei für sie nie ein Thema: „Weder das Leben noch die Natur scheren sich einen Deut darum, ob einem Geschöpf Gerechtigkeit widerfährt."
Mary Patricia Plangman kam 1921 als Tochter des Grafikers Jay Bernard Plangman und der Grafikerin und Modezeichnerin Mary Plangman in Fort Worth, Texas zur Welt. Noch vor ihrer Geburt ließen sich ihre Eltern scheiden. Patricia wuchs erst bei den Großeltern auf, dann kam sie nach New York zu ihrer Mutter und trug auch bald den Namen des Stiefvaters.
Im Bücherschrank ihrer Eltern entdeckte die 9-jährige Patricia ein psychiatrisches Lehrbuch,

The Human Mind von Karl Menninger: „Es war ein Buch mit Fallstudien: Kleptomanen, Pyromanen, Serienmördern, alles, was im Kopf schief gehen konnte. Dass es reale Fälle waren, machte sie interessanter als Märchen. Ich stellte fest, dass diese Leute äußerlich völlig normal wirkten und dass es somit auch um mich herum solche geben konnte." Es wurde ihre Lieblingslektüre. Von 1938 bis 1942 studierte sie Englisch, Latein, Griechisch und Zoologie. Seit ihrem 18. Lebensjahr schrieb sie – Kurzgeschichten, Kinderbücher. Sie hatte zunächst wenig Erfolg und musste immer wieder Gelegenheitsjobs annehmen, als Comic-Texterin, als Verkäuferin in einem Warenhaus.

1950 erschien ihr erster Roman *Strangers on a Train (Zwei Fremde im Zug)*, der Patricia Highsmith nach einer Drehbuchbearbeitung von Raymond Chandler und der Verfilmung von Alfred Hitchcock (1951) weltberühmt machte. In späteren Jahren wurden ihre Bücher noch oft ins Kino gebracht, unter anderem von René Clément der erste Band der Ripley-Reihe *The Talented Mr. Ripley (Der talentierte Mr. Ripley)* unter dem Titel *Plein Soleil (Nur die Sonne war Zeuge)*; von Wim Wenders der Roman *Ripley's Game* unter dem Titel *Der amerikanische Freund*; von Hans W. Geissendörfer *The Glass Cell (Die gläserne Zelle)* und *Edith's Diary (Ediths Tagebuch)*.

1952 publizierte Patricia Highsmith unter Pseudonym einen Roman über eine lesbische Beziehung, *Carol*. Die Taschenbuchausgabe erreichte eine Auflage von fast einer Million. Danach kam von ihr über Jahrzehnte hinweg alle ein, zwei Jahre ein Thriller auf den Markt, darunter die bekannten Ripley-Romane – der fünfte und letzte Titel *Ripley under Water (Ripley unter Wasser)* erschien 1991.

Dass Frauen nur selten im Mittelpunkt ihrer Romane stehen, begründete die Schriftstellerin mit deren Abhängigkeit. Männer dagegen seien „freier, selbständiger ..., handeln unabhängig – nach dem eigenen Gewissen", erklärte sie Feministinnen, woraufhin diese sie als Frauenfeindin bezeichneten. Anfang der 60er Jahre war Patricia Highsmith nach Europa übergesiedelt

Highsmith während einer Lesung, 1982

und lebte erst in England, später in Frankreich und zuletzt zurückgezogen mit ihren zwei Siamkatzen in einem Tessiner Dorf. Sie zeichnete und malte, arbeitete im Garten und in ihrer Schreinerwerkstatt. In einem Krankenhaus in Locarno starb sie 74-jährig am 4. Februar 1995 an Krebs.

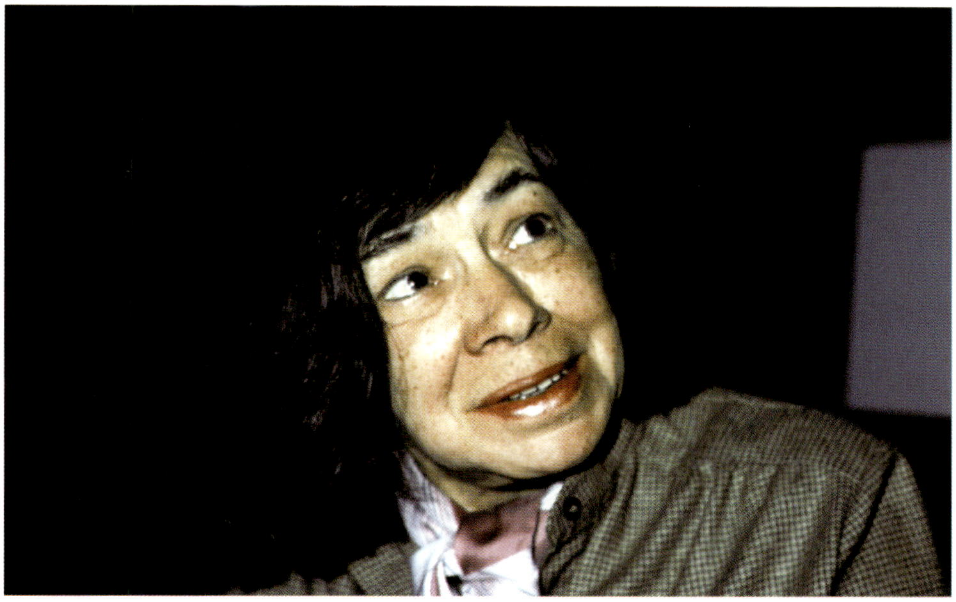

Die Autorin in einer Züricher Buchhandlung im Mai 1982

Literatur

- *Cavigelli, Franz u.a. (Hgg.), Patricia Highsmith. Leben und Werk, Diogenes Verlag, Zürich 1996*
- *Endres, Elisabeth, In den Potemkinschen Dörfern der Seele. Zum Tod der Schriftstellerin Patricia Highsmith, in: Süddeutsche Zeitung vom 6. Februar 1995*
- *Hechtfischer Ute u.a. (Hgg.), Metzler Autorinnen Lexikon, J.B. Metzler Verlag, Stuttgart 1998*

Ingeborg Bachmann

** 25. Juni 1926 in Klagenfurt*
† 17. Oktober 1973 in Rom
österreichische Dichterin

Lyrischer Intellekt

„Verdächtige die Worte, die Sprache, ... vertiefe diesen Verdacht – damit eines Tages, vielleicht, etwas Neues entstehen kann – oder es soll nichts mehr entstehen." Dieser Satz Ingeborg Bachmanns war Programm für ihr Schreiben, für ihr Leben. Die durch den Krieg verstörte, über die Nazi-Verbrechen entsetzte und die Gegenwart hinterfragende Schriftstellerin übertrug das Unsagbare in eindringliche Dichtung und thematisierte ethische und existentielle Fragen des menschlichen Daseins: Angst, Schuld, Herrschaft, Liebe, Tod. Sie glaubte an die bewusstseinsverändernde Wirkung von Sprache und war überzeugt, dass die Welt von oben bis unten neu geschrieben werden müsste, mit den Vokabeln der Freiheit. „Denn dies bleibt doch: sich anstrengen müssen mit der schlechten Sprache, die wir vorfinden, auf diese eine Sprache hin, die noch nie regiert hat, die aber unsere Ahnungen regiert und die wir nachahmen." Das klingt kraftvoll, visionär und war es wohl auch.
Als eine der ersten Schriftstel-

Ingeborg Bachmann, Lyrikerin und Romanautorin, um 1965

lerinnen der Nachkriegszeit formulierte Ingeborg Bachmann die Geschlechterproblematik: die Zurichtung der Frauen in einer von Männern beherrschten Gesellschaft. Denn „der Faschismus ... fängt an in den Beziehungen zwischen Menschen. Der Faschismus ist das Erste in der Beziehung zwischen einem Mann und einer Frau.“
Ingeborg Bachmann war die Tochter eines Lehrers und einer Hausfrau – ein begabtes Kind, das viel las und komponierte, immer mit Einser-Zensuren bis zur Matura mitten im Krieg 1944. In Innsbruck, Graz und Wien studierte sie Philosophie, Germanistik und Psychologie, machte einen brillanten Abschluss und überraschte ihre Freunde damit, dass sie, die rationale Denkerin, Gedichte schrieb.

> *„Ich existiere nur, wenn ich schreibe, ich bin nichts, wenn ich nicht schreibe, ich bin mir selbst vollkommen fremd, aus mir herausgefallen, wenn ich nicht schreibe.“*

Anschließend arbeitete sie als Redakteurin bei einem Wiener Radiosender, bereiste Paris, London, Rom, schrieb dort als Auslandskorrespondentin unter dem Pseudonym Ruth Keller – und erhielt für ihren ersten Gedichtband *Die gestundete Zeit* (1953) den Literaturpreis der Gruppe 47.
Spätestens seit 1955, nach Erscheinen ihres Lyrikbandes *Anrufung des Großen Bären*, war Bachmann eine Begehrte und Gefeierte, der „neue Stern am deutschen Poetenhimmel“. Sie war produktiv, dichtete, schrieb Hörspiele (*Die Zikaden*, 1955; *Der gute Gott von Manhattan*, 1958) und genoss ihr Leben als Reisende, als Vagabundin. Monatelang wohnte und arbeitete sie mit dem deutschen Komponisten Hans Werner Henze auf der Insel Ischia – eine Zeit fruchtbaren gemeinsamen Schaffens: Henze vertonte ihre Gedichte, sie schrieb für ihn Opernlibretti.
1958 lernte sie den Schriftsteller Max Frisch kennen und lebte mit ihm bis zur Trennung 1962 abwechselnd in Zürich und Rom. Die Ehe kam nicht in Frage „für eine Frau, die arbeitet und denkt und selber etwas will“. Bachmann strebte nach Unabhängigkeit und war voller Pläne. Doch die Trennung von Frisch lies sie verändert zurück, sie wurde krank, verbrachte nach einem Zusammenbruch Wochen in Kliniken und hoffte, von ihrer Alkohol- und Medikamentenabhängigkeit frei zu werden.
Die Zeit der Lyrik war vorbei, Bachmann schrieb ihre große Prosa-Erzählungen (*Der Schritt nach Gomorrha; Undine geht*, beide 1961), Essays, Romane

Die Dichterin in einer Porträtaufnahme aus dem Jahre 1959

(*Malina*, 1971; *Der Fall Franza, Requiem für Fanny Goldmann*, beide postum veröffentlicht) und Kurzprosa (*Simultan*, 1972). Dieses spätere Werk der Bachmann beleuchtet das Aufeinanderprallen von Liebesfähigkeit und Vernunft und ist eine literarische Abrechnung mit der krank machenden Welt der Männer.
Ab Ende 1965 lebte die Schriftstellerin wieder in Rom, wo sie 1973 an den Folgen eines Unfalls starb: Sie war mit einer brennenden Zigarette im Bett eingeschlafen und erlag zwei Wochen später den schweren Verbrennungen.

LITERATUR

- *Bachmann, Ingeborg, Werke in vier Bänden, hg. von Christine Koschel u.a., Piper Verlag, München 1993*
- *Beicken, Peter, Ingeborg Bachmann, C.H. Beck Verlag, München 1988*
- *Höller, Hans, Ingeborg Bachmann, Rowohlt-Taschenbuch Verlag, Reinbek 1999*

Anne Frank

** 12. Juni 1929 in Frankfurt/Main*
† Ende Febr./Anf. März 1945 im Konzentrationslager Bergen-Belsen
deutsch-jüdische Tagebuchautorin

Symbolfigur des Holocaust

Anne Frank in einer Porträtaufnahme um 1940

Ihr erstes Tagebuch erhielt Anne Frank zu ihrem 13. Geburtstag. Eigentlich war es ein rot-orange-grau kariertes Poesiealbum, doch von der ersten Stunde an nutzte Anne es als Tagebuch. Ihre erste Eintragung lautet: „Ich werde, hoffe ich, dir alles anvertrauen können, wie ich es noch bei niemandem gekonnt habe, und ich hoffe, du wirst mir eine große Stütze sein."
Stütze war es bis zum 1. August 1944, dem Tag ihrer letzten Eintragung. Das Leben der Annelies Marie Frank, einer Jüdin, begann in Frankfurt am Main. Als im März 1933 die NSDAP als gestärkte Partei Einzug in die Frankfurter Stadtverordnetenversammlung hielt, ahnte auch Annes Vater, dass der „braune Spuk" noch lange nicht vorbei sein würde. Er verlegte seinen Firmensitz nach Amsterdam und im darauf folgenden Jahr zog die Familie in die neue Wohnung am Merwedeplein 37 ein. Schutz und Sicherheit endeten, als die Deutschen am 10. Mai 1940 einmarschierten und auch hier die Judenverfolgung ihren Lauf nahm.

> *„O ja, ich will nicht umsonst gelebt haben wie die meisten Menschen. Ich will den Menschen, die um mich herum leben und mich doch nicht kennen, Freude und Nutzen bringen. Ich will fortleben, auch nach meinem Tod."*
> Eintragung vom 5. April 1944

Bis dahin hatte Anne eine normale Kindheit. Sie und ihre Schwester Margot lebten sich gut ein in Amsterdam. Mit ihrer Freundin Hanneli, ebenfalls einer jüdischen Emigrantin, besuchte sie den Montessori-Kindergarten, anschließend die öffentliche Montessori-Schule. Anne genoss eine liberale, unorthodoxe Erziehung, weder lernte sie Hebräisch noch erlebte sie den Sabbat als jüdischen Feiertag. Sie sammelte Fotos von Filmschauspielerinnen und den Kindern der niederländischen und englischen Königshäuser. Sie war hübsch, zart, aufgeweckt, gesellig, neugierig und klug. Anne wusste und ahnte nicht, dass ihre Eltern längst das Untertauchen vorbereitet hatten. Als am 5. Juni 1942 die Familie den Anruf erhielt, Annes Schwester habe sich zum Arbeitseinsatz im Osten zu melden, zog die Familie am nächsten Tag in das vorbereitete Versteck in der Prinsengracht 263. Es lag im selben Gebäude, in dem sich die Firma des Vaters befand – ein schmales Backsteingebäude, wie es viele in Amsterdam gab. Neben den Franks fanden hier eine befreundete Familie sowie ein Zahnarzt Schutz. Acht Menschen lebten auf engstem Raum, auf nur 50 Quadratmetern, zusammen. Am 16. September 1943 schrieb Anne: „Hier wird das Verhältnis untereinander immer schlechter, je länger es dauert. Bei Tisch wagt niemand, den Mund aufzumachen (außer, um einen Bissen hineinzuschieben), denn was man sagt, wird entweder übel genommen oder verkehrt verstanden." Anne vertraute dem Tagebuch, ihrer „lieben Kitty", der imaginären, wahren und innigen Freundin, ihr Leben an. Sie beschrieb

Ein schwenkbares Bücherregal verdeckte den Aufgang zum Versteck der Familie Frank.

den Tagesablauf der Untergetauchten, zeichnete ein Bild von ihnen in oftmals atemberaubender Klarheit. Natürlich gilt das Tagebuch als Zeitdokument, doch ist es gleichzeitig die präzise Darstellung der körperlichen, seelischen und geistigen Entwicklung eines jungen Mädchens zur Frau unter extremen Lebensbedingungen. Am 4. August 1944 hielt ein Auto vor dem Haus in der Prinsengracht. Ein uniformierter SS-Mann und wahrscheinlich drei holländische Helfer von der Grünen Polizei stiegen aus und verhafteten Anne zusammen mit den sieben Untergetauchten. Das Versteck war verraten worden. Man brachte die Verhafteten nach Auschwitz. Später gelangten Anne, ihre Schwester und die Mutter nach Bergen-Belsen, dem

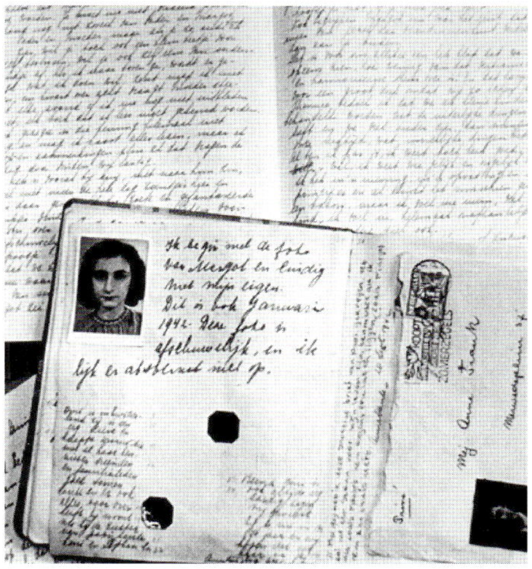

Die Tagebücher der Anne Frank

Konzentrationslager in der Lüneburger Heide. Hanneli, ihre Kinderfreundin, traf sie dort. Diese erinnerte sich: „Das war nicht dieselbe Anne, die ich gekannt habe. Sie war ein gebrochenes Mädchen ..." Nicht einmal 16-jährig starb Anne an Typhus. Allein der Vater überlebte.

Literatur

- *Frank, Anne, Tagebuch, autorisiert und ergänzt von Otto H. Frank und Mirjam Pressler, S. Fischer Verlag, Frankfurt/Main 1991*
- *Gies, Miep, Meine Zeit mit Anne Frank, Scherz Verlag, Bern, München 1987*
- *Lee, Carol A., Anne Frank. Eine Biographie, aus dem Englischen von Bernd Rullkötter und Bärbel Schäfer, Piper Verlag, München 2000*

Fanny Hensel

** 14. November 1805 in Hamburg*
† 14. Mai 1847 in Berlin
deutsche Komponistin

Die verkannte Schwester

Fanny Hensel war bereits 40 Jahre alt, als sie anfing, ihre Kompositionen zu veröffentlichen. Bis dahin hatte sie nur für die Schublade komponiert. Es entsprach nicht den gesellschaftlichen Konventionen, dass eine Frau ihres Standes öffentlich als Künstlerin und Berufsmusikerin auftrat. Ihre Familie, allen voran ihr Vater und nach dessen Tod ihr Bruder, der Komponist Felix Mendelssohn, hatte ihr von einer Publikation abgeraten und „der Wunsch, Euch und Allen, die ich liebe, es in meinem Leben recht zu machen ...“ hatte sie lange daran gehindert, mit ihren Werken an die Öffentlichkeit zu gehen. Als sie sich nun endlich durchgerungen hatte, blühte sie auf: „Ich bin übrigens fortwährend fleißig und fühle, dass mir manches gelingt, und das ... macht mich so innerlich und äußerlich zufrieden und beglückt“, schrieb sie am 14. August 1846 in ihr Tagebuch. Die erfolgreichen Uraufführungen ihrer Werke spornten sie an: „Wie kann man nur verdienen, zu den so wenigen Glücklichen in der Welt zu gehören! Wenigstens fühle ich es lebhaft

Fanny Hensel in einem Gemälde von Moritz Daniel, 1842

und dankbar, und wenn ich des morgens mit Wilhelm (dem Ehemann) gefrühstückt habe und dann jeder an seine Arbeit geht, da empfinde ich mich mit wahrer Rührung glücklich“, notierte sie. Fanny Hensel schrieb Lieder und Klavierstücke. Dass sie darüber hinaus auch Kammermusik, ein Oratorium, Kantaten, eine

„Fanny Cäcilia Mendelssohn Bartholdy ist vielleicht das begabteste der vier Mendelssohn-Kinder gewesen und hätte vielleicht auch eine bedeutende Stellung in der deutschen Musik des 19. Jahrhunderts einnehmen können – aber sie war eben eine Frau."
Eckart Kleßmann, 1993

Ouvertüre für großes Orchester und Chormusik komponiert hatte, erfuhr die Welt erst 1976, als das größte Musiklexikon der Welt *(Musik in Geschichte und Gegenwart)* die Komponistin im Anhang aufnahm und darauf verwies, dass „ihr kompositorisches Schaffen, das über 400 einzelne Stücke umfasst, bisher noch nicht eingehender untersucht worden" sei.

Als ältestes von vier Kindern des Bankiers Abraham Mendelssohn und seiner Frau Lea Salomon kam Fanny Cäcilia Mendelssohn, Enkelin des Aufklärungsphilosophen Moses Mendelssohn, 1805 in Hamburg zur Welt. 1811 zogen die Mendelssohns nach Berlin um. Auf Betreiben der Mutter, in deren Familie Musik eine große Rolle gespielt hatte, erhielten Fanny und ihr vier Jahre jüngerer Bruder Felix (1809–1847) eine erstklassige musikalische Erziehung: Klavier-, dann Kompositionsunterricht bei Carl Friedrich Zelter, dem Leiter der Berliner Singakademie. Bereits mit 14 Jahren komponierte die hoch begabte Fanny ihr erstes überliefertes Lied, wurde jedoch sogleich von ihrem Vater in die für sie vorgesehenen gesellschaftlichen Schranken gewiesen: „Die Musik wird für Felix vielleicht zum Beruf, während sie für dich stets nur Zierde, niemals Grundbass deines Seins und Tuns werden kann und soll ... Verharre in dieser Gesinnung und diesem Betragen, sie sind weiblich, und nur das Weibliche ziert die Frauen", schrieb der Bankier an seine Tochter. Ihr Bruder, den sie sehr liebte, dem sie Zeit ihres Lebens tief verbunden war und mit dem sie auch in künstlerischem Austausch stand, unternahm schon bald zahlreiche Bildungsreisen. Fannys Talent hingegen drohte zu verkümmern. Immer wieder wütend auf die „elende Weibsnatur", die man „auf jedem Schritt seines Lebens von den Herren der Schöpfung vorgerückt bekommt", fügte sie sich dennoch in die väterliche Erwartung. 1829 heiratete sie den Hofmaler Wilhelm Hensel, zog mit ihm in das Gartenhaus des Familienanwesens in der Leipziger Straße und setzte ihr Talent im halb privaten Rahmen der „Sonntagsmusiken" ein. Dabei handelte es sich um ein wöchentliches Konzert, das die Familie Mendelssohn seit 1822 veranstaltete und das unter Fannys Leitung seit 1829 zum hochkarätigen musikalischen Forum wurde. Hier trafen sich die geistigen und künstlerischen Berühmt-

Fanny Hensel in einer Zeichnung von ihrem Mann, Wilhelm Hensel

heiten der Zeit, darunter Humboldt, Hegel, Heine, E. T. A. Hoffmann, Schleiermacher, die Varnhagens, Clara Schumann-Wieck, Franz Liszt, Bettina von Arnim. Die Gastgeberin stellte die Programme zusammen, trat als Pianistin auf, dirigierte Chor und Orchester, präsentierte Kompositionen des Bruders und eigene Werke. Angeregt durch diesen musikalischen Kosmos und angetrieben von ihrem Schaffensdrang setzte Fanny das Komponieren während ihres Lebens als Ehefrau und Mutter eines Sohnes fort. 1847, als sie eben im Begriff war, ihren Ruf als Komponistin durch die Herausgabe ihrer Stücke zu festigen, starb sie 42-jährig an Gehirnschlag.

Literatur

- *Rebmann, Jutta, Fanny Mendelssohn. Biographischer Roman, Karl Elser Stieglitz-Verlag, Mühlacker 1991*
- *Roster, Danielle, Die großen Komponistinnen, Insel Verlag, Frankfurt/Main 1998*
- *Tillard, Françoise, Die verkannte Schwester. Die späte Entdeckung der Komponistin Fanny Mendelssohn Bartholdy, aus dem Französischen von Ralf Stamm, Kindler Verlag, München 1994*

Adelina Patti

** 10. Februar 1843 in Madrid*
† 27. September 1919 in Brecon, Wales
italienische Sopranistin

Die Nachtigall

„Was ihre Stimme angeht, so hat es nie wieder etwas Vergleichbares gegeben. Man könnte sie mit einer Kette schimmernder Perlen vergleichen, vollkommen gleichmäßig, jede makellos und vollkommen, identisch in Form und Farbe." Uneingeschränkte Bewunderung zollte die Opernsängerin Emma Calvé ihrer Kollegin und Zeitgenossin Adelina Patti, der „Queen of Song" in der zweiten Hälfte des 19. Jahrhunderts. Ein anderer Bewunderer, der Wiener Musikkritiker Eduard Hanslick, rühmte die reine, starke Stimme der Diva, die den Zweieinhalb-Oktaven-Umfang vom C bis zum dreigestrichenen F mühelos und ausgeglichen beherrschte: „Jeder Ton wirkte, wie er soll und will. Die immer seltener werdende Kunst der großen Italiener, den Ton weit und stark auszuschicken, ohne zu schreien – Adelina Patti besitzt sie in hohem Maße." Ihre unfehlbare Treffsicherheit der Intonation trug der Sopranistin den Beinamen „Paganini der Vokalvirtuosität" ein. „Nachtigall" nannte ein Kritiker sie, für einen anderen war sie die Primadonna mit dem „perfekten Kehlkopf".

Die italienische Opernsängerin Adelina Patti um 1875

Adelina Patti, Tochter des italienischen Sänger-Ehepaars Caterina Barili Patti und Salvatore Patti, kam am 10. Februar 1843 in Madrid zur Welt. Um 1845 emigrierte die Familie nach New

York, wo die berühmtesten Sängerinnen der Zeit – Jenny Lind, Henriette Sontag, Marietta Alboni – auftraten. In diesem Milieu wurde Adelina Patti groß. Mit 7 Jahren sang sie bereits ganze Arien, hatte ihre ersten Konzertauftritte und galt als Wunderkind. In konsequentem Unterricht studierte sie bei ihrem Stiefbruder Ettore Barili den Belcanto, übte Triller und Skalen und debütierte 16-jährig in Donizettis *Lucia di Lammermoor* in der Academy of Music in New York. Nach diesem erfolgreichen Auftritt ging sie mit weiteren Partien auf Tournee durch die USA.

Im Mai 1861 stellte sie sich im Londoner Covent Garden als *Amina* in Bellinis *Sonnambula* vor. Das Publikum war hingerissen – eine 25-jährige Patti-Epoche in England begann und bald schon war die Sopranistin eine internationale Größe. In den folgenden Jahren feierte sie Triumphe in Paris, Berlin, Wien, Amerika, dann wieder Europa, Petersburg, Moskau, Florenz und Turin. Komponisten wie Giuseppe Verdi, Giacomo Meyerbeer, Daniel F. Auber und Charles Gounod komponierten Arien für sie. 42 Rollen sang sie, ihre Stärke lag weniger in der schauspielerischen Darstellung als in ihrer grandiosen Stimme: „Die Patti ist eine vorwiegend musikalische Natur; die Schauspielerin ... steht in zweiter Linie", urteilte Eduard Hanslick. „Es fehlt zwar ihren Rollen niemals das dramatische Leben und die Charakteristik; dieser gestattet sie aber keinen Schritt über die Grenzen des musikalischen Wohllauts hinaus."

Anfang der 80er Jahre, auf dem Höhepunkt ihres Ruhms, kehrte sie wieder nach New York zurück, wo ihre Karriere begonnen hatte. Es gab in diesen Jahren keine andere Primadonna assoluta, die ihr den Rang hätte streitig machen können. Ihre Gagen waren astronomisch hoch (auf einer Amerika-Tournee kassierte sie in jedem Konzert 4400 Dollar, damals eine unvorstellbare Summe) und binnen weniger Jahre ersang sich Adelina Patti Millionen. Monarchen und Fürsten, vor denen sie auftrat, beschenkten sie mit Juwelen, die sie von Privatdetektiven bewachen ließ. Ihr Hang zum Luxus – sie kaufte ein neugotisches Schloss in Belgien, in dem sie ein Privattheater einrichten ließ – , ihre Allüren (sie weigerte sich, an den Proben teilzunehmen) und ihre drei Ehen, die letzte mit einem dreißig Jahre jüngeren Mann, boten Stoff für Klatsch und Tratsch.

Die Stimme der Patti blieb lange erhalten, auch wenn die Zeit sie „um eine kleine Terz nach unten transportierte", wie der englische Schriftsteller George Bernard Shaw spottete. Sie war die erste Primadonna, deren Gesang auf Platte eingespielt wurde: Die Aufnahmen entstanden in den Jahren 1905 und 1906 in ihrem Schloss. Adelina Patti war zu diesem Zeitpunkt 62 bzw. 63 Jahre alt und verabschiedete sich gerade in einer endlosen Reihe von „letzten" und „allerletzten Auftritten" von ihrem Publikum – noch 1914 trat sie mit 71 Jahren in einem Wohltätigkeitskonzert auf. Die 1905/06 entstandenen Tondokumente zeigen nicht die große Patti in ihrem Glanz. Doch aus „den schönen Resten" ihrer Stimme sind immer noch die Flexibilität, die Anmut und Reinheit ihrer Tongebung zu hören.

Porträtaufnahme Adelina Pattis, 1878

LITERATUR

- *Fischer, Jens Malte, Große Stimmen. Von Enrico Caruso bis Jessey Norman, J.B. Metzler Verlag und C.E. Poeschel Verlag, Stuttgart 1993*
- *Honolka, Kurt, Die großen Primadonnen, J.G. Cotta'sche Buchhandlung, Stuttgart 1960*
- *Kesting, Jürgen, Die großen Sänger des 20. Jahrhunderts, Econ Verlag, Düsseldorf 1993*

Alma Mahler-Werfel

** 31. August 1879 in Wien*
† 11. Dezember 1964 in New York City
österreichische Komponistin

Sehnsucht nach Kreativität

Als 18-Jährige begann Alma Schindler bei Alexander von Zemlinsky, einem anerkannten Komponisten und Musikpädagogen, der später auch Lehrer von Arnold Schönberg war, Komposition zu studieren. Das war für sie „eine ungeheuer feurige Lehrzeit, in der alles und jedes andere verblasste ... vielleicht die glücklichste Zeit meines Lebens“, so schrieb sie rückblickend in ihrer Autobiografie. Innerhalb von vier Jahren komponierte die Schülerin mehr als 100 Lieder, Instrumentalstücke und den Beginn einer Oper – eine viel versprechende Musikerinnenlaufbahn schien sich abzuzeichnen. Da lernte sie Ende des Jahres 1901 den Komponisten und Dirigenten der Wiener Hofoper Gustav Mahler kennen und schon wenige Monate später heirateten die beiden.

Alma Mahler-Werfel in einer Porträtaufnahme von 1915

Von Anfang an stellte der neunzehn Jahre ältere Mahler seine Bedingungen an das gemeinsame Leben. „Du hast von nun an nur einen Beruf: mich glücklich zu machen.“ In der Ehe „fällt die Rolle des Komponisten, des Arbeitens mir zu und dir die der liebenden Gefährtin“. Sie „versprach, was er erklärt und versprochen haben wollte“, spürte aber schon bald, dass diese Rolle der sich hingebenden Ehefrau sie nicht erfüllte, ja dass der Verzicht, den ihr Mann ihr auferlegt hatte, ihr zu viel abverlangte.
Die begabte, außerordentlich schöne und begehrte Tochter des Landschaftsmalers Emil Jakob Schindler und der Sängerin Anna von Bergen war in Künstlerkreisen aufgewachsen – ihr Stiefvater, der Maler Carl Moll, gehörte zum Kreis der „Wiener Secession“, der modernen Kunstrichtung. Sie fühlte sich selbst als Künstlerin, war vital, ehrgeizig und wollte durch eigenes

Schaffen Ruhm erlangen. In ihrer Rolle als Ehefrau des erfolgreichen Gustav Mahlers und als Mutter zweier Töchter – von denen eine als Kind starb – war sie unzufrieden und oft unglücklich. „Ich sterbe fast vor Sehnsucht nach dem Klavierspielen, aber ich habe den Zugang zur Musik verloren“, notierte sie in ihrem Tagebuch.

1910 kam der seit Jahren schwelende Konflikt zum Ausbruch. Alma Mahler verliebte sich in den Architekten und Gründer des Weimarer Bauhauses Walter Gropius und „wusste nun plötzlich, dass meine Ehe – keine Ehe –, mein eigenes Leben vollkommen unausgefüllt sei.“ Mahler, aufgerüttelt durch die Krise, interessierte sich nun auf einmal für ihre Kompositionen, drängte sie dazu, sie zu überarbeiten und ließ noch im selben Jahr fünf ihrer Lieder publizieren. Alma Mahler komponierte einige neue Lieder, musste aber feststellen, dass durch die zehnjährige Pause ein Bruch in ihrer künstlerischen Entwicklung eingetreten war, den zu überwinden sie sich nicht imstande fühlte.

Auch nach Gustav Mahlers Tod 1911 komponierte die junge Witwe nicht mehr. Sie umgab sich mit berühmten Männern, „Genies“ ihrer Zeit. Eine ekstatische Liebesaffäre mit Oskar Kokoschka, die der Künstler in der Windsbraut und weiteren Doppelakten darstellte, verlief dramatisch. Kokoschka, der damals wenig Erfolg hatte, versuchte, „eifersüchtig auf jeden fremden Einfluss, sie mit allen Mitteln zu isolieren“ (Kokoschka). Ende 1914 zerbrach diese Beziehung und Alma Mahler suchte in der Ehe mit Walter Gropius inneren Frieden und Sicherheit. Sie brachte Tochter Manon zur Welt – die mit 18 Jahren an den Folgen einer Kinderlähmung starb –, doch war sie weiterhin rastlos und auf der Suche. Die Ehe wurde geschieden, nachdem sie den dreizehn Jahre jüngeren, jüdischen Dichter Franz Werfel kennen gelernt und beschlossen hatte, mit ihm zusammenzuleben. Sie wurde 1929 seine Frau, inspirierte und unterstützte ihn,emigrierte mit ihm in die USA und lebte mit Werfel bis zu seinem Tod 1945 bei Los Angeles.

Ein Leben als Künstlerin hat sie

Die junge Alma Mahler, 1902

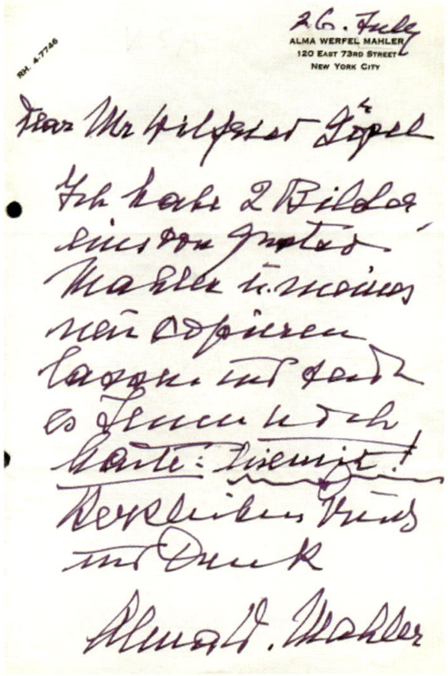

Brief Alma Mahler-Werfels an Wilfried Göpel

für sich selbst offenbar nicht mehr erwogen. In ihren Erinnerungen schrieb sie: „Ich habe damals (in der Ehe mit Gustav Mahler) meinen Traum begraben. Vielleicht ist es besser so gewesen. Ich habe, was ich an produktiven Gaben besaß, in anderen, größeren Hirnen ausleben dürfen. Irgendwo aber brannte eine Wunde in mir, die niemals ganz verheilt ist.“

Überliefert sind von Alma Mahler-Werfel nur 14 Lieder, die 1910, 1915 und 1924 publiziert wurden. Sie selbst starb 1964 im Alter von 85 Jahren, vierzig Jahre nach der Veröffentlichung ihrer letzten Komposition, in New York.

LITERATUR

- *Mahler-Werfel, Alma, Mein Leben. Autobiographie, Fischer Taschenbuch Verlag, Frankfurt/Main 1963*
- *Roster, Danielle, Die großen Komponistinnen, Insel Verlag, Frankfurt/Main 1998*
- *Wessling, Berndt W., Alma. Gefährtin von Gustav Mahler, Oskar Kokoschka, Walter Gropius, Franz Werfel, Claassen Verlag, Düsseldorf 1984*

Fritzi Massary

** 21. März 1882 in Wien*
† 30. Januar 1969 in Los Angeles
österreichische Sängerin und Schauspielerin

Eine Frau, die weiss, was sie will

Im Berlin der Vor-Nazizeit war sie fast drei Jahrzehnte lang eine Kultfigur. Als *Lustige Witwe*, *Czardasfürstin*, *Adele* in der *Fledermaus* oder *Madame Pompadour* eroberte sie die deutsche Hauptstadt, die nach dem Ersten Weltkrieg zur Vergnügungsmetropole Europas wurde. Der Aufstieg der Operette im Deutschland der 20er Jahre wäre ohne sie, die Königin der leichten Muse, undenkbar gewesen. Fritzi Massary, „die Preußin, die aus Österreich stammte", war der faszinierendste und höchst bezahlte Stern am Berliner Operetten- und Revuehimmel. Es soll Zuschauer gegeben haben, die 17-mal hintereinander eine Aufführung mit der Massary besuchten. Zu ihren leidenschaftlichsten Verehrern zählten die Offiziere der wilhelminischen Armee ebenso wie Künstler und Intellektuelle. Kritiker und Schriftsteller wie Kurt Tucholsky, Alfred Polgar und Ludwig Marcuse waren begeistert von der Operettendiva mit der erotisch-ästhetischen Ausstrahlung. „Halb Fürstin, halb Zirkusaktrice", so charakterisierte sie die Sängerin Lotte Lehmann.

Fritzi Massary in der Operette Die lustige Witwe

Die vielseitige und doch unverwechselbare Massary sang die oft seichten Lieder der unterhaltsamen Bühnenstücke derart hinreißend, dass Theaterleute sie für große Rollen wollten. Mit ihrem Charme, ihrer lebhaften, kessen Art, ihrer tänzerisch-beschwingten Grazie und den exquisiten Garderoben machte sie Operette

und Revue zu großen Ereignissen und auch für die bessere Gesellschaft akzeptabel. „Jede Massary-Premiere war eine Mischung von Volksfest und feudalem Gala-Gepränge", schrieb der Feuilletonist George Salmony: „Große Auffahrt, eine Wolke von Pelz, Pailletten und Pleureusen, diplomatisches Corps, literarische Auguren, die Stammkundschaft der Salons und exklusiven Bars – das, was man ‚tout Berlin' zu nennen pflegte", war bei den Aufführungen zugegen.
Friederike Masareck (in manchen Quellen auch Massarik) entstammte einer jüdischen Kaufmannsfamilie, die in Wien lebte, und wuchs in bescheidenen Verhältnissen auf. Als Kind träumte sie – wie so viele Mädchen in diesem Alter –, einst auf der Bühne zu stehen. Von klein an ehrgeizig, zielstrebig und diszipliniert setzte sie durch, dass sie als Schülerin Gesangsunterricht erhielt. Bereits mit 16 Jahren trat Fritzi Massary in Wien und in der österreichischen Provinz als Soubrette und Chansonette auf, später auch in Hamburg und Moskau. Der Direktor des Berliner Metropol-Theaters hörte sie singen und interessierte sich für sie. So kam sie 1904 nach Berlin, wo sie weiter Unterricht nahm und in wenigen Jahren vom kleinen Revuegirl zum gefeierten Star des Metropol-Theaters und schließlich der großen Berliner Bühnen wurde. Sie glänzte in Operettenklassikern, aber auch auf der Sprechbühne, etwa als *Nina* in einem Stück ihres Schwiegersohns

Fritzi Massary, die Königin der leichten Muse – Porträtaufnahmen, um 1910 (links) und 1925 (rechts)

Bruno Frank – der Schriftsteller war mit Liesl Masareck, verheiratet, der unehelichen und einzigen Tochter der Sängerin. Für Fritzi Massary wurden eigens Rollen verfasst und komponiert. Der Massary-Kult ging über die Bühne hinaus: Rosen, Pralinen, Hüte und Zigaretten wurden nach ihr benannt, doch 1933, mit der Machtergreifung der Nationalsozialisten, endete die Zeit des rauschenden Erfolgs. Als „eine Frau, die weiß, was sie will" nahm sie – schwärmerisch gefeiert – Abschied von Berlin und von Deutschland.
Mit ihrem zweiten Ehemann, dem Schauspieler und Komödianten Max Pallenberg – ebenfalls Wiener und Kind jüdischer Vorfahren –, ging sie 1933 nach Wien und gastierte an verschiedenen Theatern. 1934 kam Pallenberg bei einem Flugzeugabsturz ums Leben, nachdem das Paar kurze Zeit vorher eine erfolgreiche Südamerika-Tournee absolviert hatte. Der Tod ihres Mannes, das Ende ihrer Karriere stürzten sie in psychische Krisen. Sie emigrierte zuerst nach London, ging schließlich in die USA und lebte seit 1939 in Beverly Hills bei Los Angeles. Befreundet mit Klaus Mann, Alma Mahler-Werfel und anderen Vertriebenen aus den goldenen Zwanzigern in Berlin führte sie dreißig Jahre lang ein komfortables, aber zurückgezogenes Leben in Kalifornien. Im Alter von fast 87 Jahren verstarb sie am 31. Januar 1969 in Hollywood.

LITERATUR
- *Bauer, Elisabeth Eleonore, Fritzi Massary. Eine Frau, die weiß, was sie will, in: Sigrun Anselm, Barbara Beck (Hgg.), Triumpf und Scheitern in der Metropole. Zur Rolle der Weiblichkeit in der Geschichte Berlins, Dietrich Reimer Verlag, Berlin 1987*
- *Pacher, Maurus, Sehn Sie, das war Berlin. Weltstadt nach Noten, Ullstein Taschenbuch Verlag, Frankfurt/Main, Berlin 1987*
- *Stern, Carola, Die Sache, die man Liebe nennt. Das Leben der Fritzi Massary, Rowohlt Berlin Verlag, Berlin 1998*

Elly Ney

** 27. September 1882 in Düsseldorf*
† 31. März 1968 in Tutzing, Oberbayern
deutsche Pianistin

Unter Beethovens Stern

„Elly Ney ist in ihrer ganzen Art pathetische Spielerin, eine Natur, die in elementaren Donnerwettern, in titanischen Kraftausbrüchen, im Kult eines breiten Klaviertons von orchestraler Fülle wurzelt, aber auch ... in der Darstellung des lyrischen Empfindungsmoments zu Hause ist. Denn im Kreis ihrer Persönlichkeit liegt auch das Zarte und Süße; Beseelung und ausstrahlende Wärme ward ihr nicht vorenthalten", beschrieb der Hamburger Musikkritiker Ferdinand Pfohl die junge Pianistin. Sie war eine auffallende Erscheinung von walkürenhafter Gestalt, mit athletisch geformten Armen und wild gelockter Mähne, die am Flügel in wallendem Gewand und mit entrücktem Blick das Pathos ihres Spiels entfachte. Elly Ney wuchs mit den Klängen Beethovens auf. Er war der Lieblingskomponist ihrer Mutter, einer Musiklehrerin, die dafür sorgte, dass sein Geist ihre Tochter von Anfang an begleitete. „Beethoven blieb die Sonne, die mich anzog, wenn ich einmal abschweifte, die mich immer wieder in ihr Kraftfeld zurückzog." Ihre große musikalische Begabung zeigte sich im frühen Kindesalter, so dass die Mutter bereits das kleine Mädchen im Klavierspiel unterrichtete und Elly Ney schon als 10-Jährige im

Die Pianistin Elly Ney in einer Porträtaufnahme um 1935

„Ich versuchte immer wieder, zu der Quelle jenes Lichtes hinzuführen, aus der auch Beethoven geschöpft hat, und ich habe immer geglaubt, dass dieses Licht auch in allen Menschenseelen ohne Ausnahme leuchtet.“

Kölner Konservatorium aufgenommen wurde. Nach neun Jahren Konservatorium begann das junge Talent ein weiteres Studium bei dem bedeutenden Wiener Musikpädagogen Emil von Sauer, von dem sie 1903 ihr Diplom als ausgebildete Schülerin der Meisterklasse erhielt. Zusammen mit ihrem Ehemann, dem Geiger Willem van Hoogstraaten – mit ihm bekam sie ihre einzige Tochter Eleonore – und mit dem Cellisten Fritz Reiß gründete sie 1914 ein erstes „Elly Ney Trio“, machte Konzertreisen nach Petersburg, Stockholm, Warschau und London und war bald in allen europäischen Konzertzentren zu Hause. Dann bereiste sie Amerika. Erste Sprachkenntnisse, so heißt es, soll sie sich während der Überfahrt angeeignet haben: aus einer Bibel, in der deutsche und englische Texte gegenübergestellt waren. 1921, bei ihrem ersten Konzert in der New Yorker Carnegie Hall, spielte sie ausschließlich Beethoven. Der Abend war ein voller Erfolg, die Pianistin eroberte Amerika. Sie trennte sich von Hoogstraaten und ging eine zweite, kurze Ehe mit dem amerikanischen Kohlenbergwerksdirektor Paul Allais ein. 1930 kehrte sie nach Europa zurück. Fast jeden Abend musizierte sie an einem anderen Ort. 126 Auftritte in Solo-, Trio- und Orchesterabenden hatte sie allein in der Saison 1932/33.
Als Elly Ney sich ihrem 50. Lebensjahr näherte, engagierte sie sich vor allem in Bonn. Sie war Mitbegründerin der Bonner Musiktage, die damals, in den Anfangszeiten, ganz unter dem Zeichen Beethovens standen – das Werk des musikalisch einzigartigen Genies sollte für jedermann erfahrbar werden. Doch Elly Ney wurde im Lauf der folgenden Jahre aus ihrer Position gedrängt. Man entschied sich in der Bundeshauptstadt für eine möglichst bunte Folge von Solisten und vergaß darüber Beethoven und Elly Ney.
Hinzu kam, dass sie nach dem Krieg in Ungnade fiel: Obwohl ihr 1928 von der Stadt Bonn das Ehrenbürgerrecht verliehen worden war, wollte man sie nicht mehr beim Beethoven-Fest dabei haben, da sie eine „prononcierte Nationalsozialistin“ gewesen sei. Tatsächlich hatte Elly Ney während der Nazizeit und während des Krieges nicht nur in Lazaretten, Krankenhäusern und Schulen gespielt, sie hatte sich auch vor den ideologischen Karren des Dritten Reiches spannen lassen – als Inbegriff deutschen Künstlertums. Diese Haltung wurde von wohlwollenden Bewunderern mit der politischen Naivität der Pianistin begründet. Später versöhnte sich die Stadt Bonn wieder mit Elly Ney, die immerhin nach dem Krieg eine großzügige Gagenspenderin für den Bau der Bonner Beethoven-Halle war.
Bis kurz vor ihrem Tod gab Elly Ney Konzerte. Eine abgeklärte Innerlichkeit dominierte ihr Altersspiel. Mitunter ließ die greise Meisterin in der Hingabe an die Musik versehentlich ganze Passagen weg. „Das Technische des Klavierspiels war ihr auf erhabene Weise gleichgültig geworden“, heißt es in einem Nachruf auf die 1968 verstorbene Künstlerin.

Elly Ney bei einem Kammermusikabend 1949

Literatur

- *Hoogstraaten, Eleonore van (Hg.), Worte des Dankes an Elly Ney, Hans Schneider Verlag, Tutzing 1968*
- *Maurina, Zenta, Begegnung mit Elly Ney. Eine Danksagung, Dietrich Verlag, Memmingen 1956*
- *Ney, Elly, Ein Leben für die Musik, Verlag Franz Schneekluth, Darmstadt 1952*

Kirsten Flagstad

** 12. Juli 1895 in Hamar*
† 7. Dezember 1962 in Oslo
norwegische Sängerin

Die skandinavische Wagner-Heroine

Kirsten Flagstad besaß eine der reichsten und kraftvollsten Sopranstimmen des 20. Jahrhunderts. Als bedeutende Wagner-Interpretin errang sie in New York – dem Zentrum ihrer künstlerischen Tätigkeit von 1935 bis 1941 – eine derartige Popularität, dass manche Kritiker die amerikanischen Wagner-Aufführungen in die Epoche „vor und nach Kirsten" einteilten.
Die im norwegischen Hamar geborene Sängerin wuchs in einer Familie professioneller Musiker auf. Der Vater war Dirigent, die Mutter eine renommierte Gesangslehrerin. Früh erkannten die Eltern die außerordentliche musikalische Begabung ihrer Tochter („Ich war mit einer schon platzierten Stimme geboren"), förderten und schulten sie entsprechend. Das Mädchen erhielt Klavierunterricht und Gesangsstunden und stand mit 18 Jahren zum ersten Mal am Nationaltheater in Oslo auf der Bühne: als *Nuri* in der Oper *Tiefland* von Eugen d'Albert.
Während der folgenden knapp

Kraftvolle Sopranstimme: Kirsten Flagstad

zwanzig Jahre trat Kirsten Flagstad ausschließlich in Skandinavien auf. Sie eignete sich über 70 Rollen an, sang Operetten- und Opernpartien von Händel bis Puccini und durchlief in diesen Jahren einen stimmlichen Reifeprozess von der Soubrette zum hochdramatischen Sopran.
Als Wagner-Interpretin erregte sie erstmals 1932 mit ihrer *Isolde* in Oslo Aufmerksamkeit und

Kirsten Flagstad in jungen Jahren

der legendäre Bassist Alexander Kipnis machte Bayreuth auf sie aufmerksam. Das war der Auftakt zu Kirsten Flagstads internationaler Karriere als Wagner-Heroine. 1933 hatte sie ihr Bayreuther Debüt als *Ortlinde* und *dritte Norn* im *Ring des Nibelungen*. Sie überzeugte offenkundig, denn im folgenden Jahr wurden ihr die Partien der *Sieglinde* und *Gutrune* angeboten.
Ein Sängeragent der Metropolitan Opera in New York hörte und verpflichtete die Flagstad und schon 1935 debütierte sie an der Met als *Sieglinde*. Die unbekannte Sängerin aus Oslo machte Furore in Amerika.
Nach den ersten Tönen Kirsten Flagstads soll der Dirigent staunend den Taktstock fallen gelassen und der Sänger des *Siegmund* seinen Einsatz verpasst haben: „An die Met kam gestern eine neue Sängerin, die einen unmittelbaren und unwiderstehlichen Eindruck beim Publikum hinterließ", so die Premieren-Kritik in der *Times*. „Keine Sieglinde der letzten zehn Jahre … hat hier derart beeindruckt – durch Stimme, durch Bühnenpräsenz, Intelligenz und dramatische Wahrhaftigkeit."
An der New Yorker Met sang Kirsten Flagstad bis 1941 fast alle großen Wagner-Partien und machte Wagner-Opern zu Kassenschlagern am Broadway. Obendrein trat sie während dieser Jahre in London und Wien auf und bewältigte jährlich an die 100 Aufführungen.

„Wenn je eine große Sängerin, so hat Flagstad den Satz Stendhals widerlegt, dass jeder große Sänger ein Geschöpf der Nerven sei – sie konnte sich auf die Stimmbänder verlassen wie ein Athlet auf seine Muskeln."
Jürgen Kesting

1941 kehrte Flagstad nach Norwegen und zu ihrem Mann, dem Kaufmann Henry Johansen, zurück – durch den Krieg war ihre Karriere unterbrochen. Nach Kriegsende wurden sie und ihr Mann der Kollaboration mit den Deutschen beschuldigt, was ihr unangenehme Kampagnen eintrug und ihrem Ruf in Amerika schadete. Bei einer USA-Tournee 1947 aber gewann sie die Sympathien zurück. Sie begeisterte und feierte Triumphe wie ehedem.
In den folgenden Jahren machte die Sängerin einige Plattenaufnahmen, darunter die Gesamtaufnahme von *Tristan und Isolde* unter der Leitung Wilhelm Furtwänglers, eine einzigartige und bis heute unerreichte Interpretation. Obwohl schon 54 Jahre alt, sang Flagstadt „mit imponierender Autorität, berückend in vielen lyrischen Momenten und emphatisch in den heroischen", befand der Musikkenner Jürgen Kesting.
Insgesamt konzentrierte sich die Sängerin in den 50er Jahren zunehmend auf den Liedgesang. Ebenfalls unter Wilhelm Furtwängler sang sie in der Royal Albert Hall in London Richard Strauss' *Vier letzte Lieder*. Auch einige ihrer schönsten Schallplatten mit Werken von Beethoven, Schubert, Grieg und Sibelius stammen aus dieser Zeit.
1955 stand Kirsten Flagstad zum letzten Mal auf der Bühne. Als 1958 in Oslo die Nationaloper gegründet wurde, übernahm sie die Direktion, musste jedoch 1960 diesen Posten wegen Krankheit wieder aufgeben. Im Dezember 1962 starb die große norwegische Sängerin – im Alter von nur 67 Jahren – in Oslo.

Literatur

- *Blume, Georg (Hg.), Musik in Geschichte und Gegenwart. Allgemeine Enzyklopädie der Musik, unter Mitarbeit zahlreicher Musikforscher des In- und Auslandes, 17 Bände, dtv und Bärenreiter-Verlag, München 1989*
- *Fischer, Jens M., Große Stimmen. Von Enrico Caruso bis Jessey Norman, J.B. Metzler Verlag und C.E. Poeschel Verlag, Stuttgart 1993*
- *Kesting, Jürgen, Die großen Sänger des 20. Jahrhunderts, Econ Verlag, Düsseldorf 1993*

Lotte Lenya

** 18. Oktober 1898 in Wien*
† 27. November 1981 in New York
österreichische Sängerin und Schauspielerin

Die Seeräuberjenny

Lotte Lenya in einer Aufnahme von 1930

Sie war Symbolfigur einer Epoche – mit ihrem markanten Timbre und ihrem unverwechselbaren Gesangsstil wurde sie zur wichtigsten Interpretin der Brecht/Weill-Kompositionen und trug entscheidend zu deren Erfolg bei. Berühmt wurde sie v.a. mit der *Seeräuberjenny*. Die *Zuhälter-Ballade* sang sie mit energiegeladener Stimme, in der laszive Sinnlichkeit, Aggressivität und Kälte mitschwangen. Die Ballade wurde zu ihrer Erkennungsmelodie. 1928, bei der Berliner Uraufführung der *Dreigroschenoper*, war Lotte Lenya in der Rolle der *Seeräuberjenny* das Bühnenereignis und erlebte den Durchbruch als Sängerin und Schauspielerin. „Wer war die? Die war sehr, aber sehr gut", schrieb der Berliner Starkritiker Alfred Kerr, denn ausgerechnet Lenyas Name stand nicht auf dem Programmzettel. „Die wird bald an der szenischen Front sein", prognostizierte Kerr. Er lag richtig.
Lotte Lenya erblickte als Karoline Wilhelmine Charlotte Blamauer in Wien das Licht der Welt. Sie kam aus einfachen Verhältnissen – der Vater war Lohnkutscher, die Mutter Wäscherin – und verlebte ihre frühen Jahre im Arbeiterbezirk Penzing. Schon als Kind trat sie als Akrobatin in einem Zirkus auf. Noch vor Ausbruch des Ersten Weltkriegs zog sie zu ihrer Tante nach Zürich und machte dort eine Tanz- und Schauspielausbildung. Sie nannte sich Lotte Lenya, ergatterte immer mal wieder eine Rolle am Theater und hatte wechselnde Liebhaber.
Anfang der 20er Jahre ging sie nach Berlin und lernte hier 1924 den jungen jüdischen Komponisten Kurt Weill kennen. Zwei Jahre später heirateten die beiden und blieben sich, unterbrochen von einer Scheidung und Wiederheirat, bis zu Weills Tod im Jahre 1950 tief verbunden. Die bis dahin erfolglose Nachwuchsschauspielerin Lenya inspirierte Weill und wurde seine beste Interpretin: „Wenn mir was einfällt, fällt es mir immer für Lotte ein", bekannte er und: „Sie kann keine Noten lesen, aber wenn sie singt, dann hören die Leute zu wie bei Caruso." Das

war tatsächlich so. Diese zierliche Person zog mit ihrem frechen, unbefangenen Stil, mit ihrem sinnlichen Stimmklang und ihrer lebensprallen Kreatürlichkeit das Publikum in ihren Bann.
Mit der *Dreigroschenoper*, *Happy End* und *Mahagonny* feierte das Trio Lenya-Weill-Brecht große Erfolge. Gleichzeitig war Lotte Lenya nun auf den Berliner Bühnen gefragt und sang die

Lotte Lenya in der Uraufführung von Aufstieg und Fall der Stadt Mahagonny

„Wenn ich mich nach dir sehne, so denke ich am meisten an den Klang deiner Stimme, den ich wie eine Naturkraft, wie ein Element liebe. In diesem Klang bist du für mich ganz enthalten. Alles andere ist nur ein Teil von dir. Und wenn ich mich in deine Stimme einhülle, bist du ganz bei mir."
Kurt Weill an Lotte Lenya im Juli 1926

Seeräuberjenny in der G. W. Pabst-Verfilmung der *Dreigroschenoper*. 1933 ging sie mit Kurt Weill in die Emigration, erst nach Paris, wo sie in *Die sieben Todsünden*, einer weiteren Gemeinschaftsproduktion von Brecht und Weill, auftrat. 1935 emigrierten Lenya und Weill nach Amerika.
Hier spielte sie Filmrollen, unter anderem die *Agentin Klep*, die Gegnerin James Bonds, in *Liebesgrüße aus Moskau*. Der künstlerische Durchbruch gelang ihr dort aber erst 1954 – wieder mit ihrer Paraderolle aus der *Dreigroschenoper*, die sie dann sieben Jahre lang spielte – mit belegter, inzwischen schon brüchiger Stimme, aber ausdrucksstark wie ehedem.
Gleichzeitig engagierte sie sich durch Konzertreisen und Schallplattenaufnahmen für die Wiederverbreitung der Brecht/Weill-Werke in Deutschland

Zeitschriftenwerbung für eine Schallplatte in Gondel, *1956*

und Europa. Sie trat in Frankfurt in der deutschen Erstaufführung der *Sieben Todsünden* auf. Erfolge feierte sie 1965 bei den Ruhrfestspielen in Recklinghausen als *Mutter Courage* sowie in New York als *Fräulein Schneider* in einem Musical, das nicht von Weill stammte – *Cabaret*.
Noch zweimal war Lotte Lenya nach Weills Tod verheiratet, mit den Amerikanern George Davis und Russell Detwiler. Bis ins hohe Alter tingelte sie zwischen Europa und Amerika hin und her und stand immer wieder auf der Bühne. 1977 wurde Krebs diagnostiziert, vier Jahre später, im November 1981, starb die ewige *Seeräuberjenny* in New York.

LITERATUR

- *Lenya, Lotte, Kurt Weill, Sprich leise, wenn du Liebe sagst. Der Briefwechsel Kurt Weill – Lotte Lenya, Kiepenheuer & Witsch Verlag, Köln 1998*
- *Rosteck, Jens, Zwei auf einer Insel. Lotte Lenya und Kurt Weill, Propyläen-Verlag, Berlin 1999*
- *Spoto, Donald, Die Seeräuber-Jenny. Das bewegte Leben der Lotte Lenya, aus dem Amerikanischen von Michaela Grabinger, Droemer Knaur Verlag, München 1990*

Maria Cebotari

** 10. Februar 1910 in Kischinew in Bessarabien*
† 9. Juni 1949 in Wien
russische Kammersängerin

Vibrierende Intensität

Die Gabe des schönen Gesangs war Maria Cebotari in die Wiege gelegt worden. Von Anfang an sorgte ihre Stimme für Aufsehen. Bereits als Kind sang sie in Gottesdiensten und bezauberte durch ihre stimmlichen Fähigkeiten auf Familienfesten und gesellschaftlichen Feierlichkeiten in Kischinew. Ihre Begabung fiel auf und Musikfreunde ermöglichten dem 14-jährigen Mädchen den Besuch des städtischen Konservatoriums. Auch Mitglieder des „Moskauer Künstlertheaters“ wurden während eines Gastspiels in Kischinew auf die außergewöhnliche Stimme der Cebotari und ihre schauspielerische Veranlagung aufmerksam. Für die Verstärkung des Chors in einer Aufführung von Tolstois *Der Lebende Leichnam* wurde sie kurzerhand engagiert.

Porträt von Maria Cebotari, um 1935

Noch minderjährig schloss sie sich der Truppe an und heiratete in Paris den Regisseur und Hauptdarsteller des „Moskauer Künstlertheaters“, Alexander von Wyruboff. Ihm verdankte die Cebotari ihre künstlerische Weiterentwicklung. Nach einem Gastspiel in Berlin brannte die junge Sängerin ihrem Prinzipal durch, um an der Staatlichen Hochschule für Musik in der Reichshauptstadt ihre Stimme weiter auszubilden. Sie war ehrgeizig und wollte nicht an einem mittelmäßigen Theater dahinwelken. Drei Monate später

wechselte sie zur Dresdner Staatsoper und am 15. April 1931 debütierte sie in Dresden in der Rolle der *Mimi* in Puccinis Oper *La Boheme*. Der Auftritt war ihr Durchbruch.
Mittlerweile beherrschte sie die deutsche Sprache, daneben Russisch und Rumänisch ebenso wie Französisch und Italienisch. Sie arbeitete konzentriert und fleißig und konnte sich außerordentlich schnell neue Partien aneignen. So folgte eine Rolle der nächsten und jede Figur füllte die zierliche Cebotari mit großer Ausstrahlung und kraftvollem Ausdruck. Sie galt als eine der schönsten Sängerinnen ihrer Zeit. Ihr Sopran vibrierte von tief gefühltem menschlichem Ausdruck. Den krönenden Abschluss ihrer Jahre in Dresden bildete 1935 die Uraufführung der *Schweigsamen Frau* von Richard Strauss, in der sie die *Aminta* sang. Der Erfolg war überwältigend. Strauss verfolgte begeistert die Aufführung, bewunderte die Cebotari später in weiteren seiner Opern und bestand auf ihr als Interpretin seiner Orchesterlieder. Auch Bruno Walter war von ihr sehr angetan. Er engagierte sie für die Salzburger Festspiele, wo sie in Werken Glucks und Mozarts auftrat. Im selben Jahr wechselte sie von der Dresdner an die Berliner Staatsoper. Gerade erst 24-jährig wurde sie zur Kammersängerin ernannt.
Wenig später begann Maria Cebotaris Filmkarriere. Zwischen 1936 und 1942 spielte sie in acht Filmen. Zwar ließ das Niveau der Filme zu wünschen übrig, doch ihrer großen Anziehungskraft tat dies keinen Abbruch. Vom ersten Film an interessierte sich die Boulevardpresse für das Leben der jungen, attraktiven, exotisch angehauchten Frau. Die Öffentlichkeit wurde ausführlich informiert über die privaten Verhältnisse der Cebotari, über ihre Ehe mit einem wesentlich älteren Russen sowie über die Beziehung zu ihrem Filmpartner Gustav Diessl, den sie 1938 heiratete. Solange es die politischen Ereignisse zuließen, gastierte sie auf den großen Bühnen Europas und schöpfte aus ihrem vielseitigen Repertoire. Sie hielt Deutschland während und auch nach dem Krieg die Treue. 1948 starb ihr Mann Gustav Diessl. Er ließ Maria Cebotari mit zwei kleinen Kindern zurück. Sie selbst war, ohne es zu wissen, zu diesem Zeitpunkt bereits unheilbar an Leberkrebs erkrankt. Als sie im Alter von nur 39 Jahren in Wien starb, hatte sie eine ungewöhnliche Karriere hinter sich. Das traurige Schicksal der Cebotari-Waisen bewegte noch lange die Öffentlichkeit. Sie wurden hin und her geschoben. Die berühmte Primadonna, die im privaten Leben die Zurückgezogenheit liebte, hatte nichts hinterlassen. Schließlich adoptierte der englische Pianist Clifford Curzon die Waisen.

Maria Cebotari und ihr Mann, Gustav Diessl

Literatur

- *Fischer, Jens Malte, Große Stimmen. Enrico Caruso bis Jessey Norman, J.B. Metzler Verlag, Stuttgart 1993*
- *Honolka, Kurt, Die großen Primadonnen, Heinrichshofen's Verlag, Wilhelmshaven 1982*
- *Mingotti, Antonio, Maria Cebotari. Das Leben einer Sängerin, Hellbrunn-Verlag, Salzburg 1950*

Mahalia Jackson

** 26. Oktober 1911 in New Orleans*
† 27. Januar 1972 in Chicago
amerikanische Gospelsängerin

Die Königin des Gospels

Mahalia Jackson, die große Gospelsängerin, war „eine Künstlerin, die nicht nur durch die jubilierende Macht ihrer Stimme überwältigte, sondern auch durch die Kraft der Vergegenwärtigung. Jedes Bild, von dem sie berichtete, leuchtete wie durch Zauber in sinnlich-ekstatischen Farben auf. Wenn sie das Lied von Josua und den Mauern von Jericho sang, hörte man nicht nur die vertrauten Zeilen. Man sah jeden Stein einzeln fallen." So beschrieb der Jazz-Kenner und Musikkritiker Werner Burkhardt die amerikanische Sängerin, die den Gospel-

Mahalia Jackson bei einem Konzert in Berlin, Ende der 60er Jahre

gesang weltbekannt machte und durch ihre Musik berühmt wurde. Zeit ihres Lebens hat Mahalia Jackson immer nur religiöse Lieder gesungen und sich geweigert, weltlichen Blues oder Jazz zu interpretieren oder mit ihren Gospels in Bars aufzutreten. „Der Blues ist das Lied eines gebrochenen Geistes", pflegte sie zu sagen, „er ist ohne Hoffnung. Meine Gospelsongs sind Lieder der Hoffnung und des Glücks. Wenn ich singe, ist Gott bei mir."

> *„Ich hoffe immer, dass mein Singen dazu beiträgt, den Hass und die Furcht abzubauen, die die weißen und schwarzen Menschen in diesem Land trennen."*

Mahalia Jackson kam 1911 in New Orleans, der Wiege des Jazz, als drittes von sechs Kindern zur Welt. Sie wurde fromm erzogen – der Vater, ein Hafenarbeiter und Friseur, war Laienprediger in der Baptistengemeinde – und lernte in der Kirche die Musik ihrer Vorfahren, die alten Spirituals und Hymnen, kennen, kam aber natürlich auch von klein an mit dem gesamten Spektrum der Schwarzen-Musik ihrer Stadt in Berührung: den Straßenkapellen, dem Blues von Jelly Roll Morton, Ma Rainey und Bessie Smith, die ihr zum musikalischen Vorbild wurde. Die Schallplatten dieser großen Bluessängerin hörte sie wieder und wieder und schulte ihre Stimme am Ausdruck und Stimmvolumen ihres Idols.
Mit 14 Jahren verließ Mahalia Jackson die Schule, arbeitete als Wäscherin und Dienstmädchen und ging zwei Jahre später nach Chicago. Wie damals viele Farbige verließ sie den rassistischen Süden mit der Hoffnung auf ein besseres Leben im liberaleren Norden der Staaten. In Chicago arbeitete Jackson als Hotelangestellte, später betrieb sie einen Kosmetik-, dann einen Blumenladen. Gleichzeitig sang sie im Kirchenchor und als Solistin im Sängerquintett in verschiedenen Baptisten-Gemeinden und machte sich allmählich einen Namen. Die Kirchen der Schwarzen luden die Sängerin mit dem beseelten Ausdruck und der ekstatischen Vortragsweise ein und waren begeistert.
1934 spielte Mahalia Jackson ihre erste Schallplatte ein, 1945 hatte sie in Amerika den großen Durchbruch mit *I will move on up a little higher (Ich möchte höher hinauf)*. In den 50er Jahren trat sie in der Carnegie Hall in New York, im Radio und Fernsehen auf, ging auf Tourneen nach Europa und Asien – mit beispiellosem Erfolg. Immer wieder versetzte sie in ihren Konzerten riesige Auditorien in Begeisterung und Ekstase. Menschen, die sich um Gott und Jenseits keine Gedanken machten, waren hingerissen von dieser einfachen Frau, die mit ihrem ganzen massigen Körper ihre Hingabe und Gläubigkeit zum Ausdruck brachte.
In den 60er Jahren engagierte sich Mahalia Jackson in der schwarzen Bürgerrechtsbewegung – sie war, trotz ihrer Berühmtheit, mit massiven Diskriminierungen konfrontiert: Ihr Haus in einem weißen Stadtteil von Chicago wurde beschossen, die weißen Bewohner zogen schließlich weg. Eng befreundet mit Martin Luther King war sie im August 1963 beim „Marsch der Zweihundertfünfzigtausend" nach Washington dabei, als die Bürgerrechtsbewegung das Ende der Rassendiskriminierung forderte. Ehe Martin Luther seine legendäre Rede „Ich habe einen Traum ..." hielt, sang Mahalia Jackson vor der Menschenmenge eine alte Sklavenklage. Auch bei den späteren Demonstrationen der Bürgerrechtsbewegung trat Jackson auf und sang ihre Gospels. Mitte der 60er Jahre erlitt die Königin des Gospels Herzattacken. Mehrfach musste sie Konzert-Tourneen unterbrechen, konnte Bühnenauftritte nur mit äußerster Kraftanstrengung durchhalten. Mahalia Jackson, die zweimal verheiratet war, starb 1972 – erst 60-jährig – einsam in einem Krankenhaus in Chicago an Herzversagen.

LITERATUR

- *Burkhardt, Werner, Blüten aus dem Sumpf, in: ZEITmagazin vom 28. Oktober 1977*
- *Jackson, Mahalia, Mein Leben. Mahalia Jackson erzählt zusammen mit Evan McLeod Wylie die Geschichte ihres Lebens, aus dem Amerikanischen von Annemarie Oesterle, Flamberg Verlag, Zürich 1969*
- *Lehmann, Theo, Mahalia Jackson. Gospels sind mein Leben, Union Verlag, Berlin 1974*

Edith Piaf

** 19. Dezember 1915 in Paris*
† 11. Oktober 1963 in Paris
französische Chansonsängerin

Der Spatz von Paris

Edith Piaf in dem Film Stern ohne Namen, *um 1945*

„Das Leben ist wundervoll. Es gibt Augenblicke, da möchte man sterben. Aber dann geschieht etwas Neues und man glaubt, man sei im Himmel", bekannte Edith Piaf gegenüber einem Journalisten, als sie nach einer schmerzvollen Zeit tiefer Trauer gerade mal wieder in einer Woge des Glücks schwamm. So lebte sie – leidenschaftlich alle Höhen und Tiefen auskostend – und so sang sie. Die Geschichten und Gefühle, um die sich ihre Chansons drehten, waren ihre eigenen: Darin lag die große Faszination dieser Frau und dieser Stimme.
Das kurze Leben der Edith Giovanna Gassion könnte Stoff für ein Rührstück sein. 1915 als Tochter eines Akrobaten und einer Jahrmarktsängerin in Paris geboren wurde sie früh von ihrer Mutter verlassen und verbrachte ihre ersten Lebensjahre bei ihrer Großmutter, die in einem Bordell in der Normandie arbeitete. Das zarte, anfällige Mädchen erblindete fast als 3-Jährige, wurde aber wieder geheilt. Als der Vater, aus dem Krieg zurückgekehrt, erneut als fahrender Artist zu reisen begann, holte er seine Tochter zu sich, um sie zur Akrobatin auszubilden. Doch die kleine Edith war körperlich zu schwach und trat stattdessen als Sängerin auf.
1930 war sie wieder in Paris und ging nun ihre eigenen Wege. Sie fing an, in einer Schuhfabrik zu arbeiten, trat als Straßensängerin auf und brachte 17-jährig ein

„Für mich hat es im Leben stets nur zwei wahre Dinge gegeben: die Liebe und meine Chansons.“

Mädchen zur Welt, das aber zwei Jahre später starb. Sie zog mit wechselnden Begleitern durch die Straßen, Kasernen und Kneipen des Montmartre und Pigalle und sang – Schlager, sentimentale Liedchen und Schnulzen. Jahre großer Armut waren vergangen, bis Louis Leplée, Besitzer eines Kabaretts und Künstlertreffs in Paris, auf die talentierte Straßensängerin aufmerksam wurde und sie engagierte. Als Piaf – Spatz von Paris – stellte er sie wenig später in seiner Revue dem prominenten Publikum vor. Das Debüt der kleinen Sängerin mit der einmaligen Stimme war erfolgreich. Maurice Chevalier soll nach der Vorstellung hinter die Bühne gelaufen sein und ihr eine große Zukunft vorausgesagt haben. Edith Piaf stand am Beginn einer sensationellen Karriere, die sie zwei Jahrzehnte später zu einer der bestbezahlten Sängerinnen der Welt machen sollte. Sie begegnete neuen Förderern und Agenten, die ihr Potential erkannten. Einer davon, der Liedermacher Raymond Asso, wurde ihr Geliebter und künstlerischer Berater, weitere Freunde und Geliebte waren der Musikverleger Raoul Breton, die Konzertpianistin Marguerite Monnot, der Schriftsteller Jean Cocteau, der für sie und ihren späteren Liebhaber, den Schauspieler Paul Meurisse, den Einakter *Le bel indifférent* schrieb, und die Schauspielerin Marlene Dietrich, mit der sie eine langjährige Freundschaft verband. Edith Piaf übernahm Rollen in Spielfilmen, die, meist schlicht und sentimental, getragen wurden von der Sängerin mit der großen Stimme. Und sie feierte Erfolge als Chanteuse, faszinierte die Welt Jahr für Jahr mit einem neuen Repertoire. Rund 300 Chansons sang sie, die meisten für sie geschrieben und durch ihre Interpretation fest mit ihrem Namen verbunden: Die Lieder *Milord, La vie en rose* und *Padam ... Padam* sind Bestandteil des „Mythos Piaf“.
Nachdem sie berühmt geworden war, förderte sie selbst junge Talente, darunter die damals noch unbekannten Sänger Yves Montand, Charles Aznavour, Georges Moustaki, von denen viele ihre Liebhaber wurden. Die Liebe, die sie in ihren Chansons beschwor, suchte sie ihr Leben lang, fand und verlor sie wieder. Einer der schwersten Verluste war der Tod ihrer großen Liebe, des Boxweltmeisters Marcel Cerdan, der bei einem Flugzeugabsturz ums Leben kam. Neue Liebhaber folgten, eine Ehe, die bald zerbrach, Enttäuschungen und Unglück: Autounfälle, Krankheiten, Operationen, Zusammenbrüche,

Edith Piaf kurz vor ihrem Tod, 1963

Alkohol- und Drogensucht, Entziehungskuren. Aber immer wieder feierte die Sängerin große Triumphe, zuletzt mit ihrem berühmtesten Chanson *Non, je ne regrette rien – Nein, ich bereue nichts!* Dieses Lied, das sie drei Jahre vor ihrem Tod zum ersten Mal sang, war Leitmotiv ihres Lebens und zieht bis heute die Zuhörer in seinen Bann. 1962 gab die todkranke Piaf ihrer Umwelt noch einmal Anlass, schockiert und gerührt zu sein, als sie den zwanzig Jahre jüngeren griechischen Sänger Theo Sarapo heiratete. Ein knappes Jahr später starb sie 47-jährig an Krebs. Zehntausende begleiteten ihren Sarg, als sie am 14. Oktober 1963 auf dem Pariser Friedhof Père Lachaise beerdigt wurde.

LITERATUR

- *Crosland, Margaret, Piaf, F.A. Herbig, München, Berlin 1986*
- *Lange, Monique, Edith Piaf. Die Geschichte der Piaf. Ihr Leben in Texten und Bildern, Insel Verlag, Frankfurt/Main 1985*
- *Piaf, Edith, Mein Leben. Autobiographie, aus dem Französischen von Hella Schröter und Erika Wolber, Rowohlt Verlag, Reinbek 1979*

MUSIK

Ella Fitzgerald

** 25. April 1917 (oder 1918) in Newport News, Virginia*
† 15. Juni 1996 in Beverly Hills, Kalifornien
amerikanische Jazzsängerin

Die Stimme des Lichts

Ihre charakteristische, klare Stimme, die sichere Intonation und ihr einzigartiges Gefühl für den Swing, für Harmonien und Rhythmus brachten ihr den Ruf der besten Jazz-Sängerin der Welt ein. Ella Fitzgerald spielte mit ihrer „Stimme des Lichts“ etwa 250 Platten ein, die bereits bis Mitte der 80er Jahre 40 000 000-mal verkauft waren. Sie trat mit sämtlichen Prominenten des Jazz auf – mit Duke Ellington, Louis Armstrong, Count Basie, Oscar Peterson, Nelson Riddle, Dizzy Gillespie, und wie sie alle heißen. Durch ihre undogmatische Freude an der Musik und ihre natürliche Ausstrahlung brachte sie den Jazz auch einem Publikum nahe, das nicht speziell an dieser Musik interessiert war – und das rund um den Globus.

Ella Fitzgeralds Geschichte ist der amerikanische Traum vom Aufstieg aus Armut und Diskriminierung zum Weltstar. Geboren im Staat Virginia wuchs sie in einem New Yorker Vorort auf. Mit 17 Jahren gewann die Vollwaise – ihre Mutter starb an den Folgen eines Autounfalls, ihren Vater hat sie nie kennen

Ella Fitzgerald – die große Stimme des Jazz

gelernt – bei einem Talentwettbewerb 1934 im legendären Harlemer Apolle Theatre den ersten Preis. Mit ihrer ungewöhnlich klangvollen Drei-Oktaven-Stimme erregte sie von Anfang an großes Aufsehen. Sie wurde dem populären Bandleader und Schlagzeuger Chick Webb vorgestellt, der sie unter Vertrag nahm, sie adoptierte und ihr Mentor wurde. Rasch avancierte sie zum Aushängeschild seiner Band. Mit Webb spielte sie ihre ersten

Auf Europatournee 1960: Ankunft auf dem Flughafen Berlin Tempelhof

Schallplatten ein, darunter die Jazzballade *Mr. Paganini* und das verswingte Kinderlied *A tisket a tasket*, ihr erster Millionenerfolg und bis heute ein Klassiker. Als Chick Webb 1939 im Alter von erst 37 Jahren starb, übernahm Ella Fitzgerald die Leitung der Band bis zur Auflösung 1941.

Einige Jahre später setzte sie wichtige Impulse auf dem Gebiet des Scat-Gesangs, jenes schnellen Singens von Silben ohne sprachliche Bedeutung.

Die Scats, die sie im damals modischen Bebop-Stil einsetzte, waren für sie ästhetisches Mittel, um ihre musikalische Phantasie und Improvisationskünste spielen zu lassen.

Entscheidend für ihre weitere Laufbahn wurde 1946 die Begegnung mit dem Jazz-Förderer und Starmanager Norman Granz, der mit seinen „Jazz at the Philharmonic"-Veranstaltungen bekannt wurde, bei denen sich die Musiker, vor allem Saxophonisten und Trompeter, im „Wettkampf" zu hohen Leistungen antrieben.

Er baute Ella Fitzgerald ab 1948 in seine Truppe ein. 1954 wurde Granz ihr persönlicher Manager, die Zusammenarbeit war für beide von großem Vorteil. Unbehelligt von den Mühen des Alltagsgeschäfts konnte sie sich ihrer Musik widmen, während Granz ihre Auftritte auf den wichtigsten Bühnen und in den bedeutendsten Shows der Welt organisierte. Von 1956 bis 1981 nahm sie neun Alben („Songbooks") auf, jeweils einem Komponisten oder Textdichter wie Cole Porter oder Irving Berlin gewidmet.

Und immer wieder ihre legendären Konzerte, in denen sie virtuos von der Mädchenstimme zur schmeichelnden Ballade oder zum klangvollen Bass wechselte. „Ella Fitzgerald versprühte bei ihren Auftritten eine geradezu entfesselte Musizierlust. Die rasanten Tempi, der ansteckende Swing, die sichere Intonation ... das phantastische Improvisationsvermögen, der Witz der spontanen Reaktionen – die Konzerte waren Festakte der Lebensbejahung, bewusst angerichtete auch, denn Ella wollte immer und überall unbedingt dem Publikum gefallen und es keineswegs erziehen." So schrieb der Musikjournalist Ulrich Olshausen (FAZ) 1996 in seinem Nachruf auf die große Sängerin.

Ella Fitzgerald war dreimal verheiratet, dreimal geschieden und hatte einen Sohn aus ihrer zweiten Ehe, doch ihr Privatleben geriet nie ins Rampenlicht einer sensationsgierigen Öffentlichkeit. Ihr Auftritt – und ihr Leben – war die Musik. Ende der 80er, Anfang der 90er Jahre wurde es still um die „große alte Dame des Jazz". Sie lebte zurückgezogen in ihrer Villa in Beverly Hills, wo sie nach langer Krankheit, nach Herzanfällen, Augenoperationen und der Amputation beider Unterschenkel 79-jährig starb.

Literatur

- *Haskins, Jim, Ella Fitzgerald. First Lady des Jazz, aus dem Englischen von Lore Boas, Wilhelm Heyne Verlag, München 1994*
- *Nicholson, Stuart, Ella. Die Stimme des Jazz, aus dem Englischen von Sonja Hauser, C. Bertelsmann Verlag, München 1993*
- *Nolden, Rainer, Ella Fitzgerald. Ihr Leben. Ihre Musik. Ihre Schallplatten, Oreos Verlag, Gauting-Buchendorf 1986*

Maria Callas

** 2. Dezember 1923 in New York*
† 16. September 1977 in Paris
griechisch-amerikanische Sängerin

Die Primadonna assoluta

Mailänder Scala im April 1958. Der erste Auftritt der Maria Callas in Italien seit jenem römischen Skandal, drei Monate zuvor: Ganz Italien war über die Dreistigkeit der Künstlerin empört, die es gewagt hatte, wegen einer Bronchitis eine Aufführung abzubrechen und das Publikum, darunter den italienischen Staatspräsidenten, um seinen Operngenuss zu bringen. Jetzt, bei ihrem Auftritt als *Anna Bolena*, wollte sich ein feindseliges Auditorium an ihr rächen. Es reagierte eisig auf die Diva, während es den anderen Sängern ostentativ applaudierte. In der dritten Szene, als die Callas von den Wachen des Königs gepackt wurde, stieß sie diese heftig zur Seite, warf sich an die Rampe und schleuderte ihren Text ins Publikum: „Giudici! Ad Anna! ... Giudici! (Richter für Anna, Richter!)", sang sie, mit glühender Brillanz sich verteidigend, und übertraf all ihre dramatischen Leistungen. Das war kein Theater mehr. Das klang, als sänge sie hier um alles, als habe sie ihr Publikum herausgefordert – und gesiegt. Als der Vorhang fiel, rasten die Zuschauer. Die Callas erschien, wieder und wieder, um die Huldigungen entgegenzunehmen, gestrafft durch Macht, Kraft und Triumph.

Maria Callas in La Sonnambula, *1957*

Zu dieser Zeit war Maria Callas – die „größte Künstlerin der Welt" (Leonard Bernstein) – auf dem Höhepunkt ihrer Karriere, betörte das Opernpublikum in den Metropolen rund um den Globus, in London, Mailand, Rio de Janeiro, New York, Mexiko City und Wien. Sie galt als eines der größten Operntemperamente aller Zeiten: ein Genie, viel bewundert, wenig geliebt, schwierig, oft hart und unsicher, manchmal scheinbar grundlos böse und selten eins mit sich.
Cecilia Sophia Anna Maria Kalogeropoulos, Tochter griechischer Einwanderer in New York, hatte eine bedrückende Kindheit. Sie war kurzsichtig, übergewichtig und litt unter mangelnder Anerkennung sowie unter dem dauernden Zwist ihrer Eltern. 1937 – nachdem die Ehe ihrer Eltern zerbrochen war – ging sie mit ihrer Mutter nach Athen, um eine Gesangsausbildung zu machen. „Unsagbar lächerlich" fand die Gesangslehrerin Elvira de Hidalgo die Vorstellung, dass dieses dicke und brillentragende Mädchen Sängerin werden wollte. Doch als die Schülerin „wilde Klangkaskaden, zwar nicht kontrolliert, aber voller Dramatik und Emotion" vorsang, ahnte die Lehrerin, „was für eine Freude es sein müsste, mit solchem Material zu arbeiten und es in eine vollkommene Form zu bringen". Nachdem Maria Callas am Konservatorium in Athen zunächst abgewiesen worden war, weil sie zu jung war, erhielt sie schließlich, auf Empfehlung von Elvira de Hidalgo, doch einen Studienplatz. Fünf Jahre lang studierte sie mit schier grenzenlosem Eifer und Ehrgeiz bei der spanischen Ex-Primadonna de Hidalgo, die für das außergewöhnliche Stimmwunder nicht nur Gesangslehrerin, sondern auch mütterliche Freundin und Vertrauensperson wurde. Sie war es auch, die ihre Schülerin an die Belcanto-Musik des 19. Jahrhunderts heranführte, Werke von Cherubini, Spontini, Rossini und Donizetti, die damals kaum aufgeführt wurden und durch Maria Callas eine Wiedergeburt und neue Interpretation erfuhren.
Bereits Anfang der 40er Jahre hatte die junge Sängerin viel beachtete Auftritte in Athen. Als sie nach dem Zweiten Weltkrieg nach New York ging, um sich hier um ein Engagement zu bemühen, stieß sie jedoch auf Ablehnung und Desinteresse. Schließlich erhielt sie ein Angebot aus Verona in Italien: Sie sollte die Titelrolle in der Oper *La Gioconda* übernehmen.
Ihre Karriere setzte Maria Callas – nach einer Amerika-Reise 1945 – in Italien fort: Bei ihrem Auftritt 1947 in der Arena von Verona lernte sie ihren Mann, den um viele Jahre älteren Veroneser Fabrikanten Battista Menighini, kennen, der sich für ihre Laufbahn sehr einsetzte, als

Maria Callas am Meer, Foto um 1956

„Sie war ... die natürliche Nachtigall dieser Jahre, dieses Jahrhunderts, und die Tränen, die ich geweint habe – ich brauche mich ihrer nicht zu schämen. Es werden so viele unsinnige geweint, aber die Tränen, die der Callas gegolten – sie waren so sinnlos nicht. Sie war das letzte Märchen, die letzte Wirklichkeit, deren ein Zuhörer hofft, teilhaftig zu werden."
Ingeborg Bachmann, aus: Hommage an Maria Callas

Eines der größten Operntemperamente des 20. Jh. – Maria Callas am Flügel, 1955

Förderer, Mentor und Manager. Auch Tullio Serafin, ein bedeutender italienischer Dirigent des 20. Jahrhunderts und damals Direktor am Teatro La Fenice in Venedig, witterte das Außergewöhnliche und engagierte die Callas. „Er", so die Diva, „brachte mir bei, dass in allem, was man singt, Ausdruck sein muss". Unter seinem Dirigat wagte sie Kühnes: Im Januar 1949, während sie sich für ihre Auftritte als *Brünnhilde* in Wagners *Die Walküre* vorbereitete, sprang sie gleichzeitig für eine erkrankte Kollegin ein und übernahm innerhalb einer Woche die Partie der *Elvira* in Bellinis *I Puritani* – das galt als ein Wunder.

Titel der Frankfurter Illustrierten, *1959*

Der Aufstieg zum Weltruhm war eingeleitet. 1951 trat sie an der Mailänder Scala auf und entwickelte sich hier zur Primadonna assoluta: Es gab kaum eine Rolle, in der sie nicht glänzte: Sie beherrschte das dramatische Repertoire, sang Verdi- und Puccini-Rollen, aber auch Wagners *Isolde, Brünnhilde, Kundry.* Von da sprang sie mit vollkommener Leichtigkeit in den klassischen Belcanto, der die virtuose Koloratur verlangt, den Canto fiorito, den verzierten Gesang. „Durch die Farben der Stimme, die Finessen der Diktion, die Formung der Linien hat Callas jeder Rolle ein ganz und gar unverkennbares Gesicht gegeben", schrieb der Gesangsexperte Jürgen Kesting über die Diva. Auch stimmlich habe sie nie nur ein Kostüm getragen – vielmehr habe die Stimme in einem osmotischen Prozess des Verschmelzens mit der Rolle stets einen anderen Charakter angenommen. Sie konnte scheinbar „jeden Affekt, jeden Seelenzustand ausleuchten, jedem eine Farbe, ein Flüstern, ein Schreien geben." Die Callas sang mit einer Intensität, die frösteln ließ. Die Faszination, die von ihr ausging, ergriff auch Menschen, die mit der Welt der Oper nichts im Sinn hatten.

Gleichzeitig die unglaubliche äußere Verwandlung: Anfang 1954 erschien die einst schwergewichtige Sängerin als eine neue Frau auf der Bühne: schmal und gestrafft. In weniger als zwei Jahren hatte sie ein Drittel ihres Gewichts verloren, sah wunderschön aus. Eine geheimnisvolle Aura – so berichteten Menschen,

die in ihrem Umkreis waren – habe sie umgeben, in der Scala wurde sie „La Divina", die Göttliche, genannt.
„Sie hat nicht Rollen gesungen, niemals, sondern auf der Rasierklinge gelebt", schrieb die Dichterin Ingeborg Bachmann in einer Hommage an die Callas. „Ecco un artista, sie ist die einzige Person, die rechtmäßig die Bühne in diesen Jahrzehnten betreten hat, um den (Zuhörer) unten erfrieren, leiden, zittern zu machen, sie war immer die Kunst, ach die Kunst, und sie war immer ein Mensch, immer die Ärmste, die Heimgesuchteste, die Traviata."
Nur eine Dekade lang war ihre Stimme makellos und einzigartig, ging von der Künstlerin eine magnetische Wirkung aus: Von 1949 bis 1959 feierte sie ihre unvergleichlichen Erfolge. Dann, in einer Phase von Erschöpfung, Krise und Stillstand, begegnete sie Aristoteles Onassis, dem griechischen Tanker-Milliardär. Sie verließ ihre nützliche, aber eintönige Ehe und stürzte sich in die Welt des Jet-Sets, arbeitete weniger, sang weniger. Glücklich war sie in diesen Kreisen wohl nur zu Beginn. Die Beziehung zu Onassis war konfliktreich, dramatisch, die öffentlich ausgetragenen Auseinandersetzungen des Paares boten ein gefundenes Fressen für die Boulevardpresse. Über diese Liaison wurde mehr berichtet als über die 600 Aufführungen der Callas. Sie raffte sich auf, sammelte ihre Kräfte, hatte 1965 auf der Opernbühne ihre letzten großen Auftritte in *Tosca* und *Norma*, sang noch einmal die beiden Pole der Callas, die Furie und das Opfer. 1968 heiratete Onassis die amerikanische Präsidentenwitwe Jackie Kennedy und setzte der Verbindung mit der Operndiva ein Ende.
Maria Callas versuchte sich nun als Schauspielerin in Pasolinis *Medea*, arbeitete als Musikpädagogin in New York und ging mit ihrem früheren Partner Guiseppe di Stefano auf Tournee – doch die Konzertreise, die ein Comeback werden sollte, war nicht erfolgreich. Die Sängerin zog sich aus dem Musikbetrieb zurück. Jahre der Einsamkeit und der vergeblichen Versuche als Filmschauspielerin und Opernregisseurin folgten. Glücklos lebte die Callas in ihrer Pariser Wohnung. Sie starb 1977 an Herzversagen – oder an Melancholie.

Maria Callas in Rom, Foto von Tony Vaccaro, 1968

LITERATUR

- *Kahlweit, Cathrin (Hg.), Jahrhundertfrauen. Ikonen – Idole – Mythen, C.H. Beck Verlag, München 1999*
- *Kesting, Jürgen, Maria Callas, Econ Verlag, Düsseldorf 1990*
- *Stassinopoulos, Arianna, Die Callas, übersetzt von Günter Panske, Knaur Taschenbuch Verlag, München 1983*

Lola Montez

** 17. Februar 1821 in Grange, Grafschaft Limerick*
† 17. Januar 1861 in New York
irische Tänzerin

Femme fatale der Biedermeierzeit

Lola Montez, porträtiert von Joseph Karl Stieler im Jahre 1847

Sie war eine exotische Schönheit, hieß eigentlich Elizabeth Rosanna Gilbert und kam im Februar 1821 in Irland zur Welt. Berühmt und berüchtigt wurde sie als die Spanierin Lola Montez, die durch die europäischen Metropolen tourte und als Interpretin spanischer Tänze nur mäßige Erfolge hatte, wegen ihrer enormen erotischen Ausstrahlung aber allseits umschwärmt wurde. Zu ihren Freunden und Bewunderern zählten der Preußenkönig Wilhelm IV., Zar Nikolaus I., Großfürst Michael von Russland und der Komponist Franz Liszt. Offiziere, Künstler und Studenten vergötterten sie und ihr glühendster Verehrer, der Bayernkönig Ludwig I., musste wegen seiner Affäre mit Lola Montez abdanken. Fast überall, wo sie auftrat – ob in London, Warschau, Berlin oder St. Petersburg – sorgte sie für Skandale, oft musste sie eilig abreisen oder wurde ausgewiesen. In Frankreich kam es zu einem Sensationsprozess, nachdem ihr Liebhaber im Duell erschossen wurde.
Die kleine, zierliche Tänzerin, die sich bevorzugt in Schwarz kleidete, meist eine Peitsche bei sich trug, in aller Öffentlichkeit Zigarren rauchte und von einer großen Dogge begleitet wurde, war eine Abenteurerin, die schon früh gelernt hatte, sich mit Raffinesse durchs Leben zu schlagen. Gänzlich unabhängig vom Wohlwollen ihrer Umwelt durchbrach sie ungeniert Konventionen. Sie war selbstsicher, emanzipiert und rücksichtslos – eine provozierende und faszinierende Frau, eine

Femme fatale, die es mit der Wahrheit nicht sonderlich genau nahm, sich immer wieder neu erfand und schon zu Lebzeiten ein Mythos war.
Die Legendenbildung fing bereits mit dem Datum ihres Geburtstags an. Während sie selber 1823 als ihr Geburtsjahr angab, nennen Lexika 1818 und Biografen 1820 oder 1821. Nach jüngsten Recherchen ist Elizabeth Rosanna Gilbert am 17. Februar 1821 in der irischen Grafschaft Limerick geboren. Sie war 2 Jahre alt, als ihre Eltern nach Kalkutta in Indien zogen, weil ihr Vater, ein britischer Kolonialoffizier, dorthin versetzt wurde. Kurz darauf starb ihr Vater. Die Tochter, früh sich selbst überlassen, wuchs in Indien, dann in einem Internat in England auf, wo sie zur höheren Tochter erzogen wurde. Mit 17 Jahren sollte Eliza Gilbert mit einem sehr viel älteren Richter verheiratet werden, brannte aber durch und nahm den britischen Offizier Thomas James zum Mann, mit dem sie wieder nach Indien zog. Die Ehe war unglücklich. Die junge Frau verließ ihren gewalttätigen Gatten, kehrte zurück nach England und lernte tanzen – spanische Tänze, die damals in einer Zeit der Spanienbegeisterung beim Publikum gut ankamen. Eliza Gilbert schlüpfte in die Rolle der Lola Montez und zog durch Europa.
Im Oktober 1846 bemühte sie sich als Tänzerin mit dem klingenden Namen María Dolores de Porris y Montez um ein Engagement am Münchner Hof- und Nationaltheater – zunächst ohne Erfolg, bis ihr der kunstsinnige König Ludwig persönlich Auftritte verschaffte. In der biedermeierlichen Residenzstadt München wusste bald jeder, dass Lola Montez keine Spanierin war. Nur der schwärmerisch verliebte Monarch wollte die Wahrheit um seine schöne „Lolitta" nicht sehen. Er ließ ihr ein Palais in der Maxvorstadt bauen, gewährte ihr Zugriff auf seine Privatschatulle, verschaffte ihr das bayerische Indigenat (Staatsbürgerschaft) und erhob sie als Gräfin von Landsfeld in den bayerischen Adelsstand. München war entsetzt. Drei Regierungen mussten der Favoritin wegen zurücktreten, zuletzt der König selbst im März 1848.
Die Affäre Lola Montez war die spektakulärste, die Deutschland im 19. Jahrhundert erlebte. Gleichzeitig wurde durch die Regierungswechsel eine neue, liberalere Ausrichtung der bis dahin katholisch-konservativen bayerischen Politik eingeleitet, so dass der Skandal um die Tänzerin auch katalytischer Auslöser der 48er-Revolution in München war und Lola Montez von den vormärzlichen Reformern viel Sympathien erhielt.
Lola Montez lebte nach ihrer Ausweisung aus Bayern zunächst in der Schweiz, dann in England und wanderte schließlich nach Amerika aus. Rastlos tourte sie von New York an die Westküste und in die australischen Goldfelder, trat mit wechselnden Programmen auf und erregte weiterhin Aufsehen mit ihrer frechen, ungenierten Lebensweise. Später setzte sie sich mit Frauenrechtsfragen auseinander, warb in Vorträgen für die Emanzipation der Frau. Doch sie litt an fortschreitender Schwindsucht, vereinsamte mit zunehmendem körperlichen Verfall und wandte sich in dieser Verfassung dem christlichen Glauben zu. In karitativen Aufgaben fand sie eine Anbindung. Im Januar 1861 starb sie knapp 40-jährig an den Folgen eines Schlaganfalls.

Karikatur von 1847 – Lola Montez mit König Ludwig I. als Hund

Literatur

- *Rauh, Reinhold, Seymour Bruce (Hgg.), Ludwig I. und Lola Montez. Der Briefwechsel, Prestel-Verlag, München, New York 1995*
- *Rauh, Reinhold, Lola Montez. Die königliche Mätresse, Eugen Diederichs, München 1996*
- *Seymour, Bruce, Lola Montez. Eine Biographie, Artemis & Winkler Verlag, Zürich 1998*

Mata Hari

** 7. August 1876 in Leeuwarden*
† 15. Oktober 1917 in Vincennes, bei Paris
niederländische Tänzerin

Tanz zwischen den Fronten

„Sie ist Holländerin, Schottin und Javanerin zugleich. Von den nördlichen Rassen hat sie den hohen Wuchs, den kraftvollen Körper, und in Java, wo sie aufgewachsen ist, hat sie die Geschmeidigkeit der Panther, die Beweglichkeit der schönen Schlangen angenommen. Fügen Sie zu alldem die Glut hinzu, die der Orient in den Augen seiner Töchter schwelen lässt, und Sie haben eine Ahnung von dem neuen Stern, der gestern Abend über Paris aufgegangen ist." Dieser neue Stern, der am 18. März 1905 in der Zeitung *La Vie Parisienne* gefeiert wurde, war Mata Hari, eine exotische Schönheit, die mit ihren geheimnisvoll betörenden und erotischen Tänzen das Publikum der Salons und Bühnen faszinierte und in die Pariser Gesellschaft der Belle Époque einschlug wie ein Blitz. Abenteuerliche Legenden wurden um ihre Herkunft gesponnen und die Tänzerin spielte bei dieser Mythenbildung bereitwillig mit. Sie präsentierte sich der Öffentlichkeit als indische Tempeltänzerin und schuf die Figur der Mata Hari (das bedeutet „Auge der Morgenröte"), die

Mata Hari als Nackttänzerin, 1910

zum Prototyp für weibliche Verruchtheit wurde.
Die Frau, die Mata Hari verkörperte, hieß in Wirklichkeit Margaretha Geertruide Zelle. Sie kam 1876 als Tochter eines holländischen Huthändlers im friesischen Leeuwarden zur Welt, wuchs behütet in reichen bürgerlichen Verhältnissen auf und erhielt eine gute Schulbildung. In ihrer Jugend machte der Vater bankrott, kurz darauf starb ihre Mutter. Margaretha wurde nach einer abgebrochenen Ausbildung zur Kindergärtnerin zu einem Onkel nach Den Haag geschickt. Mit 17 Jahren lernte sie durch eine Heiratsannonce ihren künftigen Ehemann, John Rudolf MacLeod kennen, einen holländischen Kolonialoffizier schottischer Abstammung, der gerade auf Heimaturlaub war. Wenige Monate später war Margaretha mit dem zwanzig Jahre älteren Mann verheiratet und brachte bald einen Sohn zur Welt. Die Familie siedelte nach Java über und bekam weiteren Zuwachs durch eine Tochter. Als der Sohn durch eine Vergiftung starb, zerbrach die von beiden Partnern als Mesalliance empfundene Ehe. Nach der Rückkehr nach Amsterdam ließ sich das Paar scheiden, die Tochter blieb beim Vater und Margaretha ging nach Paris, wo sie sich – wenig erfolgreich – als Malermodell durchschlug. Schließlich besann sie sich auf ihre Erfahrungen aus Ostindien, auf die exotischen Tänze, die sie dort kennen gelernt hatte. Sie entwickelte ihre einzigartige Performance: erotischer Entkleidungstanz maskiert mit Elementen aus orientalischen Tänzen. Atemlos blickte Europa auf die erste internationale Striptease-Tänzerin, die mit ihren Schleiertänzen nicht nur die Gemüter anheizte, sondern mit ihrem Körper, mit ihrem ganzen Auftreten auch einem modernen Schönheitsideal und der damals verbreiteten Sehnsucht nach Exotik entgegenkam.
Mata Hari war nüchtern und geschäftstüchtig genug, um sich über die Wirkung ihrer Auftritte im Klaren zu sein: „Dass die Menschen kamen, um mich zu sehen, verdanke ich nur der Tatsache, dass ich es als Erste wagte, mich unbekleidet der Öffentlichkeit zu präsentieren", sagte sie einmal gegenüber einem Freund. Wegen ihrer Internationalität, vor allem aber wegen ihrer Affären mit hochrangigen Militärs aus verschiedenen Ländern geriet Mata Hari nach Kriegsausbruch 1914 zwischen die Fronten. Ihre weltweiten, intimen Beziehungen zu höchsten Kreisen machten sie verdächtig – und interessant: Sie wurde als Informantin gehandelt und vermutlich zum Spielball verfeindeter Geheimdienste. Ob sie tatsächlich eine raffinierte Agentin war, wie in der Geschichtsschreibung und Literatur behauptet wurde, oder ob sie nur das Bauernopfer war, das die französische Justiz brauchte, weil Frankreich militärische Niederlagen einstecken musste und die Kriegsbegeisterung abflaute, konnte bislang nicht geklärt werden. Im Oktober 1917 wurde Mata Hari in Frankreich wegen Spionage für das Deutsche Reich zum Tode verurteilt und im Wald von Vincennes bei Paris hingerichtet.

> *„Der Prozess gegen (die Tänzerin) war ein moderner Hexenprozess. Bei dem rätselhaften Hass auf diese Frau spielten viele Gefühle mit: neben der Spionenfurcht auch ... der Ausländerhass ... (und) eine Mischung aus Rache, Genugtuung, sexueller Erregung und Voyeurismus."*
> Michael Winter

Literatur

- *Kupferman, Fred, Mata Hari. Träume und Lügen, Aufbau Taschenbuch Verlag, Berlin 1992*
- *Waagenaar, Sam, Sie nannte sich Mata Hari. Bild eines Lebens – Dokument einer Zeit, aus dem Englischen von Heddy Weissfeld, Bertelsmann Verlag, Gütersloh 1980*
- *Winter, Michael, Die Zerstörung einer Frau, in: Die Zeit vom 9. Oktober 1992*

Isadora Duncan

** 27. Mai 1877 in San Francisco*
† 14. September 1927 in Nizza
amerikanische Tänzerin

Tanz der Zukunft

„Sie ist zum Tanzen geboren … Wenn sie, dunkel verschleiert, den Schmerz mimt, vor drohenden Schatten flieht, schluchzt …, kehrt sie im nächsten Augenblick wieder strahlend mit Blättern im Haar, fast nackt, nur mit zwei oder drei Metern Chiffon auf der rosigen Haut zurück", schwärmte die Schriftstellerin Colette von der Tänzerin Isadora Duncan, die sie 1909 in Paris auf der Bühne erlebte. Und der Bildhauer Auguste Rodin rief gar während einer Aufführung begeistert ins Publikum: „Diese Frau ist ein vollendeter Tempel." Damals war die Amerikanerin Isadora Duncan, die Schöpferin des „freien Tanzes" und neuer Ausdrucksformen, auf dem Höhepunkt ihres Erfolgs. Ihre Kunst war, „meine innersten Empfindungen in Gebärden und Bewegungen auszudrücken", schrieb sie in ihren Memoiren. Isadora Duncan gehörte zur ersten Generation der Künstler und Künstlerinnen, die den Modern Dance, die amerikanische Form des Ausdruckstanzes, begründeten. Schon als junges Mädchen hatte Dora Angela

Inspiriert von der griechischen Antike – Isadora Duncan

Duncan die Vision, den starren, traditionellen Tanz zu revolutionieren und den „Tanz der Zukunft" zu verbreiten. „Auf Zehenspitzen? Kein Mensch geht auf Zehenspitzen. Das ist gegen die Natur!", begehrte die Schülerin gegen das klassische Ballett

auf und tanzte stattdessen am Meer, inspiriert von Wind und Wellen. Die Wurzeln aller Schönheit sah sie in der Natur – und in der griechischen Antike. Sie wollte sich bewegen wie die Tänzerinnen auf den attischen Vasen: frei, harmonisch, natürlich – ein um die Jahrhundertwende verbreitetes Körper- und Schönheitsideal.
Als sie ihren neuen Stil des Ausdruckstanzes erstmals in Amerika vorführte – in einer durchscheinenden Tunika, die Füße, Arme und Beine nackt, das Haar offen –, traf sie zunächst auf starken Widerstand. Isadora reiste 1899 samt ihrer Familie (Mutter, Schwester und zwei Brüdern) nach England und hatte in London erste Erfolge. Bald schon tanzte sie in ganz Europa, gründete Schulen und war mit den berühmtesten Frauen und Männern befreundet. Es war nicht nur ihr Tanz, sondern auch ihre Lebensweise, die sie legendär machte. Schrankenlos kostete sie alles aus bis zur Neige: im Tanz wie im Leben. Sie ging mit ihrer Liebe ebenso verschwenderisch um wie mit ihrem Geld, lebte meistens über ihre Verhältnisse und fand in der größten Not immer wieder reiche Gönner, die sie und ihre Mission unterstützten. Ein großer Halt für Isadora waren aber stets auch ihre Mutter, die der Tochter die Sicherheit und das Selbstvertrauen gab, „an sich zu glauben", und ihre Schwester Elisabeth, die die Duncan-Schulen leitete.
Isadoras privates Leben verlief tragisch. Ihre beiden Kinder – eine Tochter aus der Verbindung mit dem Bühnenbildner Edward Gordon Craig und ein Sohn von dem Industriellenerben Paris Singer – starben 1913 bei einem Verkehrsunfall. Ein Jahr später starb ihr drittes Kind kurz nach der Geburt: Schicksalsschläge, die Isadora Duncan in schwere Depressionen stürzten. 1922 heiratete sie den siebzehn Jahre jüngeren russischen Dichter Sergej Jessenin. Die durch Jessenins Alkoholismus, Skandale und persönliche Zerwürfnisse belastete Ehe bestand jedoch nur kurze Zeit. Bald nach der Trennung des Paares nahm sich der Dichter das Leben.
Isadoras große Zeit war vorbei. Doch immer noch lebte sie in teuren Hotels, obwohl sie sich diese eigentlich nicht mehr leisten konnte. Nach einem letzten Auftritt in Paris fand sie 1927 in Nizza einen tragischen Tod: Sie wollte eine Spritztour in dem offenen Bugatti ihres Liebhabers unternehmen. Als der Wagen anfuhr, verfing sich ihr langer roter Schal, den sie um ihren Hals geschlungen hatte, in den Speichen eines Hinterrads und erdrosselte sie.

Isadora Duncan und ihr Ehemann Sergej Jessenin

Literatur

- *Duncan, Isadora, Memoiren, Amalthea Verlag, Zürich 1928*
- *Lever, Maurice, Primavera. Tanz und Leben der Isadora Duncan, Albrecht Knaus Verlag, München 1988*
- *Schmidt, Jochen, Ich sehe Amerika tanzen – Isadora Duncan, Paul List Verlag, München 2000*

Mary Wigman

** 13. November 1886 in Hannover*
† 18. September 1973 in Berlin
deutsche Tänzerin, Choreografin und Tanzpädagogin

Prophetin des Ausdruckstanzes

„Ist es noch nicht zu spät?
Gibt es noch ein Zurück?
Ich opferte so vieles,
Liebe,
Gemeinsamkeit,
dem einen: Tanz.
Es blieb mir Einsamkeit …
Einsamkeit und Tanz.“

Zweifel und Trauer sprechen aus diesem Gedicht, das Mary Wigman um 1917/18 in ihr Tagebuch schrieb. Da war sie 31 Jahre alt und stand gerade am Beginn ihrer kometenhaften Karriere als Tänzerin und Tanzpädagogin: Sie war mit ihren ersten eigenen Choreografien aufgetreten und hatte Aufsehen erregt, mit ihrem *Hexentanz*, mit Kreationen, die *Gespenstertänze*, *Träume* oder *Ekstatische Tänze* hießen und etwas ganz Neues auf die Bühne brachten: den Ausdruckstanz, die deutsche Form des amerikanischen Modern Dance. Er zeigte keine romantischen Geschichten, war nicht anmutig und liebreizend, sondern kraftvoll, elementar und aufwühlend. Die Tänzerin Mary Wigman formulierte als „Hexe“

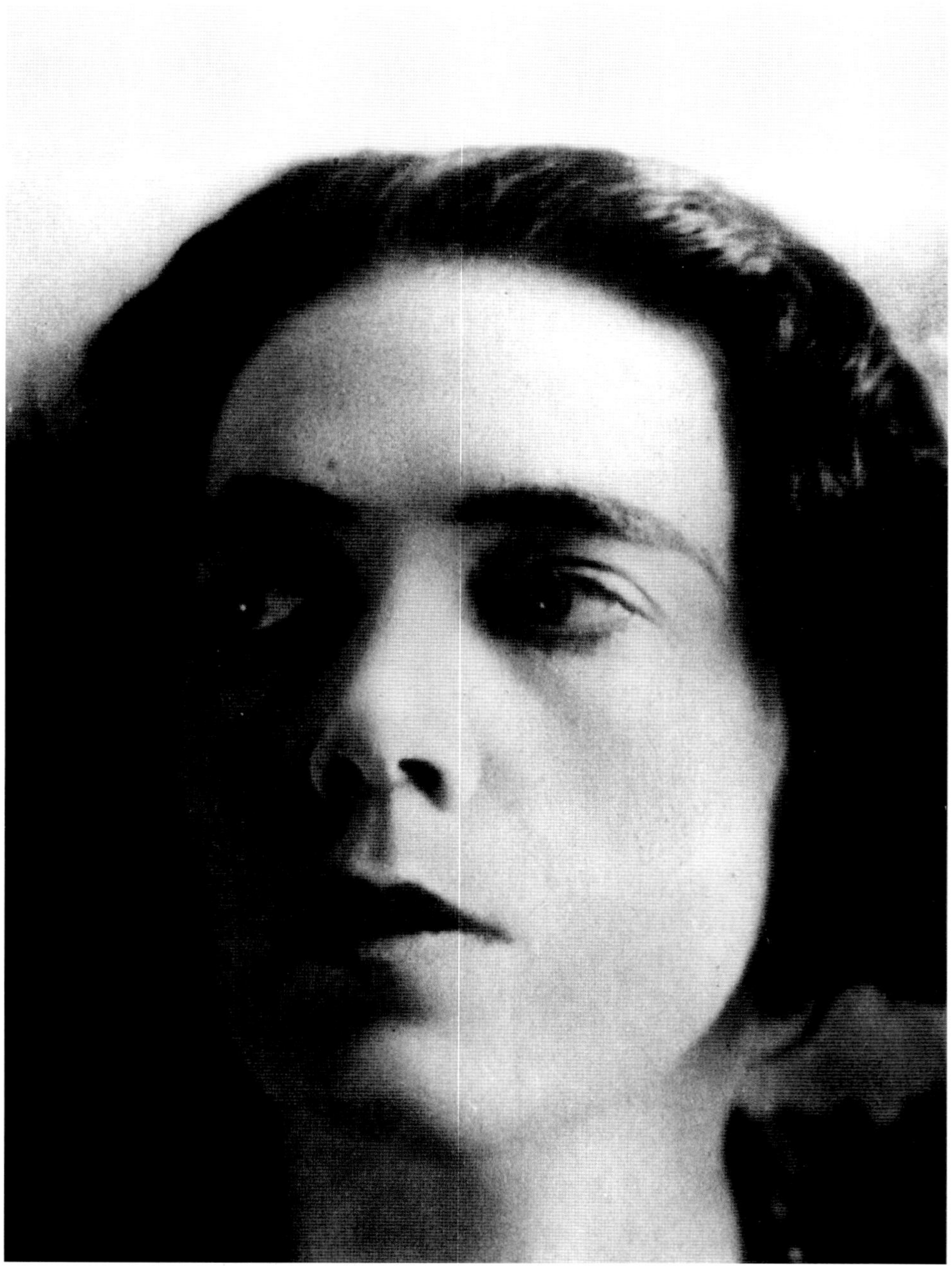

Mary Wigman – erste Repräsentantin des deutschen Ausdruckstanzes

ihre sexuellen Bedürfnisse, wirbelte – wie es in einer ihrer zahlreichen tanztheoretischen Schriften heißt – als „erdverwurzeltes Wesen, in hemmungsloser Triebhaftigkeit, in unersättlicher Lebensgier, Tier und Weib zugleich" über die Bühne, raumgreifend und ungebremst. Sie wollte die verdrängten Seiten der Seele zum Ausdruck bringen, die Schattenaspekte der menschlichen Psyche, die verborgenen Ängste, den Tanz mit dem Dämon des Ich. Als Schöpferin des Ausdruckstanzes sollte Mary Wigman schon bald weltberühmt werden und in die Tanzgeschichte eingehen. „1919 fing ich an zu tanzen in Deutschland, begann der Kampf um die Anerkennung, ein Kampf, der nicht nur um die Anerkennung des Eigenen ging, sondern Kampf um den Tanz als Kunstform überhaupt", notierte sie 1935 in ihr Tagebuch. „Keiner konnte dies außer mir. Keiner hätte es gewagt. Ich wurde ‚Mary Wigman' – schwer war das und schön zugleich. Es gab den neuen Tanz ... und es gab ihn nur, weil Mary Wigman ihren Weg ging, unentwegt, durch Höhen und Tiefen, durch den Wechsel der Jahre, der Geschehnisse – weil Mary Wigman Mary Wigman blieb in all ihren Verwandlungen." Dieses Selbstbewusstsein, ja Sendungsbewusstsein entwickelte die Tänzerin erst im Laufe ihres Lebens – nach Jahren ausdauernder künstlerischer Suche, nach Krankheit und seelischen Krisen und dank konsequenter Arbeitsdisziplin.

Die verdrängten Seiten der Seele zum Ausdruck bringen: Mary Wigman beim Tanz, 1930

Karoline Sofie Marie Wiegmann fand erst spät zum Tanz. 1886 wurde sie als Tochter einer wohlhabenden Kaufmannsfamilie in Hannover geboren, besuchte eine höhere Töchterschule und nahm Gesangs- und Klavierunterricht. Als sie 9 Jahre alt war, starb ihr Vater. Die Mutter heiratete den im Haus lebenden Zwillingsbruder ihres verstorbenen Mannes – eine Zweckehe, die die soziale Sicherheit der Familie gewährleistete. Maries Wunsch, wie ihr Bruder Abitur machen zu dürfen, um hinterher Medizin zu studieren, schmetterte der Stiefvater ab: „Ein Blaustrumpf kommt mir nicht ins Haus", war seine Begründung. Stattdessen wurde die Heranwachsende auf ein englisches Mädchenpensionat, später in die französischsprachige Schweiz geschickt, um Fremdsprachen zu lernen.

Eine erste Ahnung der von ihr später entwickelten Ausdrucksbewegung bekam Marie Wieg-

„Ich fühle, dass ich nur Tanz bin, wo ich tanze. Und das ist das größte und stärkste Erlebnis, welches ich beim Tanzen habe. Ich fühle so stark in meinem Blut und allen Gliedern und Atem den Tanz, dem ich mich opferte ... Er wirkt wie ein wilder Rausch, der die Sinne betäubt und mich von der Außenwelt befreit."

mann jedoch bereits als kleines Mädchen, als sie einmal Kummer hatte. Traurig und hemmungslos weinend hatte sie sich in ihrem Zimmer eingeschlossen, um ihrem Schmerz freien Lauf zu lassen. „Dabei entdeckte ich plötzlich, dass ich mich bewegte. Dieses Bewegen überwältigte mich ... Ich habe dann diesen tiefen Schmerz geradezu künstlich wieder hergeholt, um immer wieder innere Beglückung durch dieses Sich-Bewegen spüren zu können." Seitdem suchte sie Trost und Zuflucht in der Bewegung, versteckt und geschützt vor den Blicken anderer, einsam. Voller Sehnsucht nach persönlicher Entfaltung, doch gefangen in der artigen Welt der gesellschaftlichen Erwartung versuchte Marie Wiegmann, sich in ihre Rolle zu fügen. Sie verlobte sich zweimal, löste jedoch beide Male die Verbindungen und verließ 23-jährig mit dem ausgezahlten Erbteil ihres Vaters ihre Familie, um in der Gartenstadt Hellerau bei Dresden an der neu gegründeten Rhythmischen Bildungsanstalt von Emile Jaques Dalcroze eine Ausbildung zur Gymnastik-Lehrerin zu machen. Der Schweizer Musikpädagoge hatte eine neue Methode entwickelt, musikalische Rhythmen durch gymnastische Übungen anschaulich zu machen. Doch schon bald fühlte sich die Schülerin im streng gegliederten rhythmischen System Dalcrozes gelangweilt und eingeengt. „Notenwert für Notenwert hopsen" – danach hatte sie nicht gesucht. Ebenso wenig wollte sie bei Dalcroze Rhythmik lernen, sie hatte bereits „ein ungeheuer starkes persönliches rhythmisches Empfinden ... Was mich interessierte, war nur die Tatsache, dass einem gesagt wurde: Nun sagen Sie das einmal mit ihrem Körper. Das war wunderbar."

Als Freunde ihr von dem Münchner Tanzlehrer Rudolf von Laban erzählten, der in einer „Schule für Kunst" unterrichtete und in den Sommermonaten in der legendären Stätte der „Lebensreformer" auf dem Monte Verità über Ascona am Lago Maggiore Kurse für „Bewegungskunst" gab, pilgerte sie 1913 dorthin und spürte schon am ersten Tag: „Es war als käme ich nach Hause." Hier wurde die Selbstverwirk-lichung des Menschen durch den Ausdruck seines inneren Erlebens im Tanz

Der Weg, *Tanz von Mary Wigman, 1935*

gefördert, hier war das, was sie so lange gesucht hatte. „Du bist eine Tänzerin", sagte Rudolf von Laban, der Marie Wiegmanns Bewegungsgenie erkannte und auf dessen Rat hin sie sich den Künstlernamen Mary Wigman gab.

Sie hatte ihre Lebensberufung gefunden. 1914, mit 28 Jahren, stand sie zum ersten Mal auf der Bühne, tanzte die erste eigene Choreografie, den *Hexentanz*. Weitere Auftritte und Choreografien folgten. Mary Wigman unterrichtete Labans Schüler, sie führte Laban täglich Tänze vor, aus denen er die Gesetze körperlicher Harmonie ableitete, die er in seiner Bewegungslehre *Die Welt des Tänzers* publizierte. Die Tänzerin verliebte sich in ihren Lehrer, doch ihre Liebe blieb unerwidert. 1917 erkrankte sie an Tuberkulose, musste den Monte Verità verlassen und sich in ein Sanatorium in Davos begeben. Sie genas von ihrer Krankheit, überwand die Abhängigkeit von ihrem Lehrer und kreierte ihr erstes großes Tanzprogramm, den Tanzzyklus *Die sieben Tänze des Lebens*, in denen sie Bilder tiefer menschlicher Gefühls- und Empfindungswelten tänzerisch choreografierte – es war ihre eigene Geschichte: Tanz der Sehnsucht nach Ausdruck, Tanz der Liebe zur Bewegung, Tanz der Lust und des Begehrens, Tanz des Leidens der unerfüllten Liebe, Tanz des Dämons als Suche nach der Künstlerin, Tanz des Todes in der Krankheit und Tanz des Lebens nach der Genesung und Emanzipation.

Die Tänzerin, Choreografin und Tanzpädagogin im Jahre 1959

Nach dem Ersten Weltkrieg kehrte Mary Wigman nach Deutschland zurück und wurde hier wie auf ihren Tourneen in England und Amerika als „Hohepriesterin und Prophetin des deutschen Tanzes" gefeiert. Sie eröffnete 1920 in Dresden eine eigene Schule, die sich in wenigen Jahren zum Zentrum des neuen deutschen Ausdruckstanzes etablierte und die hauptsächlich von Frauen besucht wurde. „Ich glaube, dass in all den jungen weiblichen Menschen heute eine starke, gesunde Freude am reinen Sich-Bewegen lebendig ist. Ich glaube auch, dass ein großer berechtigter Egoismus in all den jungen Frauen ist, der erst einmal sich selber sucht, ehe er sich mit Welt und Umwelt auseinander setzt", räsonierte die Tanzpädagogin und trainierte ihre Schülerinnen so, dass sie den eigenen Rhythmus des Körpers fanden.
Als die Nationalsozialisten an die Macht kamen, war sie – wie damals viele Tänzerinnen und Tänzer – beeindruckt von den exakt choreografierten Massenaufmärschen und wirkte mit bei der Berliner Olympiade 1936. Durch ihre Beziehung zu Hanns Benkert, einem führenden Rüstungsindustriellen der NS-Kriegswirtschaft, wurde sie zunächst geschützt, fiel aber 1941, nachdem Benkert sie verlassen hatte, als Repräsentantin der „entarteten Kunst" in Ungnade; ihre Arbeit wurde behindert. Mary Wigman – erschüttert durch das Scheitern ihrer Beziehung und geschwächt durch die Repressalien der Nazis – schloss ihre Tanzschule in Dresden, beendete ihre Karriere als Tänzerin und zog nach Leipzig. Über ihre Haltung zum NS-Regime hat sie sich auch nach Kriegsende nicht geäußert.
1949 siedelte sie nach Westberlin um und eröffnete dort das „Tanzstudio Mary Wigman".
Sie starb 1973 fast 87-jährig und hinterließ eine Tanzkunst, die weiter wirkt.

Literatur

- *Klein, Gabriele, Frauen Körper Tanz. Eine Zivilisationsgeschichte des Tanzes, Quadriga Verlag, Berlin 1992*
- *Loesch, Ilse, Mit Leib und Seele. Erlebte Vergangenheit des Ausdruckstanzes, Henschel Verlag, Berlin 1990*
- *Müller, Hedwig, Mary Wigman. Leben und Werk der großen Tänzerin, Quadriga Verlag, Berlin 1986*

Martha Graham

** 11. Mai 1894 in Pittsburgh*
† 1. April 1991 in New York City
amerikanische Tänzerin und Choreografin

Die Königinmutter des modern Dance

Sie war ein Mädchen von 4 oder 5 Jahren, als ihr Vater, ein Arzt, sie erstmals durch ein Mikroskop schauen ließ. Er gab ihr Wasser und fragte sie, ob es sauber sei. Sie überzeugte sich, dass es klar war, entdeckte aber dann unter dem Mikroskop Trübungen und Würmer im Wasser. „Es ist eben nicht sauber", sagte ihr Vater. „Wir müssen die Wahrheit suchen." „Das", so erinnerte sich Martha Graham später, „war meine erste Tanzstunde: Lernen, nach der Wahrheit zu suchen in dem, was wir machen. Es muss nicht immer angenehm sein, aber es muss rein sein und leidenschaftlich."
Leidenschaft und Wahrheitssuche – das waren zentrale Themen im Leben der Martha Graham. Ausdruck dafür und Erfüllung fand sie im Tanz, dem sie sich ganz verschrieb, mit absoluter Hingabe, besessen von der Idee, mit dem Körper höchstmögliche Ausdruckskraft zu erreichen. Fasziniert vom Archetypischen in den großen alten Mythen tanzte sie die berühmten Frauengestalten:

Fasziniert von den alten Mythen: Martha Graham in Judith

Medea und *Ariadne*, *Circe*, *Klytämnestra* und *Iokaste*. Die tragischen Geschichten waren choreografische Erkundungsfahrten ins Herzensinnere. Martha Graham hat Medea und

„Ich glaube, die zeitlose Faszination des Tanzes für den Menschen erklärt sich daraus, dass er gleichsam als Symbol der Bewältigung unseres Lebens gelten kann."

Ariadne in sich selbst und in jeder modernen Frau gesucht, denn: „Jede Frau hat in sich die Jungfrau, die Geliebte, die Schmerzensreiche, die Mutter." Diese Inhalte – die Freude, die Ängste, die Seele von Frauen – waren selbst in der großen Aufbruchszeit des modernen Tanzes revolutionär. Und Martha Graham wurde eine der prägenden Figuren und eine führende Vertreterin des amerikanischen Modern Dance, als Tänzerin, Choreografin und Tanzpädagogin. Dabei war ihr der Tanz keineswegs in die Wiege gelegt worden. Die 1894 im amerikanischen Pittsburgh geborene Martha Graham entstammte einer sehr religiösen Familie, in der Tanzen als Sünde galt. „Aber glücklicherweise zogen wir um nach Santa Barbara, Kalifornien." Dort war das Leben nicht nur freier, entspannter und fröhlicher, sie fühlte sich „berauscht vom Licht". Im benachbarten Los Angeles hatten zwei Pioniere des modernen Tanzes, Ruth St. Denis und Ted Shawn, 1915 ihre „Denishawn"-Schule gegründet. Ein Jahr später war Martha Graham dort Schülerin. 1923 – Impulse kamen in dieser Zeit auch aus Deutschland, Mary Wigman, Repräsentantin des neuen deutschen Tanzkultes, war auf Tourneen in den USA – ging sie zurück in den Osten, gründete eine eigene Schule und baute sie zielstrebig zum zentralen Lehrinstitut des Modern Dance aus. Sie stellte sich in die Tradition der Barfuß-Tänzerin Isadora Duncan und ihrer Lehrer Ruth St. Denis und Ted Shawn.
Martha Graham brachte die neuen tänzerischen Errungenschaften – nicht nur den Barfuß-Tanz, sondern eine Philosophie, die den ganzen Körper einschloss – in ein lehr- und lernbares System, das dem Rhythmus des Atems gehorcht und vorwiegend auf dem Wechsel von körperlicher Spannung und Entspannung beruht. Expressivität und Leidenschaft sind die Eckpfeiler ihres Tanzes, des Modern Dance, der alle folgenden Varianten des zeitgenössischen Tanzes – auch die inhaltlich und formal entgegengesetzten – beeinflusste.
Martha Graham reiste um die Welt, in einem Triumphzug, als Botschafterin ihrer Tanztechnik. Dass der amerikanische Tanz den Status einer anerkannten Kunstart erhielt, ist ihr Verdienst. Im Laufe ihres langen Lebens entwarf sie etwa 180 Choreografien. Alle großen Frauenrollen ihrer Stücke blieben, solange sie tanzte, für sie reserviert. Als sie mit 70 zu tanzen aufhörte, zeigte sich, dass diese Rollen nicht auf ihre Darstellung angewiesen waren. Die Martha Graham Dance Company war eine Brutstätte für grandiose Tänzer, häufig auch für schöpferische Choreografen.
Zu Martha Grahams oft zitierten Aussprüchen gehört der Satz, dass die meisten Menschen mit Genie geboren würden – „aber die meisten verlieren es innerhalb weniger Minuten". Sie selbst ist vom schöpferischen Genius bis ins hohe Alter nicht verlassen worden. Als sie mit fast 97 Jahren in New York starb, gehörte sie längst zu den Jahrhundertfiguren der Tanz- und Kunstgeschichte.

Martha Graham in Judith, Berlin 1957

Literatur

- *Graham, Martha, Der Traum, mein Leben. Eine Autobiographie, Wilhelm Heyne Verlag, München 1992*
- *Karina, Lilian, Sundberg, Lena, Modern Dance. Geschichte Theorie Praxis, Henschel Verlag, Berlin 1992*
- *Schmidt, Jochen, Die Königinmutter. Zum Tode der amerikanischen Choreographin Martha Graham, in: Frankfurter Allgemeine Zeitung vom 3. April 1991*

Josephine Baker

** 3. Juni 1906 in St. Louis*
† 12. April 1975 in Paris
amerikanisch-französische Tänzerin und Showstar

Schwarze Venus

„An ihren wahnwitzigen Zuckungen, wilden Verrenkungen und Luftsprüngen schien der Rhythmus sich zu entzünden ... Es war, als fange der Jazz die Schwingungen dieses Körpers im Fluge auf ... In dem Pas de deux der Wilden lag eine ungezügelte Brillanz, eine phantastische Vitalität." So beschrieb der französische Tanzkritiker André Levinson 1925 die Tänzerin Josephine Baker. Die junge Amerikanerin war am New Yorker Broadway bereits bekannt, als sie vom Pariser Théatre des Champs Elysées für die sogenannte „Revue Nègre" engagiert wurde und sich als Charleston-Star binnen kürzester Zeit Paris und anschließend die Welt eroberte.
Josephine Baker war die Tochter einer schwarzen Wäscherin und eines spanischen Kaufmanns. Zur Welt kam sie in den Slums von St. Louis am Mississippi. Schon als Kind übernahm sie Arbeiten, statt zur Schule zu gehen, um die vom Vater verlassene Familie ernähren zu helfen. Begeistert von Tanz und Theater schaffte sie es, sich aus ihrer restriktiven Kindheit herauszuwinden: Mit 16 Jahren schloss sie sich einer Wandertruppe an, ein Jahr später trat sie in der

Josephine Baker, Porträtfoto um 1930

Music Hall in New York auf. Hier wurde man sofort auf ihr Naturtalent aufmerksam. Und dann kam bereits mit 19 Jahren der kometenhafte Aufstieg in Paris, begünstigt durch den Exotik-Kult, der damals, in den 20er Jahren, durch Europa geisterte. Josephine Baker war ein Symbol der afrikanischen Exotik und der Vitalität des amerikanischen Jazz. Ihr hinreißend temperamentvoller Tanz in gewagten Kostümen, im legendären Bananenrock – mitunter trat sie auch nackt auf –, wurde als neue Lust an der sinnlichen Erscheinung des farbigen Körpers gefeiert. „Schwarze Venus" und „Triumph der Geilheit", jubelten Kritiker und beschrieben ihren biegsamen Körper als wandelndes Saxophon. Schon 1926 gründete das „schöne Idol aus braunem Stahl, Ironie und Gold" (Jean Cocteau) in Paris ihren Nachklub „Chez Josephine", erweiterte auf Anraten ihres Managers und ersten Ehemanns Pepito Abatino ihr Programm um Sprech- und Gesangseinlagen, tourte damit um die Welt und war 1930 auf dem Zenit ihres Erfolgs.

Josephine Baker im Bananenkostüm, 1926

In den 30er Jahren drehte Josephine Baker neben ihren vielen Tourneen mehrere Filme, 1937 wurde sie französische Staatsbürgerin und arbeitete im Zweiten Weltkrieg für die französische Résistance als Geheimagentin.
Nach dem Krieg kam die künstlerische Wandlung: Sie trat jetzt weniger als Tänzerin, sondern mehr als Chansonette, als Jazz-Interpretin auf – und war damit ebenso erfolgreich.
Aber auch in anderer Hinsicht wurde sie zum Symbol, nämlich für Toleranz. Sie baute zusammen mit ihrem dritten Ehemann, dem Kapellmeister Jo Bouillon, das Schloss „Les Milandes" in der Dordogne und zog dort zwölf Kinder aus verschiedenen Rassen – die sogenannten Regenbogenkinder – auf, die sie seit 1950 adoptierte. Doch „Les Milandes", das den Status eines Wallfahrtsorts der Rassen- und Religionstoleranz

Josephine Baker, die Chansonette – Plakat

besaß, wurde für Josephine Baker zur untragbaren finanziellen Belastung und musste trotz Spendenaktionen und wiederholter Auftritte der Sängerin 1968 versteigert werden. Josephine, die weltberühmte schwarze Mami mit ihren vielen Adoptivkindern, bezog mit finanzieller Hilfe von Fürst Rainer eine Villa bei Monaco. Immer noch war sie auf der Bühne zu sehen, obwohl sie sich nach Rückzug und Normalität sehnte. 1975, nach ihrem allerletzten Comeback in Paris, streikte ihr Herz. Josephine Baker, deren ganzes Leben eine Art Jazz-Improvisation war, starb mit 68 Jahren in Paris.

Literatur

- *Baker, Josephine, Ausgerechnet Bananen, aus dem Französischen von Simon Saint-Honoré, Knaur Taschenbuch Verlag, München, Zürich 1978*
- *Kühn, Dieter, Josephine. Aus der öffentlichen Biographie der Josephine Baker, Suhrkamp Verlag, Frankfurt/Main 1976*
- *Rose, Phyllis, Josephine Baker. Oder wie eine Frau die Welt erobert, Paul Zsolnay Verlag, Wien 1989*

Sarah Bernhardt

** 22. Oktober 1844 in Paris*
† 26. März 1923 in Paris
französische Schauspielerin und Theaterleiterin

Das „Wunder“ Bernhardt

Sie schritt würdevoll wie eine Königin, schwebte wie ein gleitender Engel oder tobte Furcht erregend wie ein wild gewordenes Geschöpf. Wie keine andere konnte sie auf der Bühne bezaubern, hinreißen, aufwühlen und geradezu in einen hypnotischen Rausch versetzen. Das größte Zauberwerkzeug der Französin Sarah Bernhardt aber war ihre „goldene Stimme“ – so klar, fließend und melodisch, dass sie alle ihre Zuschauer in Bann zog. Die „göttliche Sarah“ war neben der Italienerin Eleonore Duse die berühmteste Schauspielerin des Fin de siècle. Als eine der ersten Bühnenkünstlerinnen wurde sie durch zahlreiche Gastspielreisen rund um die Welt zu einem internationalen Star. Schon zu Lebzeiten stilisierten Zeitungskritiker sie zu einer Legende, nannten sie „Inkarnation des Orients“, „Form gewordener Adel“ – und die Diva arbeitete fleißig am eigenen Mythos mit. Schicksalsschläge, Exzesse, hysterische Anfälle zogen sich durch ihr Leben und verwischten die Grenze zwischen Bühnentheater und lebendigem Drama. Sie hatte einen unehelichen Sohn, den sie sehr liebte, und war von 1882 bis 1889 mit einem rauschgiftsüchtigen, zu Gewalttätigkeiten neigenden griechischen Schauspieler verheiratet, von dem sie aber die meiste Zeit getrennt lebte. Und sie erregte immer wieder Aufsehen: In London flanierte sie mit einem Panther an der Kette durch die Straßen; in Amerika ließ sie sich auf dem Körper eines Wals fotografieren; in Paris drang sie mit Freunden in die Wohnung einer Kollegin ein, die sie beleidigt hatte, und zertrümmerte deren gesamtes Mobiliar; in ihrem Salon stand ein Holzsarg, in dem sie sich fotogra-

Exzentrische Diva: Sarah Bernhardt auf einem Foto aus dem Jahre 1890

„Die Kostüme, das Stück, die Worte mögen wechseln, aber diese Frau bleibt immer gleich. Sie versetzt sich nicht in eine Rolle hinein, sie ersetzt die Rolle durch sich selbst.“
George Bernard Shaw über Sarah Bernhardt

fieren ließ. Ständig prozessierte sie gegen Autoren und Kollegen. Dazu ihre zahllosen Liebesgeschichten, die die Öffentlichkeit in Europa und Amerika bewegten: Sie wurde bewundert, verherrlicht und geschmäht, doch ihr Genie blieb unberührt von ihrem monströsen Ruf.
Wer war das „Wunder“ Bernhardt? Geboren wurde sie als uneheliches Kind unter dem Namen Henriette Rosine Bernard in Paris. Ihre Mutter, eine reiselustige Lebedame, gab die Tochter in die Obhut von Ammen und Tanten. Später wurde das Mädchen, das einen jüdischen Großelternteil hatte, in einem katholischen Konvent erzogen und wollte Nonne werden. Schon bald zeigte sie Lust und Talent zum Theater und kam durch die Vermittlung eines einflussreichen Gönners und Liebhabers ihrer Mutter an das Pariser Konservatorium. Dort legte sie erfolgreich ihre Prüfungen ab und hatte an der Comédie Française, Frankreichs berühmtestem Ensemble, als 18-Jährige ihr kaum beachtetes Debüt.
Der eigentliche Durchbruch gelang 1869, als Bernhardt eine Knabenrolle spielte. Und wirklich berühmt wurde sie mit zwei Dramen Victor Hugos. Damit begann ihr Siegeszug durch das Jahrhundert als Schauspielerin und Theaterdirektorin. Auf dem ersten Höhepunkt ihres Ruhms brach sie 1880 ihren Vertrag mit der Comédie Française, machte sich selbständig und ging von da an jahrelang auf Tourneen in Amerika, Europa und Australien. Ab 1882 pachtete und leitete sie nacheinander vier Theater und gründete 1893 ihr Théatre Sarah-Bernhardt in Paris. Gleichzeitig blieb sie eine Weltreisende vor stets ausverkauften Häusern. Wo auch immer sie die Bühne betrat, ob in London, New York, Berlin oder Rom – überall kreiste ihr Name wie eine Droge in den Köpfen ihrer Anhänger. Sie prägte mit ihrer grazilen Schlankheit und ihrem Kleidungsstil die Mode der Zeit und galt als Inbegriff des Weiblichen, obschon sie große Erfolge in Männerrollen hatte: Mit 54 Jahren spielte sie den *Hamlet*, mit 56 Jahren in *L'Aiglon* den jungen Sohn Napoleons. Sie glänzte in Rollen des klassischen französischen Dramas wie Racines *Phèdre*, aber auch in zeitgenössischen, meist für sie geschriebenen Stücken. Sie arbeitete mit Dramatikern wie Victorien Sardou, Edmond Rostand und Louis Verneul (dem Ehemann ihrer Enkeltochter) zusammen, und Oscar Wilde wollte sie als Diva für seine Stücke gewinnen. Im Mittelpunkt ihres Repertoires aber stand die *Kameliendame*: Immer, wenn sie in Geldnot war, nahm sie diese für sie legendäre Rolle wieder auf und konnte sich ihres Erfolgs sicher sein.
61 Jahre lang wirkte sie auf der Bühne. Ihr Leben war die Bühne. Zu ihren Auftritten vor den Frontsoldaten des Ersten Weltkriegs musste die damals 70-Jährige getragen werden – ihre schwere Beinverletzung, die sie 1905 bei einem Gastspiel in Rio de Janeiro erlitten hattte, führte schließlich zur Amputation. Doch nichts konnte sie von ihrer Arbeit auf der Bühne abhalten. Bis kurz vor ihrem Tod 1923 trat die göttliche Sarah auf.

Brillant in Männerrollen: S. Bernhardt, 1900

Literatur

- *Bernhardt, Sarah, Mein doppeltes Leben, Knaur Taschenbuch Verlag, München 1983*
- *Gold, Arthur, Fizdale, Robert, Der eigensinnige Engel. Das leidenschaftliche Leben der Sarah Bernhardt, aus dem Englischen von Verena Koch und Cornelie Stoll, Kindler Verlag, München 1992*
- *Richardson, Joanna, Sarah Bernhardt. Leben, Karriere und Legende, aus dem Englischen von Christian Quatmann, Wilhelm Heyne Verlag, München 1988*

Helene Weigel

** 12. Mai 1900 in Wien*
† 6. Mai 1971 in Berlin
deutsche Schauspielerin und Theaterintendantin

Die Prinzipalin

Dass sie eine „Epochenschauspielerin" werden sollte, erkannte Arthur Rundt, der Direktor der Wiener Volksbühne, schon im Jahre 1917: Die 17-jährige Helene Weigel hatte den Theaterchef beim Vorsprechen tief beeindruckt. „Unterricht brauchen Sie nicht zu nehmen", sagte er nach der Rezitation zu ihr und später über sie: „Eines der größten dramatischen Genies, die jemals geboren wurden."
Die Wienerin Helene Weigel stammte aus einer relativ wohlhabenden jüdischen Familie. Mit der ihr eigenen Hartnäckigkeit setzte sie gegen den Willen ihrer Eltern ihren Berufswunsch, Schauspielerin zu werden, durch. Nach dem erfolgreichen Auftritt bei Arthur Rundt nahm sie einige Monate Schauspielunterricht und ab ging's ans Theater. 1919 wurde die Debütantin am Neuen Theater Frankfurt am Main engagiert und machte als „ein Temperament, das flammengleich aufsprüht", von sich reden. 1922 holte Leopold Jessner, der Intendant des Staatstheaters, sie nach Berlin. Sie trat an verschiedenen Bühnen auf, studierte Dramaturgie bei Max Reinhardt und

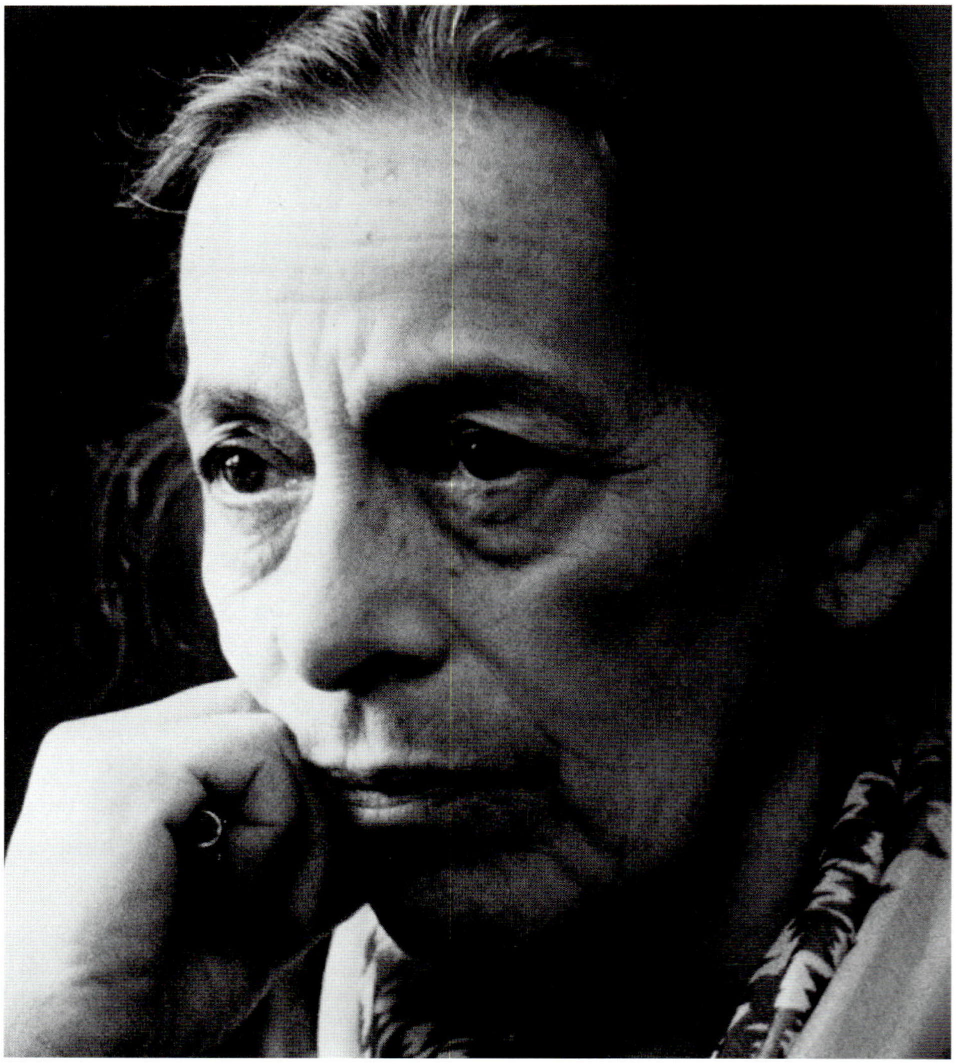

Helene Weigel, dramatisches Genie und Theaterintendantin, auf einem Foto von 1963

erregte auch in der Theaterhauptstadt Aufsehen: Das „Lärmende" ihrer stimmlichen Ausdrucksgewalt, ihr „Peitschenton", „schmetternd wie eine Fanfare", wurde ihr Markenzeichen. Sie lernte Bert Brecht, den kommenden Erneuerer des Theaters, kennen, spielte in seinen Stücken, unter seiner Regie und ging mit ihm eine Beziehung ein. 1924 kam Sohn Stefan zur Welt, 1929

„Sie ist von kleinem Wuchs, ebenmäßig und kräftig. Ihr Kopf ist groß und wohlgeformt. Ihr Gesicht schmal, weich, mit hoher, etwas gehobener Stirn und kräftigen Lippen. Ihre Stimme ist voll und dunkel und auch in der Schärfe und im Schrei angenehm. Ihre Bewegungen sind bestimmt und weich.
Sie ist gutartig, schroff, mutig und zuverlässig. Sie ist unbeliebt."
Bert Brecht über Helene Weigel

heirateten Brecht und Weigel, 1930 wurde Tochter Barbara geboren. Während dieser Jahre sorgte Helene Weigel für ihren Lebensunterhalt und den ihrer Kinder und wohnte in einer eigenen Wohnung, damit Brecht ungestört arbeiten konnte.
In der Rolle der *Pelagea Wlassowa* in Brechts Stück *Die Mutter* hatte sie 1932 einen entscheidenden Durchbruch: Mit dieser Uraufführung wurde sie durch ihr Spiel mit knapper Gestik, sparsamem Ausdruck, nüchterner Stimme zum Vorbild des epischen Theaters, das Brecht und andere propagierten. Sie spielte und prägte Brechts große Frauenrollen, die fast immer Mutterrollen waren.
Hitler beendete wenige Monate später die neue Karriere. Helene Weigel, die Jüdin und Kommunistin, war doppelt gefährdet und musste emigrieren. Schweiz, Dänemark, Schweden, Finnland, Sowjetunion, USA – Stationen ihres fünfzehn Jahre dauernden Exils mit Brecht und ihren zwei Kindern, eine harte Zeit, in der sie trotz größter Anstrengungen kaum Gelegenheit hatte, als Schauspielerin zu arbeiten. Organisierend und kochend brachte sie die Familie durch, hielt ihrem Mann nach wie vor den Rücken frei und litt „wie ein Hund" unter den „ewigen Weibergeschichten" Brechts.
Nach dem Krieg spielte sie 1948 im schweizerischen Chur die *Antigone* in Brechts Modellversuch. Nach dem Erfolg dieser Aufführung folgten weitere in Berlin-Ost, wo Weigel als *Mutter Courage* in Brechts Inszenierung am Deutschen Theater auftrat. Wenig später erhielt das Paar die Zusage für ein eigenes Theater, gründete das „Berliner Ensemble", das zum triumphalen Schauplatz der beiden Größen Brecht/Weigel wurde. Er übernahm die künstlerische Leitung, sie wurde Intendantin, gleichzeitig stand sie auf der Bühne – allein über 500-mal als *Mutter Courage*, die sich in das Geschirr stemmt und ganz alleine ihren Wagen zieht – eine Rolle, mit der sie Weltruhm erlangte. Von der „lärmendsten Schauspielerin Berlins" hatte sie sich unter der epischen Spielweise zur „Schauspielerin einer neuen Art" (Brecht) entwickelt.
Nach Brechts Tod 1956 hielt Helene Weigel nicht nur sein Werk mit fester Hand zusammen, sie leitete auch das „Berliner Ensemble" dominant und fürsorglich-autoritär weiter bis zu ihrem Tod 1971.
Mit nur wenigen, allerdings großen Rollen gelang es ihr, sich als die größte Schauspielerin des Brechtschen epischen Theaters zu profilieren und es populär zu machen. Gleichzeitig waltete sie als erfahrene und entscheidungsfreudige Theaterleiterin. „Kleine Gestalt, große Kämpferin" – so hatte Brecht sie einst charakterisiert. Sie war eine Prinzipalin, wie das deutsche Theater seit der Neuberin keine mehr erlebt hatte.

„Kleine Gestalt – große Kämpferin": Helene Weigel, 1965

Literatur

- *Hecht, Werner, Helene Weigel. Eine große Frau des 20. Jahrhunderts, Suhrkamp Verlag, Frankfurt/Main, 2000*
- *Kebir, Sabine, Abstieg in den Ruhm. Helene Weigel. Eine Biografie, Aufbau-Verlag, Berlin 2000*
- *Mahlke, Stefan (Hg.), Wir sind zu berühmt, um überall hinzugehen. Helene Weigel, Briefwechsel 1935-1971, Verlag Theater der Zeit, Berlin 2000*

Marlene Dietrich

** 27. Dezember 1901 in Berlin*
† 6. Mai 1992 in Paris
deutsch-amerikanische Filmschauspielerin und Showstar

Geheimnisvolle Schöne

„Ich bin von Kopf bis Fuß auf Liebe eingestellt", sang Marlene Dietrich auf einem Holzfass sitzend, die legendären, mit Seidenstrümpfen und schwarzen Strapsen bekleideten Beine aufreizend übereinander geschlagen. Mit dieser Rolle als *Lola Lola* in dem Film *Der blaue Engel* (nach Heinrich Manns Roman *Professor Unrat*) begründete die beispiellose Karriere der bis dahin kaum bekannten Schauspielerin mit dem leidenden Augenaufschlag, dem verschleierten Blick und der kühlen, lasziven Distanz.
Das war 1930, die Dietrich war 29 Jahre alt und ihr Leben als „Mythos Marlene" begann. Über Jahrzehnte prägte sie die Filmgeschichte und mit ihrer unvergleichlichen, rauen Stimme eroberte sie sich in den 50er Jahren als Chansonsängerin zum zweiten Mal die Welt.
Marlene (Maria Magdalena) Dietrich war die Tochter eines Polizeileutnants, ihre Mutter stammte aus einer reichen Juweliersfamilie. Die Eltern pflegten „preußische" Tugenden: Disziplin, Pflichtgefühl, Arbeitseifer

Marlene Dietrich in Marokko, *ihrem ersten Hollywood-Film, 1930*

und Gefühlskontrolle waren wesentliche Koordinaten in Marlenes Erziehung und gingen ihr in Fleisch und Blut über. Eigentlich sollte sie Konzertgeigerin werden, war selbst aber nicht von dieser Laufbahn überzeugt und brach infolge einer Sehnenentzündung an der linken Hand als 20-Jährige das Musikstudium gegen den Willen ihrer Mutter ab. Stattdessen studierte sie Schauspiel am Max-Reinhard-Seminar. 1924 heiratete sie den Produktionsassistenten Rudolf Sieber, mit dem sie – trotz früher Trennung – bis zu seinem Tod 1976 offiziell verheiratet und freundschaftlich verbunden blieb. 1925 wurde Tochter Maria (die spätere Schauspielerin Maria Riva) geboren. Anschließend trat die Dietrich in kleineren Rollen am Theater und im Film auf, bis sie 1929 von dem in Amerika schon erfolgreichen Wiener Regisseur Josef von Sternberg entdeckt und für den *Blauen Engel* engagiert wurde. Da war sie noch die mollige Blondine mit dem hübschen runden Gesicht und den Pausbacken.

Unvergessen – die Dietrich als Lola Lola *in* Der blaue Engel, *1930*

1930 holte von Sternberg die Berlinerin nach Hollywood zu Paramount und schuf mit ihr in fünfjähriger Zusammenarbeit aus dem Ufa-Sternchen die sagenumwobene Diva Marlene: schlank, sinnlich, geheimnisvoll, leidend. Zu ihrer perfekten Selbstinszenierung gehörten nicht nur das schmale alabasterfarbene Gesicht mit den fein gezogenen Augenbrauen, den halb geöffneten Augen und der sparsamen Mimik, kühl und aufreizend, sondern auch der schreitende Gang, beherrscht und gebietend. Die Filme *Marokko* (1930), *Entehrt* (1932), *Shanghai-Express* (1932), *Die blonde Venus* (1932), *Die scharlachrote Kaiserin* (1934) und *Der Teufel ist eine Frau* (1935) entstanden, Marlene Dietrich wurde in Amerika die berühmteste Schauspielerin und weltweit diejenige, über die am meisten berichtet wurde. Ihre spektakulären Leinwandauftritte in Frack und Zylinder wurden ihr Markenzeichen und verliehen der selbstbewussten Unnahbaren ein verruchtes, bisexuelles Image. Unvergessen und entwaffnend provokativ die Szene in dem Spielfilm *Marokko*, wo sie als befrackte Nachtclub-Diseuse zu einer jungen Schönheit an den Tisch tritt, sich zu ihr hinunterbeugt, sie feurig auf den Mund küsst und ihr die Blume wegnimmt, die sie sich angesteckt hat. Auch privat muss die Dietrich provozierend gewesen sein, zumindest lebte sie sehr unkon-

Marlene Dietrich und ihr „Entdecker", Josef von Sternberg, 1940

M. Dietrich als Truppenbetreuerin, 1945

„Selbst wenn sie nichts anderes als ihre Stimme hätte, könnte sie damit dein Herz brechen."
Ernest Hemingway, Schriftsteller

ventionell. Zeit ihres Lebens hatte sie zahllose Affären mit Männern und Frauen. Ihre wenigen wirklich großen Lieben waren neben von Sternberg der Schriftsteller Erich Maria Remarque, Jean Gabin und der Broadway-Star Yul Brynner.
1935 beendeten von Sternberg und Dietrich ihre Zusammenarbeit. Die Diva vermarktete sich von nun an mit derselben Raffinesse, wie dies von Sternberg gemacht hatte, und drehte weiter erfolgreich Filme. Von ihrem Entdecker-Regisseur hatte sie die Kunst des Ausleuchtens gelernt, eines der wirksamsten Mittel ihrer Stilisierung: Bei den Aufnahmen erschien sie morgens stets als eine der Ersten und richtete mit den Beleuchtern eigenhändig und fachkundig die Scheinwerfer ein: „Sie war die begnadetste Beleuchterin, die ich kannte – nach Josef von Sternberg", urteilte der Regisseur Billy Wilder.
Im nationalsozialistischen Deutschland wurde die Trennung Josef von Sternbergs und Marlene Dietrichs als Gelegenheit gesehen, die Diva nach Berlin zurückzuholen. Reichspropagandaminister Goebbels ließ einen Artikel veröffentlichen – „Marlene sollte jetzt ins Vaterland heimkehren" –, doch die Dietrich, die seit der Machtergreifung der Nationalsozialisten Deutschland gemieden hatte, brach daraufhin ihre Verbindungen mit Deutschland ab – „aus Anstandsgefühl", wie sie sagte. Sie stellte den Antrag auf die US-Staatsbürgerschaft und erhielt kurz vor Kriegsbeginn ihren amerikanischen Pass.
Marlene Dietrich unterstützte Fluchthelfer und jüdische Emigranten, sang und tanzte als Truppenbetreuerin für die amerikanischen Soldaten. Mit großem Idealismus und verlässlicher preußischer Gründlichkeit schonte sie sich nicht, war meist nah an der Westfront, nahm Entbehrungen auf sich, campierte in verlausten Unterkünften und zog sich eine Lungenentzündung zu. In Deutschland nahm man ihr diesen Einsatz übel, beschimpfte sie als Verräterin. Auch nach Kriegsende blieb sie hier der ungeliebte Star.
Ende der 40er, Anfang der 50er Jahre gelang Marlene Dietrich nochmals ein Kino-Comeback. Sie spielte unter anderem in Billy Wilders Komödie *Eine auswärtige Affäre* (1947), in Alfred Hitchcocks Thriller *Die rote Lola* (1950), in Wilders Gerichtsfilm *Zeugin der Anklage* (1957), in

Orson Welles düsterem Kriminalfilm *Im Zeichen des Bösen* (1957) und in Stanley Kramers Nazi-Drama *Urteil von Nürnberg* (1961). In diesen Filmen stellte sie ihre Qualitäten als Charakterdarstellerin unter Beweis. Gleichzeitig begann sie ihre zweite große Karriere als gefeierte Chansonsängerin. Mit Evergreens wie *Lili Marleen, Ich bin die fesche Lola, Sag mir, wo die Blumen sind,* mit ihrer unverwechselbaren Stimme und ihrem verführerisch-gewagten Outfit in durchsichtigen Glitzerkleidern fesselte sie über zwanzig Jahre lang vor ausverkauften Häusern das Publikum von Las Vegas bis London, von New York bis Berlin, von Paris bis Sidney. Überall setzte sie – trotz ihres Alters – mit der ihr eigenen Disziplin und Perfektion den Mythos von der erotischen Schönheit und der unvergänglichen Jugend in Szene.
Ein Sturz auf einer Bühne in Sidney, der einen Schenkelhalsbruch zur Folge hatte, bedeutete das Ende ihrer Bühnenlaufbahn. 1978 war sie noch einmal in David Hemmings Film *Schöner Gigolo, armer Gigolo* zu sehen, in dem der Rockstar David Bowie mitspielte. Dann zog sie sich völlig aus der Öffentlichkeit zurück und verweigerte sich bis auf wenige Ausnahmen sämtlichen Interview- und Fotowünschen. Maximilian Schell gelang es, für seinen Dokumentarfilm *Marlene* (1984), in dem allerdings nur ihre Stimme zu hören ist, in ihre selbst gewählte Isolation einzudringen. Kein Foto der alten, kranken Dame trübt das strahlende Image. 91-jährig starb Marlene Dietrich abgeschieden in ihrer Pariser Wohnung. Ihrem Wunsch entsprechend wurde sie neben ihrer Mutter auf dem Friedhof in Berlin-Wilmersdorf begraben.

Bei den Dreharbeiten zu ihrem letzten Filmauftritt Schöner Gigolo, armer Gigolo, *1978*

Marlene Dietrich 1960 in Berlin

Auf der Showbühne in London, 1976

Literatur

- *Dietrich, Marlene, Ich bin, Gott sei Dank, Berlinerin. Memoiren, Ullstein Taschenbuch Verlag, Frankfurt/Main, Berlin 1990*
- *Riva, Maria, Meine Mutter Marlene, Goldmann Taschenbuch Verlag, München 1994*
- *Spoto, Donald, Marlene Dietrich. Biographie, aus dem Amerikanischen von Ulrike von Sobbe, Wilhelm Heyne Verlag, München 1992*

Greta Garbo

** 18. September 1905 in Stockholm*
† 15. April 1990 in New York
schwedisch-amerikanische Filmschauspielerin

Die Göttliche

Sie war „die geheimnisvolle Fremde", „die schwedische Sphinx", „die Unnahbare" – wie kein anderer Hollywood-Star verweigerte sich Greta Garbo dem öffentlichen Interesse. Konsequent mied sie Empfänge und Partys, wich Interview-Wünschen aus und zeigte unverhohlen ihre Abneigung gegen Journalisten. Um ihre Privatsphäre geheim zu halten, versteckte sie sich und lebte wie eine Einsiedlerin. Sie war die Rätselhafte, um die sich ein einzigartiger Mythos rankte.

Greta Louisa Gustafsson, nach eigenen Angaben 1905 geboren, nach anderen Quellen 1903 oder 1906, war ein Arbeiterkind und wuchs in einem ärmlichen Viertel des Stockholmer Südens auf. Als ihr Vater starb, war sie erst 13 Jahre alt. Um Geld zu verdienen, arbeitete sie bereits als 14-Jährige in einem Friseursalon, später als Verkäuferin in einem Warenhaus. Weil sie hübsch war, wurde sie als Model für Hüte fotografiert und im Firmenkatalog abgebildet. 1921 und 1922 durfte sie in zwei kleinen Werbefilmen auftreten und schließlich spielte sie die Hauptrolle in einer Komödie. Der Drang zum Film hatte sie gepackt. Greta bewarb sich an der Stockholmer Schauspielschule – und wurde genommen. Dort entdeckte sie der Regisseur Mauritz Stiller. Er (nach anderen Darstellungen war es eine Schauspielerkollegin) erfand den

Mythisches Leinwandidol: Greta Garbo am Beginn ihrer kurzen Karriere, 1925

Atemberaubende Schönheit, 1925

Künstlernamen Garbo – was im Schwedischen „Kobold“, im Spanischen „Anmut“ bedeutet. Er protegierte sie, gab ihr eine Rolle in Selma Lagerlöfs Roman-Verfilmung *Gösta Berling*, vermittelte ihr die Hauptrolle in dem deutschen Film *Die freudlose Gasse* und trieb sie an, indem er „alles aus ihr herauslockte, was er in ihr vermutete“. Viele Jahre später sagte die Garbo, dass die Arbeit mit ihm großartig, oft aber die Hölle gewesen sei.
Louis B. Mayer, der Studio-Chef des Hollywood-Giganten Metro Goldwyn Mayer (MGM), wurde auf sie aufmerksam und engagierte Greta Garbo zusammen mit ihrem Entdecker.
1926 debütierte Greta Garbo in Hollywood mit dem Stummfilm *Fluten der Leidenschaft*. Weitere Filme folgten und die Kino-Darstellerin wandelte sich vom Vamp zur Leinwandikone, die Männer wie Frauen faszinierte: Die große introvertierte Frau mit dem traurigen Pathos im Blick wurde zum Inbegriff der in Schönheit Leidenden, der Entrückten, der Edlen und Reinen. Ihr mysteriöses Filmimage passte erstklassig zum Bild von der rätselhaften, die Einsamkeit suchenden Eremitin. Viele Reporter und Kritiker versuchten, ihre ungeheure Wirkung zu erfassen und dem Geheimnis ihrer Ausstrahlungskraft nachzuspüren. Sie sahen sie als „silberne Schönheit“, umgeben von einem „Hauch nordländischer Kühle“, nannten sie die „Göttliche“, „das Gesicht“, „die Traumprinzessin der Ewigkeit“, die „Sarah Bernhardt des Films“.
Jeder Film mit Greta Garbo war ein Ereignis, besonders als beim Übergang vom Stumm- zum Tonfilm (erstmals in *Anna Christie*, 1930) ihre warme Altstimme und ihr schwedischer Akzent zu hören waren. Dabei war sie in ihren Filmen selten das, was man eine große Schauspielerin nennt. Doch ihr sparsames, langsames Spiel in wirkungsvollen Garbo-Szenen nährte ihre Legende und faszinierte das Publikum. Die meisten der insgesamt 28 Kinoproduktionen der Garbo wurden zu Studioklassikern in den 20er und 30er Jahren, darunter *Mata Hari, Menschen im Hotel, Königin Christine, Anna Karenina* und die *Kameliendame*. In ihrem letzten großen Erfolg *Ninotschka* trat das Idol sogar als „lachende Garbo“ auf.

> *„Glücklich? Wer ist schon glücklich? Niemand, der Filme macht, kann glücklich sein.“*

Sie war nie verheiratet. Trotz ihrer Abgeschirmtheit wurde bekannt, dass sie Beziehungen zu ihrem Schauspielerkollegen John Gilbert, zu dem Regisseur Rouben Mamoulian, dem Dirigenten Leopold Stokowsky und dem Millionär Georg Schlee hatte.
1941, nach dem Publikums-Misserfolg *Die Frau mit den zwei Gesichtern,* beendete die Garbo ihre Filmkarriere abrupt.
Vermutlich aus Furcht vor einem weiteren Flop lehnte sie reizvolle Filmprojekte über Teresa von Avila, Eleonore Duse, Dorian Gray ab. Immer wieder wurde in den folgenden fast fünfzig Jahren über ein Comeback spekuliert. Doch die Garbo verweigerte mehr denn je den Einblick in ihre Privatsphäre. Sie bewegte sich in einem kleinen Freundeskreis, eine rastlose, menschenscheue, alternde Frau, die in der Schweiz, an der Riviera und meist in ihrer New Yorker Wohnung lebte. 1990 starb sie 84-jährig an einem Nierenleiden.

Literatur

- *Asmus, Hans-Werner, Das große Cinema Starlexikon. 1000 Stars von A – Z, Kino Verlag, Hamburg 1993*
- *Jansen, Peter W. u.a., Greta Garbo, Carl Hanser Verlag, München 1978*
- *Payne, Robert, Greta Garbo. Biographie, aus dem Englischen von Christa Bandmann, Wilhelm Heyne Verlag, München 1979*

Ingrid Bergman

** 29. August 1915 in Stockholm*
† 29. August 1982 in London
deutsch-schwedische Schauspielerin

Der gefallene Engel

Ingrid Bergman in dem Film Anastasia, 1956

Schon ihre Kindheit war dramatisch – und traurig. Sie war noch keine 3 Jahre alt, da starb ihre Mutter, eine Deutsche. Neun Jahre später verlor sie ihren Vater, einen schwedischen Maler und Fotografen. Nach dem Tod der Eltern wuchs Ingrid Bergman bei Onkel und Tante auf. Sie galt als schüchtern und überraschte ihre Umgebung, als sich zeigte, welch schauspielerisches Talent in ihr steckte. Auf dem Lyceum schrieb und inszenierte sie mit 17 Jahren ein eigenes Stück – mit Ingrid Bergman in der Hauptrolle. Nach der Schule bewarb sie sich an der Königlich Schwedischen Theaterakademie. Sie wurde angenommen. Schon im ersten Jahr spielte sie eine Filmrolle; weitere neun folgten. Sie war in Schweden bereits eine beliebte Schauspielerin, als der Filmproduzent David O. Selznick auf sie aufmerksam wurde und sie für ein amerikanisches Remake des schwedischen Films *Intermezzo* nach Hollywood holte. Dieser Film machte Ingrid Bergman über Nacht zum internationalen Star. Jetzt, mit 24 Jahren, begann ihre große Zeit. Sie wurde bewundert, verehrt und vergöttert. Ihre Natürlichkeit, ihre strahlende Schönheit und ihre Reinheit begeisterten das Publikum. Die junge Schauspielerin verkörperte für viele Amerikanerinnen und Amerikaner ein Ideal: Im Privatleben war sie liebende Mutter einer kleinen Tochter und treue Ehefrau ihres Mannes, des schwedischen Arztes Dr. Petter Lindström. Und in ihren Filmen kämpfte sie selbstlos für das Gute. Nicht nur auf der Leinwand war sie die Heilige, die *Johanna von Orléans*, auch im wirklichen Leben stellte die Öffentlichkeit sie sich als personifizierte Unschuld vor. Als sie sich in dem legendären Hollywood-Melodram *Casablanca*, in der berühmtesten aller Abschiedsszenen, gegen Humphrey Bogart und damit gegen ihr persönliches Glück entschied, erfüllte sie alle Erwartungen. Auch in der Verfilmung von Hemingways *Wem die Stunde schlägt* blieb ihre Liebe zu Gary Cooper unerfüllt – zugunsten höherer Ziele. Deshalb sah man ihr auch die erotischen Szenen in den Hitchcock-Filmen *Berüchtigt* und *Sklavin des Herzens* nach.
Umso schockierter war das

> *„Ich glaube, dass ich mein Leben diskreter hätte angehen können. Aber ich will meine Gefühle einfach nicht verstecken. Ich bin direkt und einfach und ehrlich."*

Casablanca – *Filmplakat des legendären Streifens, 1943*

Publikum, als sich zeigte, dass die wahre Ingrid Bergman nicht dem Bild entsprach, das man von ihr hatte. Nachdem sie Ende der 40er Jahre Filme des neorealistischen Regisseurs Roberto Rossellini gesehen hatte, witterte die Schauspielerin eine neue künstlerische Herausforderung. Sie schrieb einen Brief an den italienischen Regisseur und bot ihm ihre Mitarbeit an. Wenige Zeit später, 1949, wurde sie vom Meister des Neorealismus und von Tausenden von Fans begeistert in Rom empfangen, um den Film *Stromboli* zu drehen. Sie verliebte sich in Rossellini, verließ nach zehnjähriger Ehe Mann und Kind und beschwor damit einen der größten Skandale Hollywoods herauf. Die Klatschkolumnisten machten Jagd auf die Rabenmutter, erst recht, als bekannt wurde, dass sie schwanger war, ohne von Lindström geschieden und mit Rossellini verheiratet zu sein. Sogar im US-Senat wurde sie als „Hollywoods Apostel der Erniedrigung" bezeichnet. Ihre Karriere in Amerika war beendet.

Sieben Filme drehte sie zusammen mit Rossellini, die zwar künstlerisch beachtet wurden, aber finanzielle Fehlschläge waren. Sie reichten weder an ihre noch an seine früheren Erfolge heran, schon gar nicht in den USA, wo die Streifen im Grunde boykottiert wurden. Ingrid Bergmans große Zeit war vorbei, und die Ehe, aus der die Kinder Robertino, Isabella (heute selbst Filmstar) und Ingrid stammen, war eher dramatisch und kompliziert als glücklich. Lange Zeit verbot Rossellini ihr, mit anderen Regisseuren zu filmen. 1957 ließen sie sich scheiden und Ingrid Bergman heiratete ein Jahr später den schwedischen Theaterproduzenten Lars Schmidt. Auch diese Ehe endete mit der Scheidung, nachdem Schmidt die Bergman 1970 verlassen hatte.

Inzwischen hatte das amerikanische Publikum ihr wieder verziehen. Als sie 1957 in die USA zurückkehrte, wurde sie jubelnd empfangen. Für die Titelrolle in dem amerikanischen Film *Anastasia* erhielt sie ihren zweiten Oscar (den ersten hatte sie für *Das Haus der Lady Alquist* bekommen). Von nun an übernahm Ingrid Bergman wieder regelmäßig Filmrollen, sie trat im Fernsehen auf und spielte am Broadway und in London Theater.

Nach ihrem letzten Kinofilm *Herbstsonate*, der einzigen Zusammenarbeit mit ihrem Namensvetter Ingmar Bergmann, kehrte sie heim nach Schweden. Damals, 1978, war sie schon an Krebs erkrankt, doch nur wenige Menschen wussten davon. Bereits schwer leidend drehte sie 1982 den Fernsehfilm *Eine Frau namens Golda*. Als sie am 29. August 1982 – an ihrem 67. Geburtstag – starb, verlor die Filmwelt eines ihrer größten Idole.

Literatur

- *Asmus, Hans-Werner, Das große Cinema Starlexikon. 1000 Stars von A – Z, Kino Verlag, Hamburg 1993*
- *Bergman, Ingrid, Mein Leben, übersetzt von Bernd Lubowski, Ullstein Taschenbuch Verlag, Frankfurt/Main, Berlin 1984*
- *Leamer, Laurence, Ingrid Bergman. Die Biographie, aus dem Englischen von Uta Benz-Lindenau, Ernst Kabel Verlag, Hamburg 1987*

Simone Signoret

** 25. März 1921 in Wiesbaden*
† 30. September 1985 in Paris
französische Schauspielerin und Schriftstellerin

Idol Frankreichs

Simone Signoret war eine Legende des französischen Films, hat in mehr als 40 Filmen mitgespielt – nur Rollen, die ihr etwas bedeuteten, mit Partnern, die sie selbst bestimmen konnte. 1960 bekam sie als erste Französin einen Oscar für den englischen Film *Der Weg nach oben*, zahlreiche andere Auszeichnungen folgten. Doch Simone Signoret war für ihre Landsleute mehr als eine glänzende Schauspielerin, sie war eine Institution: intellektuell, politisch engagiert und couragiert, wenn es um humanitäre Fragen ging, eine starke Persönlichkeit und eine eigenwillige Schönheit von berückender Sinnlichkeit. Ihre Schönheit hat sie schon früh verloren. Aber die Souveränität, mit der sie rechtzeitig in die Rolle der resoluten Frau mittleren Alters hineinwuchs, hatte eine Würde, die ihr noch größere Sympathien des Publikums einbrachte. „Ich war geschickt", sagte sie dazu einmal gegenüber einer Journalistin. „Ich habe mich der Dinge bedient, die ohnehin nicht mehr zu ändern waren, habe das Alter benutzt. Statt mich hinzusetzen und früheren Zeiten nachzutrauern, erlebte ich so großartige Abenteuer wie das, mit Jean Gabin zu drehen."

Berückende Schönheit: Simone Signoret in Eine Frau im Sattel*, 1950*

Unter dem Namen Simone Kaminker wurde die Tochter der Französin Georgette Signoret und des polnischen Juden André Kaminker 1921 in Wiesbaden geboren, wo ihr Vater – später erster Chefdolmetscher der UNO – damals Beamter der französischen Besatzung war. 1923 kehrte die Familie nach Paris zurück. Simone Signoret besuchte im Pariser Prominentenvorort Neuilly eine vornehme Schule und wollte anschließend Jura studieren. Ihr

Plan scheiterte an den Kriegswirren: Der Vater war nach England geflohen und die älteste Tochter, nun getarnt mit dem Namen ihrer Mutter, arbeitete als Nachhilfelehrerin und Sekretärin, um ihre Familie zu ernähren. Später wurde sie Stammgast im Café de Flore, dem Ort ihrer „zweiten Geburt“. Hier trafen sich Künstler und Intellektuelle, die damals, im Krieg, noch unbekannt waren, später aber alle berühmt wurden; hier verkehrten auch Kommunisten und Trotzkisten – Menschen, die zum Widerstand gegen die deutsche Besatzung gehörten.
Simone Signoret wurde Schauspielerin, bekam seit 1941 ihre ersten Filmrollen, kleine Auftritte, und hielt sich als Komparsin über Wasser.
Der Regisseur Yves Allégret führte sie zum Standesamt, mit ihm bekam sie 1946 Tochter Catherine. Sie etablierte sich in der Filmbranche und war glücklich – bis sie 1949 den Sänger Yves Montand kennen lernte: eine Liebe wie ein Vulkan. Zwei Jahre später heirateten sie. Diese berühmte Ehe, die bis zu ihrem Tod vierunddreißig Jahre lang hielt, war leidenschaftlich, spannungsreich, inspirierend. Als Montand noch in Bars sang, spielte sie längst in großen Filmen, in *Zur roten Laterne, Der Reigen, Das Mädchen mit dem Goldhelm, Thérèse Raquin, Das Geständnis, Das Narrenschiff, Die Katze,* und prägte mit ihren Rollen in der Epoche der Sexbomben den Typ der erwachsenen, gefühlvollen, schönen Frau.

„Ich war darin so frei und so wenig frei, wie ich es eben vermochte. Ich bin eine Frau aus einem mediterranen Land. Ich habe das Bedürfnis, einen Mann zu bewundern. Wenn Montand eine weniger glanzvolle Karriere als ich gemacht hätte, es hätte mich gestört.“
Simone Signoret über ihre Ehe mit Montand

Signoret/Montand, das war für die Franzosen oft ein Idealpaar. Allein schon ihrer gemeinsamen politischen Ideen wegen: 1950 unterzeichneten sie die „Stockholmer Erklärung“ (Verbot aller Kernwaffen), 1956 protestierten sie gegen die Invasion in Ungarn. Den Krieg in Afghanistan, die Zerschlagung der Gewerkschaft Solidarnosc prangerten sie öffentlich an. Sie haben viele Manifeste unterzeichnet und in einigen Fällen haben sie das später bereut. „Jeder Mensch hat das Recht auf Irrtum“, kommentierte Signoret ihre Entwicklung. „Ich habe für diese Welt gekämpft.“ Ohne sich zu schonen hat sie „intensiv, aber nicht sehr weise“ gelebt.
Später schrieb Simone Signoret auch Bücher: 1976 erschienen ihre Memoiren *Ungeteilte Erinnerungen*, die zum Bestseller wurden. Über Marilyn Monroe, mit der Yves Montand während ihrer Ehe eine Liebesbeziehung hatte, schrieb sie darin laut *New York Times* die schönsten Seiten, die je eine Frau über eine andere geschrieben hat.
Ihren letzten großen Erfolg errang sie mit ihrem Roman *Adieu Wolodja*, der, fast 600 Seiten stark, das Schicksal jüdischer Emigranten aus Polen und der Ukraine in Paris beschreibt.
Als die große französische Schauspielerin im Herbst 1985 an Krebs starb, waren ihre Landsleute schockiert. Sie hatten nichts gewusst von ihrer lebensbedrohenden Krankheit und trauerten um die Frau, die aus der Geschichte der französischen Idole nicht wegzudenken ist.

Filmplakat Hunger nach Liebe, *1961*

LITERATUR
- *David, Cathérine, Simone Signoret. Geteilte Erinnerungen, aus dem Französischen von G. & G. Hausemer, Goldmann Taschenbuch Verlag, München 1991*
- *Signoret, Simone, Ungeteilte Erinnerungen, aus dem Französischen von Gerlinde Quenzer und Günter Seib, Wilhelm Heyne Verlag, München 1980*
- *Signoret, Simone, Adieu Wolodja, Benziger Verlag, Köln 1985*

Marilyn Monroe

** 1. Juni 1926 in Los Angeles*
† 5. August 1962 in Los Angeles
amerikanische Schauspielerin

Die unglückliche Sexgöttin

Sie verkörperte den Mythos vom armen Mädchen, das sich aus einer schweren Kindheit nach oben arbeitete und zum Star der 50er Jahre wurde. Wie keine andere konnte sie das Klischee der naiven Blondine von fast unschuldiger Sinnlichkeit mit Leben füllen – das machte sie so unwiderstehlich. Unsterblich aber wurde Marilyn Monroe nicht nur durch ihre Schönheit, ihre erotische Ausstrahlung oder ihre Filmerfolge, sondern auch durch ihr tragisches und mysteriöses Ende. Man spekulierte über Affären mit Präsident John F. Kennedy und dessen Bruder Robert und nach ihrem Tod wurden in der Presse Mordkomplotte der amerikanischen Geheimdienste kolportiert. Wurde sie umgebracht oder nahm sie sich selbst das Leben? Die Gerüchte um ihren Tod konnten nie eindeutig geklärt werden. Erst als sie nicht mehr lebte, wurde sie als Schauspielerin und Komödiantin gefeiert. Künstler, unter anderem Dalí und Andy Warhol, machten sie zum Gegenstand ihrer Werke. Ihr Ex-Gatte Arthur Miller verewigte in seinem Schauspiel *Nach dem Sündenfall* seine Ehe mit MM, der US-Schriftsteller Norman Mailer schrieb Bücher über sie. Welches Schicksal verbarg sich hinter dem Mythos Marilyn? Als uneheliches Kind kam sie 1926 unter dem Namen Norma Jean Baker zur Welt, wuchs bei Pflegeeltern und im Waisenhaus auf. Ihr Vater war verschollen, ihre

Marilyn Monroe auf einer Porträtfotografie von 1953

Mutter verbrachte – ebenso wie ihre Großeltern – immer wieder Jahre in der Psychiatrie. Das Trauma ihrer Kindheit begleitete die Monroe ihr Leben lang. Als 16-Jährige flüchtete sie in eine glücklose Ehe mit James Dougherty, die nach vier Jahren wieder geschieden wurde. In dieser Zeit versuchte sie bereits, sich das Leben zu nehmen.
Während des Kriegs arbeitete sie in der Rüstungsindustrie. Ein Armee-Fotograf engagierte sie als Model für Pin-up-Fotos, weitere Modelaufträge folgten. Das brünette Haar ließ sie sich blond färben und aus Norma Jean Baker wurde Marilyn Monroe. Da stand sie schon unter Vertrag bei 20th Century Fox, erhielt Tanz- und Gesangsunterricht und wurde zum Starlet aufgebaut. Als ihr Vertrag nicht verlängert wurde, posierte sie für einen Aktkalender. 1950 bekam sie einen neuen Fox-Vertrag und hatte 1953 mit den Filmen *Niagara* und *Blondinen bevorzugt* ihr Durchbruchs-Jahr: Hollywood hatte eine neue Sexgöttin.

> *„Als Sexsymbol wird man zu einer Sache und ich hasse es einfach, eine Sache zu sein. Man kollidiert andauernd mit den unbewussten Wünschen der Menschen. Es ist nett, wenn die Leute einen in ihre Phantasien mit einbeziehen, aber man möchte auch um seiner selbst willen akzeptiert werden. Ich betrachte mich nicht als Ware, aber ich bin sicher, dass das viele Leute getan haben …“*

„Ich will eine Künstlerin sein, kein erotischer Freak“, sagte sie schon 1951. Doch weil sie der Filmindustrie als Starlet mehr Geld in die Kinokassen brachte, landete sie doch immer wieder in der Rolle der Blondine mit Sexappeal. Nach dem Kinoschlager *Das verflixte 7. Jahr* (1955) gründete sie, um endlich ihrem Image zu entkommen, in New York ihre eigene Firma, nahm Schauspielunterricht im „Actor's Studio“ von Lee Strasberg und entschied, nur noch anspruchsvolle Rollen zu spielen. Ihr nächster Film *Bus Stop* (1956) war tatsächlich ein Schritt in die neue Richtung.
1956 heiratete die Monroe den berühmten Theaterautor Arthur Miller. „Kopf“ und „Körper“, hieß es damals in den Medien, hätten zusammengefunden. Miller unterstützte Marilyns Ambitionen, eine „richtige Schauspielerin“ zu werden, doch die Filmgesellschaften und das Publikum wollten sie als Sex-Komödiantin sehen. Monroe, die wohl schon länger tablettenabhängig war, flüchtete sich zunehmend in Arbeitsverweigerung: Sie war launisch und notorisch unpünktlich.
Für *Der Prinz und die Tänzerin* (1957) gewann Monroe Lawrence Olivier als Star und Regisseur, doch der Film fand wenig Resonanz, so dass sie sich – nach langem Zögern – bereit erklärte, in *Manche mögen's heiß* (1959) doch wieder die einfältige Blondine zu spielen.
Ihr nächster Film *Misfists* (1961) mit Clark Gable konnte nur unter Schwierigkeiten fertig gedreht werden. Monroe war oft wegen physischer Erschöpfung nicht arbeitsfähig, die Ehe mit Miller wurde geschieden und Marilyn wurde psychiatrisch behandelt. Ein halbes Jahr später begann sie die Dreharbeiten für *Something's got to give* mit Dean Martin, doch Marilyn wurde wegen Unzuverlässigkeit entlassen. Vier Wochen später starb sie an einem Gemisch aus Barbeturaten und Amphetaminen. Die Monroe-Sage aber lebt bis heute.

MM in Das verflixte 7. Jahr, *1955*

Literatur

- *Miller, Arthur, Zeitkurven. Ein Leben, aus dem Englischen von Manfred Ohl und Hans Sartorius, S. Fischer Verlag, Frankfurt/Main 1994*
- *Monroe, Marilyn, Meine Story, aus dem Amerikanischen von M. Ohl und H. Sartorius, S. Fischer Verlag, Frankfurt/Main 1980*
- *Spoto, Donald, Marilyn Monroe. Die Biographie, Wilhelm Heyne Verlag, München 1993*

Romy Schneider

** 23. September 1938 in Wien*
† 29. Mai 1982 in Paris
deutsch-österreichische Schauspielerin

Erfolg und Tragik einer Filmlegende

„Sie ist das schönste Geschenk, das Deutschland oder Österreich, so genau kommt's ja nicht darauf an, seit Marlene Dietrich der Welt gemacht hat", schrieb eine Pariser Zeitung 1971 über Romy Schneider. Die Schauspielerin war damals 33 Jahre alt, gehörte zu den Filmlieblingen der Franzosen und zur Elite der internationalen Kinostars.
Romy Schneider (eigentlich Rosemarie Magdalena Albach) stammte aus einer Schauspieler-Dynastie: Ihre Urgroßmutter stand bereits auf der Bühne, ihre Großmutter war Burgschauspielerin in Wien und ihre Eltern, Magda Schneider und Wolf Albach-Retty, waren im Kino des Dritten Reiches beliebte Darsteller. Romy, die bei den Großeltern aufwuchs und nach der Trennung ihrer Eltern 1945 bei ihrer Mutter lebte, litt Zeit ihres Lebens unter der elterlichen Nähe zum Nationalsozialismus. Von 1949 bis 1953 besuchte Romy Schneider eine Klosterschule bei Salzburg. Ihre Filmkarriere begann, als sie zusammen mit ihrer Mutter und auf deren Wunsch hin in *Wenn der weiße Flieder wieder blüht* auftrat. Nach diesem erfolgreichen Debüt gab sie die Schule auf und spielte, ohne jemals Schauspielunterricht genommen zu haben, in einer Reihe von romantisch-sentimentalen Filmen. Vor allem die Historienfilme um die heile Welt der k.k. Monarchie, *Sissi, Sissi – die junge Kaiserin* (beide 1956) und *Sissi – Schicksalsjahre einer Kaiserin,* (1957), mit Karl-

Romy Schneider zu Beginn ihres künstlerischen Neuanfangs in Frankreich, 1961

Enge Mutter-Tochter-Beziehung: Magda und Romy Schneider, 1955

Claus Biederstaedt, Romy Schneider und Hardy Krüger, 1955

Romy Schneider mit Magda Schneider und Horst Buchholz, ihrem Filmpartner

Heinz Böhm als Filmpartner, machten aus dem natürlichen, strahlenden und „lieben Mädel" einen Superstar. Österreich und Deutschland lagen ihr zu Füßen. Die Mutter, die seit der Scheidung von Wolf Albach-Retty kaum noch Angebote erhielt, spielte in den 50er Jahren in fast allen Filmen der Tochter Nebenrollen, forcierte und förderte Romys Karriere.
1958 drehte Romy Schneider *Mädchen in Uniform* (mit Lilli Palmer); die Rolle, die sie darin spielte, war die erste in ihrer Laufbahn, die sie auch später noch gut fand. Im gleichen Jahr lernte die 20-Jährige bei den Dreharbeiten zu dem deutsch-französischen Film *Christine* (in derselben Rolle, die ihre Mutter fünfundzwanzig Jahre zuvor in der Vorlage für diesen Film, Arthur Schnitzlers *Liebelei*, gespielt hatte) den französischen Nachwuchsdarsteller Alain Delon kennen. Sie verliebte sich in ihn, zog zu ihm nach Paris und auf Drängen ihrer Mutter

verlobten sich die beiden.
In Frankreich versuchte Romy Schneider einen künstlerischen Neuanfang. Sie brach mit dem *Sissi*-Etikett – sehr zur Enttäuschung des deutschen Kinopublikums – und fand in dem

Die große Liebe: Romy Schneider und Alain Delon, 1963. Eine Zeit lang galten die beiden als das Traumpaar Frankreichs, fuhren im Cabriolet durch Paris, flanierten Händchen haltend durch die Straßen, standen zusammen auf der Bühne und vor der Kamera.

Regisseur Luchino Visconti einen maßgeblichen Förderer. 1961 setzte er sie in dem Theaterstück *Schade, dass du eine Dirne bist* ein. Für Romy Schneider war das eine immense Herausforderung: Sie stand zum ersten Mal auf der Bühne, spielte in einer fremden Sprache – und begeisterte. Die nächste große Rolle hatte sie unter Viscontis Regie in dem Episodenfilm *Boccaccio 70*, die sie europaweit zur ernst zu nehmenden Schauspielerin machte. Nur in Deutschland nahm man der verlorenen Tochter die Rollen im Ausland übel. Hier beharrte die Regenbogenpresse auf dem *Sissi*-Stempel und Romy Schneider kämpfte ihr Leben lang dagegen an.
In den folgenden Jahren spielte sie in französischen, englischen, italienischen und amerikanischen Filmen und entwickelte sich zur sensiblen und intelligenten Charakterschauspielerin mit hoher sinnlicher Ausstrahlung. Für Orson Welles' Kafka-Verfilmung *Der Prozess* erhielt sie

„Wenn das Glück aufhört, kommt es auf das Können an. Morgen kann es vorbei sein. Ein schlechter Film genügt und alle guten Filme geraten in Vergessenheit. Man redet über den Flop. Das beängstigt mich natürlich, aber die Vorstellung, ich könnte beruflich wieder einmal ganz unten sein, erschreckt mich nicht. Auf einen möglichen Misserfolg bin ich eigentlich schon lange gefasst."

1963 den Preis der Französischen Filmakademie. Besonders die französischen Filme mit Claude Sautet *(Die Dinge des Lebens, Das Mädchen und der Kommissar, César und Rosalie, Mado, Eine einfache Geschichte)* waren kritische, anspruchsvolle Streifen, die Romy Schneider als Künstlerin herausforderten. Zehn Jahre lang, von 1969 bis 1978, arbeitete sie erfolgreich mit Sautet zusammen, nahm Einfluss auf die Drehbücher und spielte Rollen, mit denen sie sich leidenschaftlich identifizierte: „Vom Charakter her bin ich

Romy Schneider und Alain Delon, 1961

jemand, der viel riskiert. Für mich gilt im Leben wie im Film die Devise: Alles oder nichts."
Die Filme mit Claude Sautet wurden kassenträchtige Kinohits, die in den 70er Jahren auch in Deutschland mit großem Erfolg liefen. Romy Schneider reiste oft nach Deutschland, um sich selbst zu synchronisieren.

„Ruhm hat seinen Preis. Ich zahle, womit alle zahlen müssen: dass man keine Ruhe mehr hat; dass man auf alles achten muss, was man sagt, was man tut. Ich achte eben nicht oft genug darauf. Im Leben bin ich eine ziemlich schlechte Schauspielerin."

Doch zu Hause fühlte sie sich in Frankreich. Hier hatte sie mit anspruchsvollen Rollen ihren – nach dem *Sissi*-Ruhm – zweiten Triumph als große Schauspielerin erlangt. Sie spielte in insgesamt 60 Filmen; zweimal, 1976 und 1979, erhielt sie den begehrten Filmpreis „César".
So erfolgreich sie als Filmstar war – ihr Privatleben war immer wieder von Tragik überschattet. Die Schauspielerin litt ihr ganzes Leben lang unter „krankhaftem Lampenfieber", wie sie es selber nannte. Bei den Proben spielte sie, „als ginge es um ihr eigenes Leben" (Regisseur Sautet). Umso mehr sehnte sie sich nach Geborgenheit, einem Menschen fürs Leben, einer Familie. Doch die große Liebe zu Alain Delon scheiterte. 1963 trennten sich die beiden. Zwei Jahre später heiratete Romy Schneider den deutschen Schauspieler und Theaterregisseur Harry Meyen, mit dem sie 1966 Sohn David bekam. Durch ihre Dreharbeiten war die Familie oft getrennt, die Ehe zerbrach und der jahrelange Scheidungskrieg wurde öffentlich ausgeschlachtet. 1978 nahm sich Meyen das Leben.
1975 heiratete Romy Schneider ihren Privatsekretär und Freund Daniel Biasini, 1977 kam Tochter Sarah Magdalena zur Welt. Doch auch diese Beziehung endete im Chaos, Daniel Biasini und Romy Schneider trennten sich 1981.

Hochzeitsfeier 1975: Romy Schneider und Daniel Biasini

Auf dem Höhepunkt ihrer Karriere: Romy Schneider, 1970

Im Juli desselben Jahres traf sie ein Schicksalsschlag, von dem sie sich nicht mehr erholte. Beim Versuch, über einen Zaun zu klettern, stürzte ihr Sohn David in die Eisenstäbe und starb an inneren Blutungen. Schon seit Jahren versuchte Romy Schneider, ihre Ängste, Sehnsüchte und Selbstzweifel mit Alkohol und Tabletten zu bekämpfen, sich mit Aufputschmitteln aus ihren Depressionen zu holen. Jetzt, nach dem Tod ihres Sohnes, überwältigten sie Trauer, Zweifel und Einsamkeit. Am 29. Mai 1982, knapp ein Jahr, nachdem ihr Sohn verunglückt war, starb Romy Schneider in ihrer Wohnung an Herzversagen.

Titelbild einer Illustrierten, 1959

LITERATUR

- *Jürgs, Michael, Der Fall Romy Schneider, Econ + List Taschenbuch Verlag, München 1998*
- *Schneider, Romy, Ich, Romy. Tagebuch eines Lebens, hg. von Renate Seydel, Piper Verlag, München 1999*
- *Schwarzer, Alice, Romy Schneider. Mythos und Leben, Kiepenheuer & Witsch Verlag, Köln 1998*

Marie Ellenrieder

** 20. März 1791 in Konstanz*
† 5. Juni 1863 in Konstanz
deutsche Malerin

Im Dienst der Religion

Es war überaus selten, dass im 19. Jahrhundert eine Frau, noch dazu eine Künstlerin, zu Lebzeiten für ihr Werk öffentlich gelobt und gewürdigt wurde. Die Malerin Marie Ellenrieder zählte zu diesen Ausnahmefrauen. Nicht nur ihr Landsmann, der Maler und Schriftsteller Friedrich Pecht, bewunderte sie als „die bedeutendste deutsche Künstlerin der modernen Zeit", sondern die Malerin hatte allgemein Erfolg, erntete Anerkennung und Ruhm. Marie Ellenrieder war das jüngste Kind eines Uhrmachers und wuchs in gutbürgerlichen Verhältnissen auf. „Ich bin ein glückliches, ein äußerst glückliches Geschöpf, liebenden Eltern gegeben, von Kindheit an wurde ich mit der zärtlichsten Sorge beschützt", schrieb sie über ihre Jugend. Die Schulzeit verbrachte sie in der Konstanzer Klosterschule der Dominikanerinnen. Sie lernte dort, was für Mädchen ihrer Zeit üblich war: Lesen, Schreiben, Religion, ein wenig Zeichnen und Handarbeit. Weil sie gut zeichnen konnte, durfte sie bei einem Miniaturmaler in die Lehre gehen. Drei Jahre lernte die junge Ellenrieder in der

Selbstbildnis der Malerin Marie Ellenrieder aus dem Jahre 1819

Werkstatt ihres Lehrers Joseph Einsle. Dann begann für die nun 22-Jährige mit der Aufnahme an der Münchner Akademie ein neuer Lebensabschnitt.
Marie Ellenrieder war die erste Frau, die an einer staatlichen Akademie studieren durfte. Ihre Aufnahme hatte sie einem einflussreichen Konstanzer Kirchenmann, dem Generalvikar Freiherr von Wessenberg, zu verdanken. Er muss ein für seine Zeit fortschrittlicher und kunstsinniger Kleriker gewesen sein, der das große Talent der jungen Frau erkannte und sich für ihre professionelle Ausbildung einsetzte.
Nach Konstanz zurückgekehrt erhielt die Ellenrieder zahlreiche

Kniendes Mädchen, einen Blumenkorb ausschüttend, Ölgemälde, 1841

Porträtaufträge. So schuf sie für die Fürstenhöfe von Hohenzollern, Baden und Fürstenberg größere Bildnisse, die neben dem repräsentativen auch einen sehr persönlichen Charakter besitzen. Gleichzeitig widmete sie sich der religiösen Malerei.
Bereits 1820 erhielt sie den Auftrag, die Altarbilder für eine neu erbaute katholische Kirche in Ichenheim bei Offenburg zu malen – eine große Herausforderung für die fromme Ellenrieder, die ihre künstlerische Pflicht darin sah, der Religion zu dienen.
Ein Italienaufenthalt von 1822 bis 1824 prägte das Leben Marie Ellenrieders entscheidend. Sehr bald schon wandte sie sich der Künstlergruppe der Nazarener zu. Deren Mitglieder strebten eine Erneuerung der Kunst auf religiöser Grundlage an und nahmen sich die Werke der italienischen Maler Raffael (1483–1520) und Pietro Perugino (1448–1523) zum Vorbild; die deutsche Malerin zeigte sich überaus empfänglich für diese Kunstrichtung. Den Nazarenern opferte sie ihre Lebendigkeit und Individualität, dennoch zeigen ihre Bilder nicht die Härte und Strenge der Werke ihrer Kollegen. Der moralisierende Anspruch der Nazarener brachte die Ellenrieder in seelische Konflikte. Die Forderung, stets mit reinem Herzen und in Gedanken an Gott leben und arbeiten zu müssen, erweckte in ihr das Gefühl, diesem Anspruch nicht zu genügen, und führte zu Depressionen. Auch fühlte sie sich von ihren männlichen Kollegen nicht anerkannt. „Es ist einmal ausgemacht, dass die deutschen Künstler in der Regel die Malerinnen nicht leiden können“, klagte sie.
Nach ihrer Rückkehr aus Italien beschloss Marie Ellenrieder, sich ausschließlich der religiösen Malerei zu widmen. Porträts, so fand sie, würden nur der menschlichen Eitelkeit dienen. Lediglich da, „wo der Gehorsam oder die Liebe es fordern“, gab sie nach. In den nächsten Jahren malte sie überaus erfolgreich. 1829 wurde sie zur badischen Hofmalerin ernannt und der Badische Kunstverein verlieh ihr als erster Frau die Medaille für Kunst und Wissenschaft. Doch die Depressionen holten sie erneut ein, begleitet von einer fortschreitenden Schwerhörigkeit, die schließlich zur Taubheit führte. Die Künstlerin zog sich zurück und versuchte in einer zweiten Rom-Reise neue Impulse zu finden. Enttäuscht und deprimiert kehrte Marie Ellenrieder nach Konstanz zurück. In den kommenden Jahren quälten sie Krankheiten und Schwermut. Gleichzeitig versiegte ihre künstlerische Kreativität und Inspiration, obwohl Engelbilder, süße „Jesulein“ und Heilige weiterhin reißenden Absatz fanden. Marie Ellenrieder starb an den Folgen einer Erkältung, die sie sich bei ihren täglichen Kirchgängen zugezogen hatte.

Literatur

- *Gleichenstein, Elisabeth von, „... und hat als Weib unglaubliches Talent“, in: Angelika Kauffmann – Marie Ellenrieder, Ausstellungskatalog Rosgartenmuseum, Konstanz 1992*
- *Kovalevski, Bärbel (Hg.), Zwischen Ideal und Wirklichkeit – Künstlerinnen der Goethezeit, Katalog zur Ausstellung in Gotha und Konstanz, Gerd Hatje, Kunst- und Architektur-Verlag, Ostfildern-Ruit 1999*
- *Sello, Gottfried, Malerinnen aus vier Jahrhunderten, Ellert & Richter Verlag, Hamburg 1994*

BILDENDE KUNST

Paula Modersohn-Becker

** 8. Februar 1876 in Dresden*
† 21. November 1907 in Worpswede
deutsche Malerin

Die Einzelgängerin

Paula Modersohn-Becker war eine der kühnsten deutschen Malerinnen ihrer Epoche, ihrer Zeit weit voraus: eine Wegbereiterin der Moderne. Und sie wusste – trotz Missachtung und Kritik an ihren genialen, eigenwilligen Werken und trotz der Zweifel ihrer Angehörigen und Künstlerfreunde – stets um ihre Begabung: „… ich werde noch etwas“, so äußerte sie sich mehrmals. „Wie groß oder wie klein, das kann ich selbst nicht sagen, aber es wird etwas in sich Geschlossenes. Dieses unentwegte Brausen dem Ziele zu, das ist das Schönste im Leben.“
Schon als Jugendliche hatte sie beschlossen, dass sie, komme was wolle, ihren Weg als Künstlerin gehen würde. Die schöpferische Arbeit, das „Konzentrieren meiner Kräfte auf das eine“, auf künstlerische Vollendung, stand bei ihr an erster Stelle. Dieser Ehrgeiz, diese Durchsetzungskraft und Willensstärke war für eine Frau um 1900 nicht nur ungewöhnlich, es kam einer weiblichen Disqualifizierung gleich. Frau-Sein und „egoistische“ Zielstrebigkeit ließen sich nach den gängigen Vorstellungen

Selbstbildnis mit Rose *aus dem Jahre 1905*

nicht vereinbaren und Paula Modersohn-Becker versuchte ihr Leben lang, ihre unbedingte Hingabe an die Kunst zu verteidigen und zu legitimieren: „Ich weiß nicht, ob man das noch Egoismus nennen darf. Jedenfalls ist es der adeligste (Egoismus)." Als drittes von sieben Kindern wurde Paula Becker 1876 in Dresden geboren. Ihre Mutter war eine kultivierte, lebensfrohe und zupackende Frau, ihr Vater eher ernst, pflichtbewusst, aber auch gemütvoll, mit Sinn für Humor. 1888, als Paula 12 Jahre alt war, zogen die Beckers nach Bremen, wo der Vater, ein Ingenieur, eine Stelle als städtischer „Baurat" antrat. Die Familie, die den Kindern eine Atmosphäre von Geborgenheit und Zuversicht bot, gehörte in der norddeutschen Patrizierstadt zum bürgerlichen Mittelstand. Schon mit 16 erhielt Paula Becker Zeichenunterricht in Bremen und London, wo sie bei einer Tante zu Besuch war. Nachdem sie auf Drängen ihres Vaters ein Lehrerinnenseminar absolviert hatte, durfte sie ihre künstlerische Ausbildung in der privaten „Zeichen- und Malschule des Vereins der Berliner Künstlerinnen" fortsetzen. 1898 zog sie in das Moordorf Worpswede nahe ihrer Heimatstadt Bremen, wo die Künstler Fritz Mackensen, Otto Modersohn, Fritz Overbeck, Heinrich Vogeler, Hans am Ende und Carl Vinnen in dem Verlangen nach Einfachheit, nach schlichter Malerei in der Natur eine Künstlerkolonie gegründet hatten. Paula Becker wurde Schülerin von Fritz Mackensen, distanzierte sich jedoch bald wieder von ihm – sie empfand seinen Stil als „milieugebunden". Insgesamt genoss sie die Zeit inmitten dieser braunen Moorlandschaft mit ihren sanften Birken und dunklen Kanälen, fühlte sich wohl in der dörflichen Umgebung zwischen Bauern, Torfstechern, Alten und Kindern und entwickelte hier ihre Natur- und Menschenbetrachtung, die aus all ihren Bildern spricht.

Sitzender Mädchenakt mit Blumenvasen, *Gemälde aus dem Jahre 1907*

Sie lernte in Worpswede den Dichter Rainer Maria Rilke kennen, schloss Freundschaft mit dessen späterer Frau Clara Westhoff, blieb aber trotz des geselligen Austauschs mit dem Freundeskreis der Künstlerkolonie eine Einzelkämpferin und erkannte schon im ersten Jahr: „Ich glaube, ich werde mich von hier fortentwickeln. Die Zahl derer, mit denen ich es aushalten kann, über das zu sprechen, was meinem Herzen und meinen Nerven nahe liegt, wird immer kleiner werden."

Paula Modersohn-Becker, 1900

Das Gemälde Am Dorfrand, *1900, stellt die Landschaft um Worpswede dar.*

Doch ihre Freundschaft und Liebe zu dem elf Jahre älteren Otto Modersohn band sie zunächst an das Künstlerdorf im Moor.

> *„Ich bin nicht Modersohn und ich bin auch nicht mehr Paula Becker. Ich bin – Ich – und hoffe, es immer mehr zu werden. Das ist wohl das Endziel von allem unserem Ringen."*
> Paula Modersohn-Becker an Rilke

Kurz vor der Jahrhundertwende vertraute Paula Becker ihrer Schwester einige Zeilen an, die in ihrer Radikalität für eine 22-jährige Studentin aus bürgerlicher Familie unerhört waren: „Ich sehe, dass meine Ziele sich mehr von den Euren entfernen werden, dass Ihr sie weniger und weniger billigen werdet. Und trotz alledem muss ich ihnen folgen. Ich fühle, dass alle Menschen sich an mir erschrecken und doch muss ich weiter. Ich darf nicht zurück."
Dieser entschiedene Wille, „etwas aus mir zu machen, was das Sonnenlicht nicht zu scheuen braucht", war der Motor ihrer ungeheuren Schaffenskraft. Sie arbeitete „mit einer Leidenschaft, die alles andere ausschließt", und lebte „für die Kunst, ein Ringen und Kämpfen mit allen Kräften". Als sie spürte, dass Worpswede einengend auf ihre zur Vereinfachung von Form und Farbe drängenden Kunst wirkte, reiste sie nach Paris, wo sie sich eine Weiterentwicklung erhoffte – und auch fand.
In der französischen Metropole genoss sie das unkonventionelle Leben. Sie machte die Nacht zum Tage, besuchte natürlich den Louvre und Ausstellungen aller Art, wo sie bei Werken von van Gogh, Cézanne, Matisse und vermutlich auch Picasso wesentliche Impulse für ihren künstlerischen Prozess fand, und verbesserte in der Académie Colarossi ihre anatomischen Kenntnisse (auf deutschen Kunstschulen war es Frauen damals nicht erlaubt, an den Anatomiekursen der Männer teilzunehmen). Als sie nach einem halben Jahr im Sommer 1900 nach Worpswede zurückkehrte, erschien ihr die Kunst dort „konventionell". Gleichzeitig wusste sie die Idylle des Moordorfes zu schätzen: „Ich wohne jetzt schön in der Stille. Da versuche ich alles Eitle, was die Großstadt mit sich brachte, abzustreifen und einen wahren Menschen und eine feinfühlige Seele und eine Frau aus mir zu machen."
Im Herbst des Jahres 1900 verlobte sie sich mit Otto Modersohn, dessen Frau im Sommer gestorben war. Ein Jahr später wurde sie seine Frau. Zunächst war diese Maler-Ehe, wie es sich Paula erträumt hatte: gemeinsames Streben in getrennten Ateliers. Sie konnte sich ihren Tagesablauf ganz nach ihren Wünschen einteilen und fand in Modersohn einen Förderer, einen feinsinnigen und

„Ich möchte das Rauschende, Volle, Erregende der Farbe geben, das Mächtige."

aufmerksamen Begleiter ihrer Arbeit. Ihre Bilder wurden immer kräftiger und eigenständiger. Die Intensität ihrer zahlreichen Selbstbildnisse, auch die für die Zeit kühnen Halbakte gaben ihrem Werk Profil – das einer bemerkenswerten Einzelgängerin. Das Leben des Paares hätte ideal sein können: Beide waren Künstler, ohne mit dem anderen zu konkurrieren oder sich gegenseitig einzuengen.

Doch schon nach einem Jahr musste Paula Modersohn erkennen, „dass die Ehe nicht glücklicher macht. Sie nimmt die Illusion, die vorher das ganze Wesen trug, dass es eine Schwesternseele gäbe. Man fühlt in der Ehe doppelt das Unverstandensein, weil das ganze frühere Leben darauf hinausging, ein Wesen zu finden, das versteht. Und ist es vielleicht nicht doch besser ohne Illusion, Aug' in Auge einer großen einsamen Wahrheit?" Im Frühjahr 1902 ging sie wieder nach Paris: Ihr Drang nach künstlerischer Entfaltung ließ ihr in Worpswede keine Ruhe mehr, und Otto Modersohn, der ihre geistige Unabhängigkeit respektierte und schätzte, ließ sich darauf ein. Während dieser Reise setzte sich Paula Modersohn-Becker unter anderem mit der Formen- und Farbenwelt Manets und Degas auseinander und lernte den Bildhauer Rodin kennen. Nach ihrer Rückkehr nach Worpswede nahm sie sofort ihren strengen Tagesablauf wieder auf. Ihre Arbeiten wurden dichter, die Köpfe und Körper monumental. Selbst ihr Mann war erschrocken. „Die Farbe ist famos, aber die Form? Der Ausdruck! Hände wie Löffel, Nasen wie Kolben, Münder wie Wunden, Ausdruck wie Cretins. Sie lädt sich zu viel auf: zwei Köpfe, vier Hände auf kleinster Fläche. Unter dem tut sie's nicht!" Paula Modersohn-Becker hatte sich ein hohes Maß gesetzt. Ungestüm, gegen das geläufige Reglement, malte sie ihre Porträts, ihre Mutter-Kind-Bilder. Auch ihre Pariser Zeiten in den Jahren 1905 und 1906 waren für ihre künstlerische Entwicklung von großer Bedeutung und führten sie zu neuen, noch kühneren Formen.

Ihre Entscheidung, sich mit ihrem letzten Paris-Aufenthalt aus ihrer Ehe zu befreien, machte sie wieder rückgängig. „Ich selbst bin anders geworden", schrieb sie in einem Brief an Clara Rilke, „etwas selbstständiger und nicht mehr voll zu viel Illusionen. Ich habe diesen Sommer gemerkt, dass ich nicht die Frau bin, alleine zu stehen … Die Hauptsache ist: Stille für die Arbeit, und die habe ich auf die Dauer an der Seite Otto Modersohns am meisten." 1907 kehrte sie in das norddeutsche Moordorf zurück, verbrachte einen schönen, schöpferischen Sommer und brachte am 2. November ein Kind zur Welt, das sie sich lange gewünscht hatte. Zwei Wochen später starb sie an einer Lungenembolie.

In dem knappen Jahrzehnt ihrer künstlerischen Produktion schuf Paula Modersohn-Becker ein Werk, das an Umfang und Vielfalt zukunftsweisender Ansätze seinesgleichen sucht: Mit etwa 700 Gemälden und über 1000 Zeichnungen von großer Dichte und elementarer Ausdruckskraft leistete sie einen entscheidenden Beitrag zur Kunst des 20. Jahrhunderts.

Kahler Baum, *1900*

Literatur

- *Busch, Günter, Reinken, Lieselotte von (Hg.), Paula Modersohn-Becker in Briefen und Tagebüchern, S. Fischer Verlag, Frankfurt/Main 1979*
- *Murken-Altrogge, Christa, Paula Modersohn-Becker, DuMont Buchverlag, Köln 1991*
- *Reinken, Lieselotte von, Paula Modersohn-Becker in Selbstzeugnissen und Bilddokumenten, Rowohlt-Taschenbuch Verlag, Reinbek 1983*

Gabriele Münter

** 19. Februar 1877 in Berlin*
† 19. Mai 1962 in Murnau
deutsche Malerin

Malerin des Blauen Reiters

Selbstbildnis von Gabriele Münter, 1909

Sie war eine bedeutende deutsche Malerin des Expressionismus und gehörte als Mitglied der Künstlervereinigung „Der Blaue Reiter" zur Avantgarde der deutschen Malerei. Ihre Bilder zeigen Landschaften, Stillleben und Porträts in klaren, kontrastierenden Farbtönen und großzügigen, vereinfachten, stark konturierten Formen, oft leuchtend, oft aber auch düster.

Gabriele Münter erblickte am 19. Februar 1877 als jüngstes, „spätes" Kind in Berlin das Licht der Welt. Ihre Eltern waren Mitte des 19. Jahrhunderts nach Amerika ausgewandert und 1864 wieder nach Deutschland zurückgekehrt: freiheitsliebende, weltoffene und wohlhabende Menschen, die ihre vier Kinder großzügig erzogen und förderten. Die jüngste Tochter besaß als Einzige in der Familie künstlerische Neigungen und wurde darin auch unterstützt.

Nach dem frühen Tod ihrer Eltern erhielt Gabriele Münter privaten Zeichenunterricht in Düsseldorf und reiste 1898 für zwei Jahre zu Verwandten nach Amerika. Dort lebte sie „in Texas und in Arkansas auf dem Lande … Keine Eisenbahn, keine Straße; man ritt Stunden über Land, um einen Sack Mehl zu holen." Es war eine schöpferische Zeit: Mehrere Skizzenbücher entstanden. Nach ihrer Rückkehr aus den Staaten zog sie nach München und trat – da Frauen zu dieser Zeit an Kunstakademien nicht zugelassen waren – in die neu gegründete „Phalanx"-Schule ein, an der Wassily Kandinsky unterrichtete. Der erkannte ihre Begabung: „Man kann dir nichts beibringen, du hast alles aus dir selbst. Was ich für dich tun kann, ist, dein Talent zu hüten und zu pflegen, dass nichts Falsches dazukommt", sagte Kandinsky 1903 zu Gabriele Münter – da waren sie längst ein Liebespaar.

Die Beziehung war anregend, aber schwierig. Kandinsky war verheiratet, versprach seiner Geliebten die Ehe, vertröstete sie aber immer wieder. Zwischen 1904 und 1908 unternahm das Paar viele Reisen nach Nordafrika, an die Riviera, nach Paris, wo Gabriele Münter unter dem Eindruck des aufkommenden Expressionismus Impulse bekam. Sie entwickelte in der Folgezeit einen neuen Malstil klarer Formen: „vom Naturabmalen – mehr oder weniger impressionistisch – zum Fühlen eines Inhalts – zum Abstrahieren – zum Geben eines Extraktes."

1909 kaufte die Malerin im oberbayerischen Murnau ein Haus, wo sie mit Kandinsky in den Sommermonaten lebte. Es

Dorfstraße in Murnau, *Gemälde aus dem Jahre 1910*

wurde zum Treffpunkt der Münchner Avantgarde: Marianne Werefkin, Alexej Jawlensky und die späteren „Blauen Reiter", Franz Mark, August Macke, Paul Klee und Alfred Kubin, gehörten zum „Murnauer Kreis", zu den regelmäßigen Besuchern der „Russen-Villa". „Es war eine schöne, interessante, freudige Arbeitszeit mit viel Gesprächen über Kunst ... Wir waren alle fleißig", notierte Gabriele Münter in ihr Tagebuch.

> *„Ich war in vieler Augen doch nur eine unnötige Beigabe zu Kandinsky. Dass eine Frau ein ursprüngliches, echtes Talent haben und ein schöpferischer Mensch sein kann, das wird gern vergessen."*
> Gabriele Münter, 1926

1914, mit dem Ausbruch des Ersten Weltkriegs, verließ der Russe Kandinsky Deutschland und zog nach Russland. Gabriele Münter lebte in Schweden und Dänemark, um ihm näher zu sein. 1916 trafen sie sich noch einmal in Stockholm, wo sie gemeinsam ausstellten. Ein Jahr später heiratete Kandinsky in Moskau die Tochter eines russischen Generals. Münter, die das erst Jahre später erfuhr, brauchte lange, bis sie sich von diesem Schlag erholt hatte und wieder malen konnte. Ende der 20er Jahre lernte sie den Kunsthistoriker Johannes Eichner kennen, mit dem sie den Rest ihres Lebens zusammenlebte. Unter den Nazis hatte sie Ausstellungsverbot und trat erst 1949 mit der Gedächtnisausstellung „Der Blaue Reiter in München" wieder an die Öffentlichkeit. Die mehrjährige Wanderausstellung ihrer „Werke aus fünf Jahrzehnten" und Ausstellungen im Ausland brachten ihr wachsende Anerkennung. Das Frühwerk Kandinskys, das er in Murnau zurückgelassen hatte, rettete sie über die NS-Zeit und stiftete es zusammen mit eigenen Bildern der Städtischen Galerie im Lenbachhaus, München. Gabriele Münter, die bis ins hohe Alter malte, starb 1962 mit 85 Jahren in Murnau.

Gabriele Münter in Kochel, 1902

Literatur

- *Hoberg, Annegret, Friedel, Helmut, Gabriele Münter 1877–1962. Retrospektive, Städtische Galerie im Lenbachhaus, München und Schirn Kunsthalle Frankfurt, Prestel-Verlag, München 1993*
- *Kleine, Gisela, Gabriele Münter und Wassily Kandinsky, Suhrkamp Verlag, Frankfurt/Main 1998*
- *Schröder, Stefanie, Im Bann des Blauen Reiters. Das Leben der Gabriele Münter. Romanbiographie, Herder Verlag, Freiburg im Breisgau 1997*

Coco Chanel

** 19. August 1883 in Saumur*
† 10. Januar 1971 in Paris
französische Modeschöpferin

Hohepriesterin der Mode

„Mode muss bequem und schick sein", war ihre Devise. „Natürlich", möchte man heute sagen. Doch damals, um 1900, war dieser Anspruch sensationell. Zu dieser Zeit trugen Frauen, die es sich leisten konnten, aufwendige, aber unbequeme Kleidung: Riesenhüte und Roben mit eng geschnürten Taillen und langen, wallenden Röcken, aufgebauscht durch Reif- und Unterröcke. Coco Chanel machte Schluss mit diesen umständlichen Modellen und prägte die Mode wie niemand sonst. Sie schaffte das Korsett ab, kürzte die Röcke, entwarf sportliche Zweiteiler, elegante und bequeme Kleider aus Strickstoff und – tausendfach kopiert – das kleine Schwarze. Diese Kreationen, für die sich die ehemalige Schneiderin ihre Ideen unter anderem aus der männlichen Garderobe holte – Hosen, Hemden, Krawatten, Pullover –, waren damals ebenso spektakulär wie in den 60er Jahren der Minirock. Und sie waren erfolgreich, weil sie den Zeitgeist trafen: Dieser knabenhaft-lässige Schick war genau das Richtige für die modernen, Zigaretten rauchenden Bubikopf-Frauen, die sich nach dem Ersten Weltkrieg einen Platz in der Gesellschaft eroberten. Mademoiselle Chanel mit dem untrüglichen Blick für Qualität und Form trug ihre Mode natürlich selbst. Sie war schließlich der Prototyp der modernen Frau: schlank, flache Brüste, kurze

Coco Chanel, die Trend setzende französische Modeschöpferin, 1965

Modemacherin Chanel im Jahre 1931

Haare, eine androgyne Erscheinung, selbstbewusst und unabhängig. „Ich war die Erste, die ein modernes Leben gelebt hat – so, wie es diesem Jahrhundert angemessen ist", rühmte sie sich. Zu Recht, denn ihre Mode entwickelte sie schon vor dem Ersten Weltkrieg.
Die Voraussetzungen für ihren unvergleichlichen Erfolg wurden ihr keineswegs in die Wiege gelegt. Gabrielle Chanel wurde als uneheliche Tochter des Hausierers Albert Chanel und seiner Geliebten Jeanne Devolle geboren. Als sie 12 war, starb ihre Mutter. Der Vater schob sie und ihre Geschwister ins Waisenhaus ab und verschwand. Dort, in der Nähstube des Klosters, lernte sie ihr Handwerk. Als 20-Jährige arbeitete Chanel in einem Wäschegeschäft in dem Garnisonsstädtchen Moulins. Da trat der erste Mann in ihr Leben: Etienne Balsan, Kavallerist und Industriellensohn.
„Du hast das Zeug zu einer Geschäftsfrau", erkannte ein Freund Etiennes, der Engländer Arthur (Boy) Capel, und gab Coco Chanel die entscheidenden Impulse für ihre Karriere. Sie ging nach Paris und eröffnete mit einem Kredit von Boy Capel 1910 einen Hutsalon. Die beiden waren Geschäftspartner und Liebespaar, Capel war die Liebe ihres Lebens.
Später zog Chanel mit ihrem Laden in die Pariser Rue Cambon Nr. 21 und verlegte das Geschäft schließlich ein paar Häuser weiter in die Nr. 31, wo das Haus Chanel bis heute seinen Sitz hat. 1913 richtete sie – ebenfalls mit Capels Vorfinanzierung – einen Modesalon in Deauville, 1915 einen in Biarritz ein. In beiden Orten verbrachte die mondäne Welt ihre Luxusurlaube und Chanel entwarf für die Damen ihre sportlich-elegante Mode. In den 20er Jahren kreierte Chanel ihren legendären Duft, Chanel No. 5, der weltweit das meistverkaufte Parfum wurde.
Die Modeschöpferin war berühmt, eine Dame von Welt. Sie war befreundet mit Picasso, mit dem Schriftsteller Cocteau, unterstützte großzügig den Komponisten Igor Strawinski und den Tänzer und Choreografen Sergej Diaghilew mit seinen *Ballets Russes*. Sie hatte zahlreiche Liebhaber, darunter den russischen Großfürsten Dimitri Pawlowitsch (einen Neffen des Zaren), den Dichter Pierre Reverdy, den steinreichen Herzog von Windsor.
1939, kurz vor Kriegsausbruch,

„Die Mode ist gleichzeitig Raupe und Schmetterling. Seien Sie tagsüber Raupe und abends Schmetterling. Es gibt nichts Bequemeres, als eine Raupe zu sein, und nichts, was für die Liebe geeigneter wäre als ein Schmetterling."

schloss die Modezarin das Maison Chanel, entließ ihre 4000 Angestellten und zog ins Pariser Hotel Ritz. Sie hatte eine jahrelange Affäre mit dem Deutschen Hans Günther von Dincklage, wurde deshalb bei Kriegsende als Kollaborateurin verhaftet und zog in die Schweiz.
Erst 1954 kehrte sie wieder nach Paris zurück, eröffnete als inzwischen 70-Jährige ihren Salon und erreichte mit der Kreation ihrer unverwechselbaren Kostüme den Höhepunkt ihrer Karriere. Erfolgreich und unermüdlich bis zu ihrem Tod 1971 arbeitete die Hohepriesterin der Mode weiter. Sie starb an einem Sonntag, dem einzigen Tag, an dem sie nicht im Salon stand.

LITERATUR

- *Charles-Roux, Edmonde, Coco Chanel. Ein Leben, aus dem Französischen von E. Tophoven-Schöningh, Paul Zsolnay Verlag, Wien 1988*
- *Kahlweit, Cathrin (Hg.), Jahrhundertfrauen. Ikonen – Idole – Mythen, C.H. Beck Verlag, München 1999*
- *Siegel, Monique R., Frauenkarrieren zwischen Tradition und Innovation. Führungsfrauen der Geschichte, Schäffer-Poeschel Verlag, Stuttgart 1994*

Hannah Höch

** 1. November 1889 in Gotha*
† 31. Mai 1978 in Berlin-Heiligensee
deutsche Malerin, Grafikerin und Fotografin

Die Individualistin

„Ich bin ein introvertierter Mensch, aber mein heftiges Interesse am Geschehen während meiner Spanne Zeit auf dieser Welt lässt mich bis heute, auch in der Zurückgezogenheit, an allem, was mir wichtig erscheint, teilnehmen." So charakterisierte sich die Künstlerin Hannah Höch einmal im Alter. Ihre Teilnahme am gesellschaftlichen und politischen Geschehen in kritischer Auseinandersetzung brachte sie Zeit ihres Lebens künstlerisch zum Ausdruck. Ja, ihre Kunst war für sie „Das Leben, Symbol für Wachsen und Vergehen, für Liebe und Hass, für Verherrlichen und Verwerfen, aber auch die Suche nach Schönheit, im Besonderen nach versteckter Schönheit", oder – wie sie es an anderer Stelle beschrieb – nach der Schönheit „in der Nichtgefälligkeit".
So machte sie, auf einer satirischen Fotomontage, einen *Schnitt mit dem Küchenmesser Dada durch die letzte Weimarer Bierbauchkulturepoche Deutschlands* (1919/20), malte sie *Die Braut* (1927), ein groteskes Hochzeitspaar – er steif im Frack und eingeschnürt, sie mit

Hannah Höch bei der Arbeit in ihrem Atelier in Berlin-Heiligensee, um 1970

riesigem Kindchenschema-Kopf, collagierte sie bizarre Typen *Aus einem ethnografischen Museum* (1924 –1931) – geniale Werke, die heute zu den künstlerischen und historischen Dokumenten des 20. Jahrhunderts gehören. In ihren Arbeiten kombinierte Hannah Höch alltägliche Motive aus Technik und Unterhaltung mit Porträtfotos und Schriftzügen zu grotesken, chaotischen und ironischen Montagen, die ihre Erfahrungen, Erkenntnisse

„Ich will die Mannigfaltigkeit des Lebens preisen mit meiner Arbeit, die Schönheit auch – aber nur als in der Nichtgefälligkeit mit einbeschlossen."
Tagebuch-Eintrag 1937

und Kritik wie in einem Brennglas fixierten. Ihrer Collagetechnik blieb die Künstlerin ihr Leben lang treu und entwickelte sie weiter. Sie nahm Elemente der abstrakten Kunst, des Konstruktivismus, der Neuen Sachlichkeit und des Surrealismus

auf, übersetzte ihre Fotomontage- und Collagetechniken auch in die Malerei und hinterließ ein außerordentlich vielseitiges Werk.
Johanne Höch wurde am 1. November 1889 als ältestes von fünf Geschwistern in eine gutbürgerliche Familie in Gotha hineingeboren. 1912 ging sie – gegen den Widerstand der Eltern – nach Berlin, um Kunst (Malerei, Kunstgewerbe und Grafik) zu studieren, und lernte 1915 Raoul Hausmann, den Wortführer der Berliner Dada-Gruppe um George Grosz, Johannes Baader, Walter Mehring und John Heartfield kennen. Berlin war gegen Ende des Ersten Weltkriegs bis Anfang der 20er Jahre Zentrum der europäischen Dada-Bewegung.
Als einzige Frau im Kreis der revolutionären Künstler hatte Hannah Höch es nicht leicht, sich künstlerisch durchzusetzen. Dass sie es dennoch schaffte, ihre eigenschöpferische Phantasie gegen die Dominanz dieses „ausgesprochen exklusiven Männerbundes“ – wie Walter Mehring in der Rückschau die Berliner Dada-Gruppe nannte – zu entfalten, zeugt von der Souveränität dieser Frau. Sie beteiligte sich an den Dada-Aktivitäten, an Ausstellungen, Manifesten, Demonstrationen, und entwickelte gemeinsam mit Hausmann das Prinzip der Fotomontage. Sie war befreundet mit den tonangebenden Künstlerinnen und Künstlern der Avantgarde ihrer Zeit. Eine „tiefe Seelenfreundschaft“ verband sie mit Kurt Schwitters, einem der „wenigen Männer, die eine Frau kameradschaftlich behandeln können“. An Schwitters berühmtem *Merzbau* in Hannover arbeitete sie mit.
1922 löste sich Höch aus der schwierigen Beziehung mit Raoul Hausmann und lebte dann mehrere Jahre mit der holländischen Schriftstellerin Til Brugman zusammen. Auch diese Lebenspartnerin war, nicht anders als Hausmann, dominant, wie Höch rückblickend resümierte. Doch in beiden Beziehungen erhielt sie wesentliche Impulse für ihre künstlerische Entwicklung.
Von den Nazis diffamiert fand sie im Herbst 1939 einen „idealen Ort zum Vergessenwerden“: ein Häuschen mit Garten in Berlin-Heiligensee. Dort überlebte sie in „radikaler Vereinsamung“ den Krieg, zog Gemüse, Obst und Blumen, rettete und versteckte an „entarteten“ Werken und Dokumenten, „was aus einer schöpferischen Zeit in meinen Händen war“, lebte in großer Bescheidenheit und arbeitete im Verborgenen. Der Erfolg durch große Ausstellungen in aller Welt – darunter in New York, in Paris, in Kyoto und natürlich in Berlin – kam für Hannah Höch sehr spät: in den 60er Jahren, als das Interesse an Dada wieder erwachte. Hannah Höch hat diesen Erfolg wohl auch mehr mit Staunen als mit Genugtuung empfunden. 1965 erhielt sie einen Ruf an die Berliner Akademie. 1978 verstarb sie im Alter von 88 Jahren.

Die Braut, *Gemälde von 1927*

Schnitt mit dem Küchenmesser..., *1920*

LITERATUR

- *Adriani, Götz (Hg.), Hannah Höch. Fotomontagen Gemälde Aquarelle, DuMont Buchverlag, Köln 1980*
- *Dech, Gertrud Jula, Schnitt mit dem Küchenmesser DADA durch die letzte Bierbauchkulturepoche Deutschlands. Untersuchungen zur Fotomontage Hannah Höchs, Literaturverlag Dr. Wilhelm Hopf, Münster 1981*
- *Ohff, Heinz, Hannah Hoech, Gebr. Mann Verlag, Berlin 1986*

Tina Modotti

** 16./17. August 1896 in Udine*
† 5. Januar 1942 in Mexico City
italienische Fotografin und Revolutionärin

Kunst und Kampf mit der Kamera

Wunder der Empfindsamkeit", nannte der mexikanische Maler Diego Rivera das fotografische Werk der Tina Modotti. Die Presse würdigte sie als „hervorragende Künstlerin von gestalterischer Sensibilität". Schon zu Lebzeiten war Tina Modotti berühmt, wegen ihrer Fotografie, aber auch wegen ihrer politischen Aktivitäten: Sie engagierte sich im nachrevolutionären Mexiko, das in den 20er Jahren des vergangenen Jahrhunderts als „Sowjetunion Amerikas" galt, und setzte, wie damals viele Künstler und Intellektuelle, große Hoffnungen auf den Kommunismus.
1896 im italienischen Friaul als Tochter einer armen Arbeiterfamilie geboren und aufgewachsen emigrierte Tina Modotti mit 17 Jahren in die USA, um Elend und Armut zu entkommen. In San Francisco, wo bereits ihr Vater und eine Schwester lebten, arbeitete sie zunächst für einen Hungerlohn als Textilarbeiterin. Schon damals besuchte sie, geprägt von den sozialistischen Überzeugungen ihres Vaters, Veranstaltungen der Arbeiterorganisation. Durch die Begegnung mit dem wenig erfolgreichen kanadischen Dichter und Maler Roubaix de l'Abrie Richey, genannt Robo, fand sie Anschluss an Künstlerkreise. 1917 heiratete sie Robo, der jedoch kurze Zeit später an einer Pockeninfektion starb. Bereits im

Legendäre Porträtaufnahme: Tina Modotti auf einem Foto von Edward Westen, 1921

italienischen Straßentheater in San Francisco war Tina Modotti als Laienschauspielerin durch ihr Talent und ihre Ausdruckskraft aufgefallen. In Los Angeles, wo sie mittlerweile lebte, wurde sie als Modell und Stummfilmschauspielerin entdeckt. Sie lernte den bekannten Fotografen Edward Weston kennen, verliebte sich in ihn, wurde sein Modell – es entstanden wunderschöne Porträts und Aktaufnahmen – und lernte von ihm das Fotografenhandwerk. 1923 ging sie mit Weston nach Mexiko.

Hier blühte sie auf, befreundete sich mit den revolutionären Künstlern des Landes, mit Diego Rivera, Frida Kahlo, David Siqueros – und begann zu fotografieren: Zunächst konzentrierte sie sich auf lyrisch-ästhetische Motive und strenge Kompositionen. Sie machte Detailaufnahmen von einfachen Objekten, wie Zuckerrohr und Weingläsern, ferner entstanden Blüten-Nahaufnahmen, Abbildungen von menschenleeren Gebäuden, von Treppen und Telegrafendrähten. Sie arbeitete dabei mit Licht-Schatten-Kontrasten und lenkte den Blick der Betrachter auf die Geometrie der Formen.

Bald aber waren es nicht mehr die abstrakten Formen und Lichtmuster, die sie interessierten, sondern die Menschen Mexikos. Sie fotografierte Lasten tragende Frauen, ein in Lumpen gekleidetes Kind, von Armut gezeichnete Landarbeiter, Menschen, die in schmutzigen Gassen liegen – Ikonen des Elends. Ihre Nahaufnahmen von zerschundenen Arbeiterhänden, von abgehärmten, traurigen Gesichtern sind beredt und überzeugend. Sie enthüllen ein soziales Unrecht jenseits von plakativer Anklage, und ohne die Würde der Dargestellten zu verletzen. Tina Modotti wusste, dass „Fotografien moralische Haltungen nicht erzeugen, wohl aber bestärken können". So kommentierte eine Kritikerin die bewegenden Bilder der Künstlerin.

Immer fragwürdiger erschien es ihr, die soziale Wirklichkeit Mexikos nur wahrzunehmen und abzubilden. Sie wollte nicht länger nur Zeugin sein, sie wollte handeln. „Heute kann ich mir nicht einmal den Luxus eigener Sorgen leisten – ich weiß wohl, es ist nicht die Zeit für Tränen ... an Ruhe ist nicht zu denken –, weder unser Gewissen noch das Andenken an die toten Opfer gestattet uns das", schrieb sie an Weston, der mittlerweile wieder in die USA zurückgekehrt war. 1927 trat Tina Modotti in die kommunistische Partei ein, zwei Jahre später wurde sie des Mordes an ihrem Lebensgefährten, einem kubanischen Revolutionär, beschuldigt und 1930, wie viele andere linksgerichtete Aktivisten, aus Mexiko ausgewiesen. Da ihr die USA die Einreise verweigerten, ging sie erst nach Berlin,

Tina Modotti in Mexiko, 1924

dann nach Moskau. Hier endete ihre künstlerische Karriere. Sie gab das Fotografieren auf, „warf ihre Kamera in die Moskwa und schwor sich, ihr Leben den niedersten Aufgaben der Partei zu opfern", schrieb der chilenische Dichter Pablo Neruda. 1936 arbeitete sie im Spanischen Bürgerkrieg als Lazarett- und Fluchthelferin und befreundete sich mit den Schriftstellern Ernest Hemingway, André Malraux und John Dos Passos. Nach der Niederlage der spanischen Republik kehrte sie nach Mexiko zurück und lebte hier unter einem Decknamen. Drei Jahre später starb sie, erst 45 Jahre alt, plötzlich und aus ungeklärten Gründen während einer Taxifahrt – ganz in der Nähe ihrer Wohnung.

LITERATUR

- *Albers, Patricia, Schatten, Feuer, Schnee. Das Leben der Tina Modotti, Paul List Verlag, München 2000*
- *Barckhausen, Christiane, Auf den Spuren von Tina Modotti, Pahl-Rugenstein Verlag, Köln 1988*
- *Cacucci, Pino, Tina. Das abenteuerliche Leben der Tina Modotti, Diogenes Verlag, Zürich 1993*

Tamara de Lempicka

** 16. Mai 1898 in Warschau*
† 18. März 1980 in Cuernavaca bei Mexico City
polnisch-französische Malerin

Kunst im Stil des Art déco

Eine blonde, stahläugige Frau, kühl, unnahbar und irritierend schön, sitzt in einem smaragdgrünen Sportwagen, gekleidet in ein metallgraues Tuch, eine Hand am Steuer, auf dem Kopf eine graue Autofahrerkappe, die vollen Lippen leuchtend rot geschminkt, den verschleierten Blick herausfordernd arrogant auf die Betrachter gerichtet. *Autoporträt* oder *Tamara im grünen Bugatti* heißt das Bild, eines der berühmtesten Selbstporträts Tamara de Lempickas, das die Künstlerin 1925 im Auftrag des deutschen Modejournals *Die Dame* für dessen Titelseite malte. Es verrät viel über das Selbstverständnis der Malerin und darüber, wie sie gesehen werden wollte: als moderne, selbstbewusste, unabhängige Frau, die die Maschine ebenso beherrscht wie Farben und Pinsel. Dass sie den Luxus liebte, einen exzentrischen Lebensstil führte und zum Jet-Set gehörte, machte sie umso schillernder. Ihre Malerei, abseits der Pariser Avantgarde entstanden, ist von einer kühlen Eleganz, die auch im Kunstgewerbe gepflegt und später „Art déco“ genannt wurde.

Autoporträt *oder* Tamara im grünen Bugatti, *aus dem Jahre 1925*

Als zweites von drei Kindern wurde die Polin Tamara Gorska 1898 in Warschau in eine reiche, großbürgerliche Familie hineingeboren. Sie war 13 Jahre alt, als sie auf einer Italienreise mit ihrer Großmutter ihr Interesse für

Kunst und Malerei entdeckte. Wie in privilegierten Kreisen üblich, wurde die heranwachsende Tamara europäisch erzogen und besuchte eine Schule im schweizerischen Lausanne. Als ihre Mutter zum zweiten Mal heiratete, zog sie aus Protest zu ihrer Tante nach St. Petersburg, wo sie einen luxuriösen Lebensstil kennen und schätzen lernte, den beizubehalten sie fest entschlossen war.
1914 begegnete sie dem polnischen Anwalt Tadeusz Lempicki, den sie zwei Jahre später heiratete. Das Paar konnte es sich leisten, auf großem Fuß zu leben, sah sich aber 1918, in den Wirren der Revolution, gezwungen, Russland zu verlassen, und siedelte nach Paris über, wo Tochter Kizette geboren wurde. Da Tadeusz Lempicki keine Arbeit fand, suchte Tamara nach einem Weg, für die Existenz der Familie zu sorgen. Sie entschied sich für die Malerei – ganz bewusst für eine erfolgsträchtige Richtung, die den Zeitgeist traf: das Art déco. Systematisch wie eine Geschäftsfrau betrieb sie ihre Laufbahn, nahm Malunterricht, suchte gezielt nach Ausstellungsmöglichkeiten, umgab sich mit berühmten und einflussreichen Menschen und setzte ihre Schönheit ein. Schon Anfang der 20er Jahre hatte sie ihre ersten Erfolge: Sie zeigte ihre Bilder in Galerien und Salons und konnte verkaufen. Modezeitschriften wurden auf sie aufmerksam. „La Lempicka" war geboren, deren Werke – Porträts und Akte – wegen ihrer „außerordentlichen Kraft" und „monumentalen Sinnlichkeit" gefragt waren. Die „schöne Polin", wie sie im Paris der 20er und 30er Jahre genannt wurde, porträtierte in erster Linie Angehörige der vornehmen Gesellschaft, malte aber auch ihre Familie, ihre Freunde, engagierte Modell-Profis oder holte sich Amateure von der Straße. Sie schuf erotische Bilder, üppige, makellose, sinnliche Körper mit kühlem, oft arrogantem Ausdruck in den Gesichtern, malte Frauen, die männliche und weibliche Züge hatten, und wagte Neues, indem sie nackte Körper wie Maschinen oder Apparate malte. 1928 ging ihre Ehe mit Lempicki endgültig in die Brüche. Gleichzeitig war sie erfolgreich wie nie: Es galt als schick, von ihr porträtiert zu werden, und sie konnte astronomische Preise verlangen. Kurz nach der Trennung von ihrem Mann lernte Tamara de Lempicka den ungarischen Baron Kuffner kennen, den sie 1933 heiratete. Weil die Bedrohung durch die Nazis ständig wuchs, verließ das Paar Frankreich und ging in die Vereinigten Staaten, wo ihre Werke jedoch nicht den erwarteten Anklang fanden. Die beiden ließen sich zuerst in Beverly Hills nieder und zogen 1943 nach New York. Lange nach dem Krieg widmete sich Tamara de Lempicka der abstrakten Malerei, zu der sie jedoch nie wirklichen Zugang fand. Sie geriet in Vergessenheit. Erst 1972, nachdem Galeristen auf eines ihrer Werke gestoßen waren und dann einen Teil ihrer Bilder zusammengetragen hatten, wurde ihr Comeback mit einer Ausstellung in der „Galerie de Luxembourg" in Paris gefeiert. Als die Malerin am 18. März 1980 in ihrem Wohnsitz im mexikanischen Cuernavaca starb, war sie „in die Reihe der größten Künstlerpersönlichkeiten des 20. Jahrhunderts" *(Le Figaro)* aufgerückt.

Lempicka, die „schöne Polin", 1925

Literatur

- *Néret, Gilles, Tamara de Lempicka 1898-1980, aus dem Französischen von Matthias Wolf, Benedikt Taschen Verlag, Köln 1991*
- *Nicoïdski, Clarisse, Die großen Malerinnen. Weibliche Kunst von den Anfängen bis zur Gegenwart, aus dem Französischen von Helga Künzel und Liselotte Julius, Suhrkamp Verlag, Frankfurt/Main 1999*
- *Sello, Gottfried, Malerinnen des 20. Jahrhunderts, Ellert & Richter Verlag, Hamburg 1994*

Frida Kahlo

** 6. Juli 1907 in Coyoacán nahe Mexiko City*
† 13. Juli 1954 in Coyoacán
deutsch-mexikanische Malerin

Malerin der Schmerzen

Das Bild zeigt eine Frauenbüste, unnatürlich aufgerichtet. Der Körper ist durch einen Längsriss gespalten und in ein Stahlkorsett gezwängt, die Wirbelsäule ersetzt durch eine geborstene ionische Säule. Um die Hüfte der Frau ist ein Lendentuch drapiert, das an den Gekreuzigten erinnert. Das Gesicht mit den vollen Lippen, den leicht geschlitzten, dunklen Augen einer Indianerin und den dicken Brauen wirkt nicht leidend, sondern ernst, reglos und stolz – ein herausfordernder Blick.

Die zerbrochene Säule heißt das Gemälde, ein Selbstporträt, das die mexikanische Malerin Frida Kahlo 1944 malte, im selben Jahr, in dem sie monatelang ein orthopädisches Korsett tragen musste und – wie oft in ihrem Leben – zur Bewegungslosigkeit verurteilt war.

Frida Kahlos Biografie ist die Geschichte einer vitalen, schöpferischen Frau, die Zeit ihres Lebens gegen Krankheit, Behinderung und körperlichen Verfall kämpfte. Die Tochter einer Mexikanerin und eines eingewanderten deutschen Fotografen

Die zerbrochene Säule, *Selbstbildnis aus dem Jahre 1944*

erkrankte 1913, im Alter von 6 Jahren, an Kinderlähmung und war neun Monate ans Bett gefesselt. Ihr rechtes Bein blieb für immer geschädigt. Um ihr die Krankheitsphase erträglicher zu machen, schenkte ihr der Vater einen Malkasten und installierte auf ihrem Bett eine Staffelei, so dass sie im Liegen malen konnte. Diese erste Leidenserfahrung und die Konfrontation mit ihrem versehrten Körper, der sie im Stich ließ, wurden ihr Schicksal, die Kunst ihr Weg und ihre Möglichkeit zu überleben.
Als 18-jährige Studentin erlitt Frida Kahlo bei einem Busunglück zahlreiche Brüche und schwerste Unterleibsverletzungen mit schrecklichen Folgen: lange Klinikaufenthalte, 32 Operationen, einengende Gipskorsetts, schmerzhafte Streckungen der Wirbelsäule, Folgeschäden und ein Leben mit dauerhaften Schmerzen. Und doch engagierte sie sich politisch, setzte sich ein für eine Reform der Agrar- und Arbeitsgesetze in Mexiko, erklärte 1910, das Jahr der mexikanischen Revolution, zu ihrem Geburtsjahr – ein symbolischer Akt der Solidarität. Frida Kahlo kämpfte – für soziale Gerechtigkeit und gegen den Verfall ihres von Krankheit und Unfall heimgesuchten, verstümmelten Körpers.
Mit ungeheurer Energie schuf sie ein Werk, das sie als bedeutendste Malerin Mexikos und als eine der großen Malerinnen des 20. Jahrhunderts ausweist. Sie malte ihre Wirklichkeit: kleinformatige, detailgenaue Selbstporträts, die eine tiefe Verbundenheit mit ihrem indianischen Erbe ausdrücken; sie benutzte Symbole aus dem mexikanischen Volksglauben und aus der surrealen Bilderwelt. Sie reiste in die USA, lernte Picasso, Duchamp, die Maler des Montparnasse kennen, ihre Bilder wurden in New York und Paris ausgestellt – sie fand die lang ersehnte Anerkennung.
Die zentrale Person ihres Lebens war der über zwanzig Jahre ältere, weltberühmte Maler Diego Rivera – der Mann, der nicht monogam leben konnte, und doch der Einzige, auf den es ihr im Leben ankam. Zweimal waren sie miteinander verheiratet, ihre Liebe war dramatisch, zärtlich und leidenschaftlich. Doch Kahlos sehnlichster Wunsch, ein Kind mit Diego, blieb unerfüllt.
Nach der Trennung zog sie sich in ihr Blaues Haus zurück, in die „Casa Azul", die zur Anlaufstelle für viele wurde, die Faschismus und Krieg aus Europa vertrieben hatten. Sie beherbergte Leo Trotzki, hatte mit ihm, auch mit anderen – Männern wie Frauen – Liebesaffären und kehrte auf Riveras Verlangen wieder zu ihm zurück.
Frida Kahlo war eine auffallende Persönlichkeit mit starker Ausstrahlung. Sie war die Leidende,

Diego und ich, *1949*

die schöne Mestizin in mexikanischer Tracht, die Kämpferin und Todessehnsüchtige, die ihre dauernden Schmerzen oft nur mit Alkohol oder Medikamenten ertrug. Ab 1940 verschlechterte sich ihr gesundheitlicher Zustand. Die Malerei gab sie nicht auf. Sie malte liegend – wie schon als Kind.
1953, nach einer Beinamputation, versiegte ihr Lebensmut. Ein Jahr später starb sie an einer verschleppten Lungenentzündung. Wenige Jahre nach ihrem Tod gestaltete Diego Rivera das Blaue Haus in ein Museum zu ihren Ehren um.

Literatur

- *Herrera, Hayden, Frida Kahlo. Malerin der Schmerzen, Rebellin gegen das Unabänderliche, aus dem Englischen von Dieter Mulch, Fischer Taschenbuch Verlag, Frankfurt/Main 1990*
- *Nicoïdski, Clarisse, Die großen Malerinnen. Weibliche Kunst von den Anfängen bis zur Gegenwart, aus dem Französischen von Helga Künzel und Liselotte Julius, Suhrkamp Verlag, Frankfurt/Main 1999*
- *Zamora, Martha, Frida Kahlo. Aufschrei der Seele, Wiese Verlag, Basel 1991*

Dora Maar

** 22. November 1907 in Paris*
† 16. Juli 1997 in Paris
französische Fotografin und Malerin

Picassos „Weinende Frau"

Berühmt wurde sie als Geliebte, Muse und Modell Picassos, vom Jahrhundertgenie vielfach porträtiert und als „Weinende Frau" in die Kunstgeschichte eingegangen. Aber schon vor ihrer Liaison mit Picasso war Dora Maar selbst eine renommierte Fotografin und Künstlerin. Als sie 1936 den sechsundzwanzig Jahre älteren, international bekannten Maler im Café Deux Magots in Paris kennen lernte, gehörte sie bereits zu den schillerndsten Figuren im Kreis der Surrealisten. Sie hatte zusammen mit dem Fotografen Georges Brassaï ausgestellt – exklusive Avantgarde- und Modeaufnahmen ebenso wie skurrile, mystische und dokumentarische Fotografien –, war befreundet mit den Schriftstellern André Breton, Jean Cocteau, Paul Eluard und dem Künstler und Fotografen Man Ray, dessen Modell sie war. Und sie hatte eine furiose Liebesbeziehung mit dem Schriftsteller Georges Bataille hinter sich.
1907 in Paris geboren wuchs Henriette Theodora Markovitch in Buenos Aires auf. Ihre Mutter war Französin, ihr Vater kroatischer Herkunft. Als 20-Jährige ging sie nach Paris, studierte Fotografie und Malerei und richtete sich ein eigenes Fotoatelier ein. Später, als sie sich den Künstlern der Surrealistischen Bewegung anschloss, gab sie sich den Namen Dora Maar. Eine eigenständige Künstlerin und intellektuelle Frau, scharfsinnig, temperamentvoll und souverän – so begegnete sie Picasso. Ihre geistige Unabhängigkeit führte zu einer spannungsreichen und stürmischen Liebesbeziehung mit dem Maler, die beide zu vielfältiger Kreativität anregte. Picasso, bislang nur an künstlerisch-formalen Problemen interessiert, entwickelte in der Beziehung mit der politisch engagierten Dora Maar erstmals ein eigenes politisches Denken.
Als er für den spanischen Pavillon der Pariser Weltausstellung 1937 das monumentale Werk (3 1/2 Meter hoch und 8 Meter breit) *Guernica* malte, war Dora Maar ständig anwesend, fotografierte jede Phase der Arbeit und diskutierte mit ihm die Symbole des Kriegs und seiner Opfer. Im linken Brennpunkt des Bildes ist eine Frau mit schmerzverzerrtem

Weinende Frau, Ölgemälde von Picasso, 1937

Porträtstudie Dora Maar von Man Ray, um 1930

Gesicht abgebildet, die ihr totes Kind umklammert. Es ist das weinende Gesicht von Dora Maar. Kunsthistoriker vermuten sogar, sie habe an dem Werk selbst mitgearbeitet und rätseln, wie viel *Guernica* Dora Maar verdankt.

Nachdem sie die Entstehung von *Guernica* fotografisch dokumentiert hatte, legte Dora Maar die Kamera weg und wandte sich ganz der Malerei zu. Sie malte Porträts, Stillleben und versuchte, neben Picassos machtvollem Einfluss ihren eigenen Stil zu finden. Gleichzeitig arbeiteten beide gelegentlich an demselben Gemälde, das sie gemeinsam mit „Picamaar" signierten.

Ihr gemeinsames Leben, das voller Hoffnung und voll ambitiöser Projekte begonnen hatte, war von Anfang an schwierig.

Als Dora Maar Picasso kennen lernte, lebte er noch in der Beziehung mit Marie-Thérèse Walther, mit der er eine kleine Tochter hatte und von der er sich auch nicht zu trennen gedachte. Maar ertrug dieses Arrangement, verlor jedoch zunehmend ihre Souveränität, ihren Stolz und ihr Selbstbewusstsein. 1943 traf Picasso die vierzig Jahre jüngere Kunststudentin Françoise Gilot, und als er sich drei Jahre später von Dora Maar trennte, erlitt sie einen Nervenzusammenbruch. Verwirrt und seelisch zerrüttet wurde sie in die Psychiatrie eingewiesen. Anschließend unterzog sie sich einer zweijährigen Psychoanalyse bei Jacques Lacan und suchte Trost und Halt in religiös-mystischer Versenkung. Die schlagfertige und scharfsinnige Frau, deren Charme und Witz einst die Pariser Gesellschaft bezaubert hatten, lebte fortan zurückgezogen in ihrer Pariser Wohnung oder ihrem Haus in der Provence, einem Abschiedsgeschenk von Picasso. Sie malte Landschaften, Stillleben, zeigte ihre Bilder in Ausstellungen. Erst nach ihrem Tod 1997 wurde bekannt, welche Schätze sie fünfzig Jahre lang in ihrer Wohnung aufbewahrt hatte: Gemälde, Skizzen, Kleinskulpturen von Picasso, Fotografien von Man Ray, Paul Eluards Gedichte, von Picasso illustriert, sowie Gemälde und Fotos aus ihrem eigenen Atelier. Bei der Auktion brachte ihr Nachlass rund 65 Millionen Mark ein.

Literatur

- *Caws, Mary Ann, Dora Maar. Die Künstlerin an Picassos Seite, aus dem Englischen von Anja Gundelach, mit einem Vorwort von Heinz Berggruen, Nicolai'sche Verlagsbuchhandlung Beuermann, Berlin 2000*
- *Förster, Tanja, Dora Maar. Picassos Weinende. Biografie, Europäische Verlagsanstalt, Hamburg 2001*
- *Lord, James, Picasso und Dora Maar, aus dem Amerikanischen von Astrid von dem Borne und Irmengard Gabler, Fischer Taschenbuch Verlag, Frankfurt/Main 1998*

Maria Helena Vieira da Silva

** 13. Juni 1908 in Lissabon*
† 6. März 1992 in Yévrele-Chatel, nahe Paris
portugiesisch-französische Malerin und Grafikerin

Im Netzwerk geometrischer Linien

Als schwebend, unwirklich zart hatte sie einst ein Dichter bezeichnet. Eine Beschreibung, die wohl auf ihre äußere Erscheinung und ihre Bilder zutrifft, nicht aber auf das Leben der Maria Helena Vieira da Silva. Sie wuchs in einem liberalen, intellektuell und musisch geprägten Elternhaus auf. Von klein an begleitete sie ihren Vater, Direktor einer bedeutenden Lissabonner Zeitung, auf Reisen. Früh erkannten und förderten die Eltern die musikalische Begabung ihres einzigen Kindes und eine Karriere als Pianistin schien vorgezeichnet. Doch die Tochter beschritt einen anderen Weg. Sie entschied sich für das Studium der bildenden Künste und zog 1928 nach Paris. War es zu Beginn noch die Bildhauerei, die sie begeistert an der Pariser Académie de la Grande Chaumière studierte, so wechselte sie schon bald in das Fach der Malerei und wurde Schülerin von Othon Friesz (französischer Maler, 1879–1949) und Fernand Léger (französischer Maler, 1881–1955).

Die Malerin und Grafikerin in Paris auf einem Foto von 1977

In der Akademie lernte sie Arpad Szenes, einen ungarischen Maler jüdischer Herkunft kennen. Die beiden heirateten 1930 und reisten nach Ungarn, wo Szenes ihr seine Heimat zeigte. Nach Frankreich zurückgekehrt, lebte das Paar für kurze Zeit in Marseille und hielt sich dort mit dem Verkauf von Teppichentwürfen und Buchillustrationen über Wasser. Später arbeitete

Brumes de chaleur (Hitzenebel), *Ölgemälde aus dem Jahre 1957*

Vieira da Silva als Pressezeichnerin und stellte gemeinsam mit ihrem Mann Kopien moderner Meisterwerke her. Zum entscheidenden visuellen Erlebnis wurde für sie der Anblick der berühmten Schwebefähre von Marseille, „Le pont transbordeur" – eine kühne Eisenkonstruktion des 19. Jahrhunderts, erbaut im Geist des Eiffelturms. Sie reizte daran „die ausgreifende Konstruktion, die Linie vor dem Licht." Das Prinzip ihrer Malerei war fortan klar: mathematische Transparenz und tiefsinnige Inspiration.
Das Paar ließ sich in Paris nieder, besuchte aber immer wieder Lissabon, die Geburts- und Heimatstadt Vieira da Silvas, und hielt sich manchmal auch länger dort auf. 1939/1940, als sich die beiden angesichts der deutschen Expansion nicht mehr sicher fühlten, gingen sie von Portugal aus nach Brasilien ins Exil. Der Terror, der Europa überzog, drang von ferne in die Malerei der Geflohenen ein: Vieira da Silva malte 1942 *Le desastre (Das Unheil)*, das die Ängste, Verzweiflung und Qualen der Menschen zum Ausdruck brachte. 1947 kehrten Vieira da Silva und Szenes nach Paris zurück und nahmen die französische Staatsbürgerschaft an. Bereits in den frühen 40er Jahren zeigten sich die charakteristischen Merkmale ihrer Kunst – etwa die Gestaltung des Raumes durch ein nicht ganz eindeutig bestimmtes Gitterwerk. Der entscheidende Durchbruch gelang ihr 1949 mit dem Gemälde *Gare Saint-Lazare (Bahnhof Saint-Lazare)*. Ihrer Malerei eigen blieb die Bedeutung der Linien. Sie ergeben geometrische Figuren, eröffnen Perspektiven und grenzenlose Innenräume. Auf die Frage, woraus ihre Bilder bestehen, antwortete sie: „Aus Schweigen und Murmeln, aus dem, was ich erlebt habe, aus dem, was immer in mir war. Vergessen Sie nicht, ich wurde in Portugal geboren, am Rande des Ozeans." Lissabon blieb die nie versiegende Inspirationsquelle der Malerin. Die Stadt am Rande des Pazifischen Ozeans begleitete sie lebenslang mit ihren sanften Farben, ihrem wunderbaren Licht, den zahllosen verwinkelten Gässchen und den anmutig gemusterten Kacheln vieler Hausfassaden. Maria Helena Vieira da Silva, die 1992 im Alter von 83 Jahren in ihrem Haus bei Paris starb, wurde schon zu Lebzeiten wie eine Nationalheldin in Portugal verehrt. Seit 1999 besitzt Lissabon ein „Museum Arpad Szenes-Vieira da Silva". In künstlerischer Eintracht hängen hier die Werke des Paares, die surrealistisch beeinflussten Bilder Arpad Szenes neben denen seiner Frau, die zweifellos die größere künstlerische Begabung besaß und weitaus mehr Anerkennung und Ruhm fand. Doch verfügte Szenes über eine innere Unabhängigkeit, die es ihm bis an sein Lebensende ermöglichte, das Ausnahmetalent Vieira da Silvas in Liebe ertragen zu können.

Literatur

- *Crüwell, Konstanze, Ockergelb, um die Welt zu akzeptieren. Ein neues Museum für die Malerin Vieira da Silva in Lissabon, in: Frankfurter Allgemeine Zeitung vom 20. Dezember 1994*
- *Presler, Gerd, Linien vor dem Licht. Vieira da Silva, in: Frankfurter Allgemeine Zeitung, Magazin vom 16. Juni 1988*
- *Vieira da Silva, Maria Helena, Katalog zur Ausstellung im Städtischen Museum Wuppertal, mit einem Text von Werner Schmalenbach, Wuppertal 1958*

Meret Oppenheim

** 6. Oktober 1913 in Berlin*
† 15. November 1985 in Basel
deutsch-schweizerische Malerin, Objektkünstlerin und Schriftstellerin

Die Unabhängige

Berühmt wurde sie durch die legendäre *Pelztasse*, die aus einer Spiellaune heraus entstand: Meret Oppenheim, Picasso, seine Freundin Dora Maar und andere Künstler saßen im Café de Flore in Paris und bewunderten pelzbesetzte Armbänder, die Oppenheim für die avantgardistische Modemacherin Elsa Schiaparelli entworfen hatte. Die Runde überlegte, was man denn noch alles mit Pelz überziehen könnte. „Auch diesen Teller, die Tasse", phantasierte Meret Oppenheim, zog los, besorgte Teller, Tasse, Löffel, umkleidete die Gegenstände mit chinesischem Gazellenfell und präsentierte sie 1936 in zwei Surrealisten-Ausstellungen. Das Kunstobjekt mit dem Titel *Déjeuner en fourrure* (Frühstück im Pelz) wurde vom New Yorker Museum of Modern Art angekauft und machte Meret Oppenheim weltberühmt. Zu diesem Zeitpunkt war sie 23 Jahre alt. Das Werk, kurz *Pelztasse* genannt, gilt als Inbegriff des Surrealismus und fixierte die Künstlerin jahrzehntelang auf diese Stilrichtung, obwohl sie nie an einen Stil gebunden war. Ihr späteres, ebenso phantasievolles, eigenwilliges Werk – Bilder, Skulpturen, Objekte und Zeichnungen – zeugt vielmehr von einer großen Offenheit und Freiheit, einem schöpferischen Willen, der getragen war von Wandel und Erneuerungskraft. Meret Elisabeth Oppenheim war die Tochter eines deutschen Arztes und einer Schweizerin und wuchs in gutbürgerlichen Verhältnissen auf. „Bei uns zu Hause wurde viel gelesen, klassische und moderne Literatur. Kunst war ein Wert." So beschrieb sie die Atmosphäre in ihrer Familie. Ihre Kindheit verbrachte sie während des Ersten Weltkriegs bei den Großeltern in der Schweiz, dann in Süddeutschland, wo der Vater eine Praxis eröffnet hatte.

Mit 16 Jahren beschloss sie, Künstlerin zu werden, 1932, kurz vor dem Abitur, zog sie mit Einwilligung ihrer Eltern nach Paris,

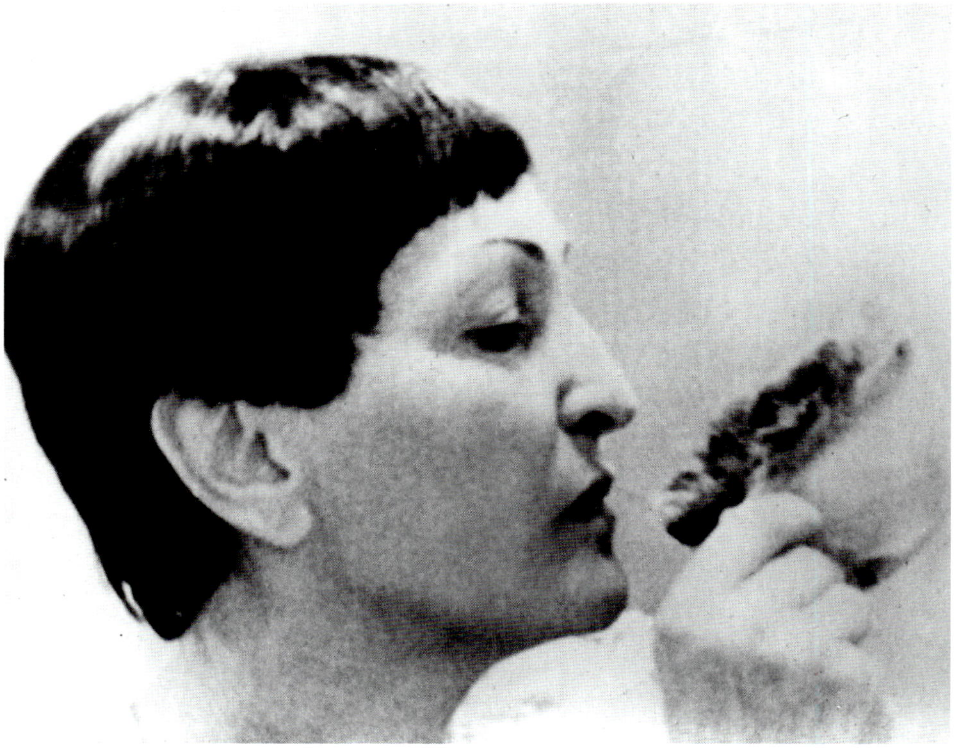

Die Malerin mit ihrer legendären Pelztasse *auf einem Foto von 1967*

um dort Malerei zu studieren. Zusammen mit einer Freundin, mit der sie in die französische Metropole aufgebrochen war, ging sie als Erstes in das Café de Dôme, damals der wichtigste Künstlertreffpunkt. Bald gehörte sie zu dem Surrealistenkreis um André Breton, war mit den Schweizer Künstlern Hans Arp und Alberto Giacometti befreundet und hatte eine kurze, leidenschaftliche Affäre mit Max Ernst. Sie zeigte bei allen Gruppenausstellungen der Surrealisten eigene Werke und ließ sich von Man Ray porträtieren: Es entstanden die weltberühmt gewordenen Fotos mit dem Druckerpresse-Rad, später noch weitere Aktaufnahmen und schlichte Porträts von berückender Schönheit.
Im Kreis der Surrealisten erfuhr die junge Künstlerin die Bestätigung ihrer freiheitlichen Lebenshaltung und Experimentierfreude: „Für uns Frauen verkörperte der Surrealismus eine Welt, in der wir gegen Konventionen rebellieren konnten; die Phantasie war ein Schlüssel für ein freieres Leben." Ab 1935 konnten ihre Eltern sie finanziell nicht mehr unterstützen, da der Vater wegen seines jüdischen Namens die Praxis aufgeben musste. Er zog mit der Familie nach Basel, durfte dort aber als Ausländer seinen Beruf nicht ausüben. Auch Meret Oppenheim übersiedelte nach Basel, studierte hier ab 1938 Malerei und restaurierte Bilder, um sich ihren Lebensunterhalt zu verdienen. Schon in den Pariser Jahren hatte sie immer wieder unter Depressionen gelitten, die sich nun verstärkten – eine lange, 18 Jahre dauernde Schaffenskrise bahnte sich an: „Es war mir, als würde die jahrtausendealte Diskriminierung der Frau auf meinen Schultern lasten als ein in mir steckendes Gefühl der Minderwertigkeit."
1945 lernte sie den Baseler Kaufmann Wolfgang La Roche kennen, vier Jahre später heirateten die beiden und zogen nach Bern, das damals eine vitale Stadt, ein Forum für Kunst und zeitgenössische Debatten war. 1954 schließlich bezog Meret Oppenheim ein Atelier in Bern: „Die Krise verging fast von alleine. Das war ein innerer Vorgang, der von einer zur anderen Sekunde vorüber war. Ich konnte in jener Nacht schlecht schlafen, weil ich wusste, dass fortan alles anders wird." Die Einfälle kamen wieder – sie malte, zeichnete, schrieb, schuf Objekte, machte Aktionen. Eine große Retrospektive ihres Werks 1967 in Stockholm führte zur Wiederentdeckung der Künstlerin. Sie wurde ausgezeichnet mit dem Kunstpreis der Stadt Basel, mit dem Großen Preis der Stadt Berlin und wurde zur Teilnahme an der „documenta 7" in Kassel eingeladen. Als in den 70er Jahren die Frauenbewegung stark wurde, verfolgte Oppenheim mit Interesse die feministische Diskussion, wehrte sich aber gegen die Auffassung, es gäbe so etwas wie weibliche Kunst. „Der Geist ist androgyn!" – ein viel zitierter Standpunkt der Künstlerin und für sie ein befreiender, da er keinem der Geschlechter eine Vorrangstellung erlaubt. Meret Oppenheim starb am 15. November 1985 an den Folgen eines Herzinfarkts.

„Wenn einer eine neue, eigene Sprache spricht, die noch niemand versteht, muss er manchmal lange warten, bis er ein Echo vernimmt."

Aktfoto von Man Ray, 1933

Literatur

- *Curiger, Bice, Meret Oppenheim. Spuren durchstandener Freiheit, ABC Verlag, Zürich 1984*
- *Oppenheim, Meret, Husch, husch, der schönste Vokal entleert sich. Gedichte, Zeichnungen, herausgegeben und mit einem Nachwort von Chrstiane Meyer-Thoss, Suhrkamp Verlag, Frankfurt/Main 1984*
- *Oppenheim, Meret, Kunst von Sinnen, in: Du. Die Zeitschrift der Kultur, Heft Februar 2001, Tamedia Verlag, Zürich 2001*

Ninon de Lenclos

** 10. November 1620 in Paris*
† 17. Oktober 1705 in Paris
französische Kurtisane und Salonière

Die freie Denkerin

Wohl keine andere Grabinschrift kommt dem Wesen einer Person näher als die Zeilen über Ninon de Lenclos, verfasst von ihrem engen Freund, dem Abbé de Châteauneuf: „Ninon, die beinahe ein ganzes Jahrhundert der Liebe gedient hat, beschloss nun endlich ihre Tage. Sie war zugleich die Ehre und die Schande ihres Geschlechtes. Unbeständig in ihren Wünschen, feinsinnig in ihrem Vergnügen, ihren Freunden gegenüber treu und klug, zu ihren Liebhabern zärtlich und flatterhaft, ließ sie die Galanterie und die strenge Züchtigkeit zusammen über ihr Herz gebieten und zeigte uns, welche Macht die siegreiche Vereinigung der Reize einer Venus und einer engelsgleichen Seele besitzt."
Ninon de Lenclos führte ein aufregendes, ein von zahlreichen Liebesaffären durchzogenes Leben. Sie war attraktiv und hatte eine Legion von Liebhabern. Ihre Figur entsprach dem Schönheitsideal der Zeit. Sie besaß kastanienbraunes Haar, ein rundes Gesicht, einen frischen Teint, breite Lippen, schwarz glänzende, fröhliche Augen voller Feuer. Gleichzeitig war sie eine charismatische Frau – selbstsicher, sinnlich, voller Esprit und Vitalität.
Lange hatte Ninons Mutter sich bemüht, das Mädchen kirchenfromm zu erziehen, während der Vater ihr das Rüstzeug einer Freidenkerin mitgab. Er legte ihr die Bücher des von ihm so verehrten Montaigne ans Herz, dessen Lebensweisheit sie bereitwillig aufnahm und sich allmählich aneignete. Sie erhielt Unterricht in Tanz, Gesang und Lautenspiel und war schon als Kind in allen Palästen des Pariser Stadtteils Marais beliebt und umworben.
Ihre erste große Liebe erlebte und erlitt Ninon de Lenclos in den Armen von Andelot de Coligny, dem späteren Herzog von Châtillon. Was diesem Mann jedoch fehlte, war die Fähigkeit zur Treue. Er verließ sie bald. Verzweifelt, ratlos und niedergeschlagen blieb Ninon zurück und schwor sich, in Zukunft als Erste ihre Liebhaber zu verlassen. Sie legte sich eine bewusste Unbekümmertheit zu und betrachtete die Liebe von Stund an als Abenteuer ihrer Sinne. „Seit ich begriffen habe, dass wir Frauen nur ein Spielball des männlichen Leichtsinns sind und dass jene die Freiheit der Entscheidung für sich alleine in Anspruch genommen haben, bin ich zu dem Entschluss gekommen, wie ein Mann zu leben."
So eigennützig und launenhaft sie mit ihren Liebhabern umging, so

Lithografie der berühmten Kurtisane

treu und verständnisvoll war sie gegenüber ihren Freunden.
Erst 20 Jahre alt verkehrte Ninon bereits im Salon Marion de Lormes, in den ihr Vater sie geführt hatte. Sie lernte dort die berühmtesten Männer ihrer Zeit kennen, Corneille, des Barreaux, Cyrano de Bergerac, mit denen sie in Freundschaft und Liebe verbunden blieb. Jahre später wurde sie zum viel bewunderten Mittelpunkt im Salon des Dichters Scarron. Ein Liebesabenteuer folgte dem nächsten, unter ihren Liebhabern waren Herzöge, Grafen und Prinzen. Die Männer lagen ihr zu Füßen und auch die Frauen fühlten sich zu ihr hingezogen. Die einflussreichen Damen ihres Jahrhunderts gehörten zu ihrem Bekanntenkreis. Sie stand in regem Austausch mit der großen Briefschreiberin Madame de Sévigné, mit Königin Christine von Schweden, mit Madame de Maintenon, der zweiten Gemahlin Ludwigs XIV.
Ab 1657 wohnte Ninon de Lenclos endgültig in dem Haus in der Rue de Tournelles, das fortan untrennbar mit ihrem Namen verbunden blieb. Hier unterhielt sie jahrzehntelang einen Salon, in dem täglich Vertreter der geistigen wie auch der adeligen Elite zusammentrafen. So lebte und arbeitete der französische Dichter La Fontaine einige Zeit in ihrem Haus. Molière, ein ständiger Gast in Ninons Salon, war der Ansicht, dass sie die Fähigkeit besäße, am raschesten und lebhaftesten auf Komisches zu reagieren.
Ihre geistige Klarheit behielt sie bis zur letzten Stunde. Nach einer Erzählung soll Ninon de Lenclos noch in der Nacht vor ihrem Tod folgende Zeilen verfasst haben: „Ich bin alt genug, um zu sterben, mein Platz ist nicht mehr auf dieser Welt."

Christine, Königin von Schweden, war mit Ninon de Lenclos befreundet, um 1652/54

Literatur

- *Brierre, Annie, Ninon de Lenclos. Kurtisane zur Zeit des Sonnenkönigs, Edition Rencontre, Lausanne 1971*
- *Lenclos, Ninon, Briefe der Ninon de Lenclos, aus dem Französischen von Lothar Schmidt, Ullstein Taschenbuch Verlag, Frankfurt/Main, Berlin, Wien 1980*
- *Naso, Eckart von, Die große Liebende. Ein Roman um Ninon de Lenclos, Scheffler Verlag, Frankfurt/Main 1950*

Elena Lucrezia Cornaro Piscopia

** 5. (oder 25.) Juni 1646 in Venedig*
† 26. Juli 1684 in Venedig
italienische Gelehrte

Die erste Doktorin

Als erste Frau der Welt erhielt Elena Lucrezia Cornaro Piscopia 1678 den Doktortitel. In einer Zeit, in der Frauen das Studium noch verboten war, wurden ihre geistigen Fähigkeiten durch einen akademischen Grad offiziell gewürdigt – das war die große Bedeutung und Leistung dieser Frau. Seit der Gründung von Universitäten im 12. Jahrhundert bis zum späten 19. und in manchen Fällen bis ins frühe 20. Jahrhundert war Frauen der Zugang zu den Hochschulen verwehrt. Ausnahmen gab es nur selten: Ab dem 13. Jahrhundert konnten immerhin einige wenige Frauen – vor allem in Italien – an Universitäten studieren und lehren. Oft waren sie gerade auf solchen Gebieten sehr produktiv, von denen man heute glaubt, dass sie Frauen eher verschlossen sind, wie der Philosophie und Mathematik. Ein außergewöhnliches Beispiel dafür ist die Venezianerin Elena Cornaro Piscopia. Elena Cornaro kam 1646 als fünftes von insgesamt sieben Kindern einer einflussreichen Adelsfamilie in Venedig zur Welt. Ihr Vater, Giovanni Baptista Cornaro, war ein hoher Staatsbeamter der Republik, ihre Mutter, Zanetta Giovanna Boni, entstammte einer niedrigeren sozialen Schicht, was dem Ansehen der Familie etwas schadete. Schon früh wurde das begabte Mädchen insbesondere vom ehrgeizigen Vater gezielt gefördert. Sie erhielt Privatunterricht bei ausgezeichneten Lehrern und

Porträt in allegorischer Rahmung von Antonio Molinari aus dem Jahre 1673

Der Philosoph Aristoteles, Marmorbüste

wurde in den alten und modernen Sprachen sowie in den „freien Künsten" unterwiesen, später studierte Elena Cornaro bei renommierten Gelehrten und Wissenschaftlern Theologie und aristotelische Philosophie. Die niveauvolle wissenschaftliche Ausbildung nahm die intelligente Schülerin bereitwillig an, verweigerte aber die ihr zugeschriebene Frauenrolle in der privilegierten venezianischen Gesellschaft. Sie interessierte sich weder für Kleider und Aussehen noch wollte sie heiraten. Stattdessen legte sie – gegen den Widerstand ihrer Familie – das Gelübde der Benediktinerinnen ab, jedoch ohne als Nonne ins Kloster einzutreten.
Ihre Fähigkeiten im philosophischen Disput präsentierte sie immer wieder bei akademischen Veranstaltungen, die sie mit Gelehrten im „Palazzo" ihres Vaters vor geladenem Publikum gab. So auch am 30. Mai 1677, als sie vor dem gesamten Kollegium der Universität und einem großen Teil des Senats in einem wissenschaftlichen Disput brillierte. Nach diesem beeindruckenden Auftritt war sich die Öffentlichkeit sicher, dass Elena Cornaro die Doktorwürde der angesehenen Universität von Padua zuerkannt werden müsse. Ihr Vater bemühte sich, seiner Tochter den Weg zur Promotion in Theologie zu bereiten. Doch das theologische Kolleg der Universität Padua lehnte den Antrag ab: Die „Laurea" beinhalte die kirchliche Lehrerlaubnis, doch nach Apostel Paulus müsse die Frau in der Kirche schweigen. Nach längeren Verhandlungen einigte man sich auf einen Kompromiss. Elena Cornaro sollte im Fach Philosophie die Prüfung absolvieren. Am 25. Juni 1678 promovierte sie über Thesen aus der aristotelischen Logik und Physik – eine Meisterleistung: Als erste weibliche Gelehrte erhielt sie im Alter von 32 Jahren den Doktortitel.
In den wenigen Jahren, die Elena Cornaro noch zu leben hatte, hielt sie Vorträge, führte akademische Diskussionen und wissenschaftliche Dispute, daneben schrieb sie Gedichte, korrespondierte mit Wissenschaftlern und empfing Gäste, die sich vom legendären Ruf der gebildeten und intelligenten Frau überzeugen wollten. Ihr schmales schriftliches Werk – etwa 300 Seiten, bestehend aus Briefen, Gedichten, Reden – wurde postum im Jahre 1688 veröffentlicht. Erst 38-jährig starb sie 1684 und wurde in Padua begraben. An der Universität von Padua wurde Elena Cornaro zu Ehren eine Statue errichtet.

„Questo io non posso, perchè in fino sono una zitella." (Das kann ich nicht, weil ich eigentlich nur eine alte Jungfer bin.)
Elena Cornaro, als sie vor der Prüfung zur Erreichung der Doktorwürde angesichts der Zuschauermenge von Professoren, kirchlichen und universitären Würdenträgern der Mut verlassen haben soll.

Innenhof der Universität Padua

Literatur

- *Fusco, Nicola, Elena Lucrezia Cornaro Piscopia, 1646–1684, United States Committee for the Elena Lucrezia Cornaro Piscopia Tercentenary, Pittsburgh 1975*
- *Guernsey, Jane Howard, The Lady Cornaro. Pride and Prodigy of Venice, College Avenue Press, New York 1999*
- *Mayer, Ursula, Bennent-Vahle, Heidemarie (Hgg.), Philosophinnen-Lexikon, Reclam-Verlag, Leipzig 1997*

Franziska Tiburtius

** 24. Januar 1843 in Bisdamitz, Rügen*
† 5. Mai 1927 in Berlin
deutsche Ärztin

Pionierin der Medizin

Erste praktische Ärztin Deutschlands, 1915

Ihre Entscheidung für den Arztberuf war ein „Sprung ins absolute Dunkle", schrieb die Medizinerin Franziska Tiburtius in ihren Lebenserinnerungen. Zu einer Zeit, als Frauen in Deutschland noch nicht zum Medizinstudium zugelassen waren, ging sie nach Zürich und bestand 1876 ihr Doktorexamen mit Bravour. Anschließend kehrte sie zusammen mit ihrer ebenfalls promovierten Freundin und Kollegin Emilie Lehmus nach Deutschland zurück, wo sie in Dresden als Assistenzärztin arbeitete. Dann zog sie nach Berlin, um sich als eine der ersten praktizierenden Ärztinnen in Deutschland niederzulassen. Der „Sprung ins Dunkle" bestand nicht nur darin, dass Franziska Tiburtius – wie ihre Freundin – als Frau völliges Neuland betrat und als Ärztin Misstrauen, Hohn, Anfeindungen und Behinderungen erfuhr. Obendrein waren Auslandsabschlüsse in Deutschland nicht anerkannt: Als sie zurückgekehrt war, galt sie als „Kurpfuscherin" und war nur geduldet. Nach der Eröffnung ihrer Praxis musste die Medizin-Pionierin hart um ihre Existenz kämpfen. 1878 gründete Franziska Tiburtius neben ihrer Arztpraxis zusammen mit Emilie Lehmus in einem der Arbeiterbezirke Berlins eine Poliklinik für Frauen, die bald großen Zulauf auch aus anderen Stadtbezirken und aus bürgerlichen Kreisen hatte: „Es erschienen auch die Patientinnen aus anderen Gesellschaftsklassen, deren Vertrauen sich auch in materiellen Beweisen äußern kann ... Einmal drang sogar Hofluft bei mir ein". Durch ihren Erfolg trugen diese ersten Ärztinnen dazu bei, dass sich das gesellschaftliche Klima änderte und Frauen an deutschen Universitäten zum medizinischen Examen zugelassen wurden.

Franziska Tiburtius wurde im Januar 1843 in Bisdamitz, dem väterlichen Gut auf der Ostsee-Insel Rügen, in eine Theologen- und Juristenfamilie hineingeboren. Sie war das jüngste von neun Kindern, wuchs in einem liberalen Umfeld zu einer selbständigen und unabhängigen jungen Frau heran. Einen Teil ihrer Kindheit verbrachte sie auf Rügen, den Rest in Stralsund.

Mit 17 Jahren trat sie als Gouvernante in den Dienst einer Adelsfamilie, legte dann das Lehrerinnenexamen ab und ging nach England, um schulische Erfahrungen zu sammeln – sie wollte eine eigene Schule gründen.

Die Anregung, Medizin zu studieren, erhielt Franziska Tiburtius von ihrem älteren Bruder, der selbst Arzt war und

dessen Freundin und spätere Ehefrau Henriette Hirschfeld (1834–1911) sich zur Zahnärztin ausbilden ließ: 1869 eröffnete Hirschfeld als erste Frau eine zahnärztliche Praxis in Berlin. 1871 begann Franziska Tiburtius ihr Medizinstudium in der Schweiz und erregte großes Aufsehen. Bei ihrem „ersten Erscheinen im Präpariersaal erhob sich ein wüster Lärm, Schreien, Johlen, Pfeifen; da hieß es, ruhiges Blut behalten“. Trotz offizieller Zulassung zum Studium herrschte auch hier noch der Geist, dass Frauen „wegen ihrer schwachen Konstitution und ihrer intellektuellen Minderbegabung“ (bedingt durch die geringere Gehirnmasse) zum Studium ungeeignet seien. Zudem sorgten sich die Männer um „das Zart- und Schamgefühl“ weiblicher Medizinstudenten, deren Anblick ohnehin „im Operationssaal nur Heiterkeit erregen“ könne. Franziska Tiburtius ließ sich nicht beirren, absolvierte ihr Studium und ging ihren Weg als Ärztin mit Mut und großem Engagement. Trotz wiederholter Anträge erhielt sie die Approbation nicht, konnte aber wegen der in Preußen geltenden Gewerbefreiheit dennoch praktizieren, allerdings unter dem Titel „Dr. med. der Universität Zürich“. Doch das machte sie in den Augen ihrer Klientel eher interessant. Trotz vieler Widerstände seitens männlicher Kollegen – auch der weltberühmte Pathologe und freisinnige Reichstagsabgeordnete Rudolf Virchow war gegen „weibliche Ärzte“ – hatte die Praxis und ganz besonders die Poliklinik großen Zulauf.
Den permanenten Vorurteilen und Anfeindungen begegnete Franziska Tiburtius mit Gelassenheit: Es war ihr gar nicht bewusst, dass sie zu kämpfen hatte, sagte sie einmal. „Ein Gutes hat mir die Natur mitgegeben: Ich kann ignorieren, was hinter meinem Rücken gesprochen wird, und ärgere mich nicht allzu heftig über Fehlschläge, an denen ich keine Schuld habe.“ Doch erkannte sie durchaus den „großen Vorteil für die beiden ersten weiblichen Ärzte (Emilie Lehmus und sie selbst), dass sie von Anfang an zu zweien auf den Plan traten … Ich bin überzeugt, dass es einer allein viel schwerer gelungen wäre, festen Boden zu gewinnen … Es hat einige Jahre gedauert, bis die Stimmung der Ärzte uns beiden Eindringlingen gegenüber eine ruhigere wurde und sie uns trauten.“
Interessiert verfolgte Franziska Tiburtius die Debatte um das Frauenstudium, angeschoben durch die bürgerliche Frauenbewegung. Kurz vor der Jahrhundertwende beschloss der deutsche Reichstag, dass künftig auch Frauen die „medicinischen Prüfungen“ ablegen dürfen. Da blickte Franziska Tiburtius schon auf eine fast fünfundzwanzigjährige ärztliche Tätigkeit zurück. Sie starb 1927 im Alter von 84 Jahren in Berlin. Bereits zwanzig Jahre vorher hatte sie sich aus der aktiven medizinischen Arbeit zurückgezogen und jüngeren Medizinerinnen ihre „Klinik weiblicher Ärzte“ überlassen.

1899 durfte an der Berliner Universität die erste Frau promovieren.

LITERATUR

- *Dertinger, Antje, Es war mir nicht bewusst, dass ich kämpfte. Zum 150. Geburtstag der Ärztin Franziska Tiburtius, in: Frankfurter Rundschau vom 16. Januar 1993*
- *Sichelschmidt, Gustav, Große Berlinerinnen. Sechzehn biographische Porträts, Rembrandt Verlag, Berlin 1972*
- *Tiburtius, Franziska, Erinnerungen einer Achtzigjährigen, C.A. Schwetschke & Sohn Verlagsbuchhandlung, Berlin 1929*

Lou Andreas-Salomé

** 12. Februar 1861 in St. Petersburg*
† 5. Februar 1937 in Göttingen
russisch-deutsche Schriftstellerin und Psychoanalytikerin

Die eigenwillige Muse

„Ich kann weder Vorbildern nachleben noch werde ich jemals ein Vorbild darstellen können, für wen es auch sei, hingegen mein eigenes Leben nach mir selber bilden, das werde ich ganz gewiss ... Damit habe ich ja kein Prinzip zu vertreten, sondern etwas viel Wundervolleres – etwas, das in einem steckt“, schrieb Lou von Salomé 1882 an einen Freund. Eine hellsichtige Vorschau auf das Leben der damals 21-Jährigen.
Sie galt als unbefangen, selbstsicher und klug, war gebildet und weltgewandt. Von berühmten Zeitgenossen wurde sie umworben, geliebt und geschätzt. Ihr Intellekt, ihre mitreißende Phantasie, ihr Drang, Unkonventionelles zu wagen, faszinierte die Menschen, die ihr begegneten. Ihre Faszination steigerte sich noch, weil sie sich nicht vereinnahmen ließ, weil sie sich immer wieder von ihren Gefährten trennte, um ihre eigenen Wege zu gehen. Diese Selbständigkeit und Unabhängigkeit trugen ihr den Ruf der „femme fatale“ ein, die Männer wie Trophäen sammle. Man erkannte in ihr aber auch die Muse, die

Selbständigkeit und Unabhängigkeit waren Leitmotive ihres Lebens: Lou Andreas-Salomé um 1890

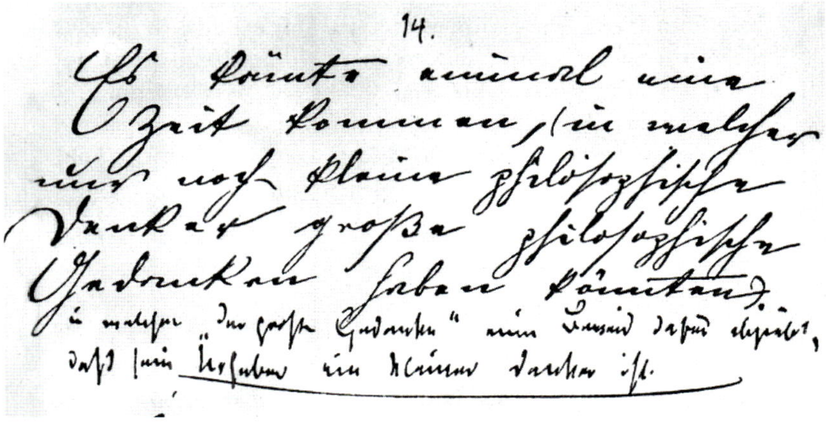

„Als Sie mir zuerst entgegenkamen, war es mir, als sähe ich meine eigene Jugend auferstehen und als wüsste ich nun, dass ich selbst … fortarbeiten würde an der Aufgabe, der mein Leben geweiht gewesen ist, und unter glücklicheren Bedingungen, bereits in großer Freiheit."
Malwida von Meysenburg an Lou Andreas-Salomé

Intellektuelle und Künstler geistig anregte. Sie wählte häufig das, was in ihrer Zeit als unmöglich galt, und bewies – zum Erstaunen und Entsetzen ihrer Umwelt –, dass das Unmögliche lebbar ist.
Als einzige Tochter des deutschstämmigen Generals Gustav von Salomé und der wohlhabenden deutsch-dänischen Louise Wilm wuchs Louise von Salomé unter fünf Brüdern im großbürgerlich-aristokratischen Milieu von St. Petersburg auf. Sie wurde kosmopolitisch erzogen und interessierte sich schon von Kindheit an für Literatur, Religion und Philosophie.
1880, ein Jahr nach dem Tod ihres Vaters, verließ sie zusammen mit ihrer Mutter Russland und ging nach Zürich, um dort Religionswissenschaften und Kunstgeschichte zu studieren. Schon nach zwei Semestern musste sie abbrechen: Sie litt an der Lungenkrankheit des Jahrhunderts, an Bluthusten.
Bei einem anschließenden Aufenthalt in Rom lernte sie die mit ihren *Memoiren einer Idealistin* (1876) berühmt gewordene Frauenrechtlerin Malwida von Meysenbug kennen und durch sie die Philosophen Paul Rée und Friedrich Nietzsche. Einen Heiratsantrag Nietzsches lehnte sie ab. Sie strebte eine geistige Gemeinschaft mit wegweisenden Denkern an.
Auch ihre 1887 geschlossene Ehe mit dem Orientalisten Dr. Friedrich Carl Andreas war eine geistige Beziehung. Gleichzeitig aber hatte Lou mehrere Liebesbeziehungen; legendär ist die Liaison der 35-Jährigen mit dem 21-jährigen Dichter Rainer Maria Rilke.
Lou Andreas-Salomé bereiste die europäischen Metropolen, sie machte sich einen Namen als Journalistin, Essayistin und Literatin. In ihrem Aufsatz *Der Mensch als Weib* (1899) trat sie nicht für den Gleichheitsansatz ein, sondern für die Geschlechterdifferenz. Für sie gab es keine Emanzipationsrezepte, sondern nur das Prinzip Freiheit; die politischen Anliegen der Frauenbewegung berührten sie kaum.
1911 wandte sie sich der Psychoanalyse zu. Sie studierte Freuds Schriften, besuchte ihn mehrere Male in Wien und schrieb Fachaufsätze. Wie sehr das Feld der Psychoanalyse sie begeisterte, zeigt ihr Engagement: Bis ins hohe Alter praktizierte Andreas-Salomé erfolgreich als psychoanalytische Therapeutin.

Die junge Lou Andreas-Salomé, um 1880

Literatur
- *Andreas-Salomé, Lou, Lebensrückblick, herausgegeben von Ernst Pfeiffer, Insel Verlag, Frankfurt/Main 1974*
- *Hahn, Barbara (Hg.), Frauen in den Kulturwissenschaften. Von Lou Andreas-Salomé bis Hannah Arendt, C.H. Beck Verlag, München 1991*
- *Salber, Linde, Lou Andreas-Salomé, Rowohlt-Taschenbuch Verlag, Reinbek 1990*

Maria Montessori

** 31. August 1870 in Chiaravalle*
† 6. Mai 1952 in Nordwijk aan Zee
italienische Ärztin und Pädagogin

Anwältin der Kinder

Kinder sind eigenständige Persönlichkeiten, sie brauchen „kein Drängen und Quetschen, kein Verbessern und Bemäkeln", um Intelligenz und Charakter zu entwickeln – davon war die Pädagogin Maria Montessori überzeugt. „Die größte Hilfe, die wir ihnen zu bieten vermögen, ist, uns ruhig in Bereitschaft zu halten und dafür zu sorgen, dass sie frei sind, sich in ihrer eigenen Weise zu entwickeln." Um 1900, als Erziehung und Schule Züchtigung und Zwang waren, galt diese pädagogische Haltung als revolutionär. Vieles, was heute selbstverständlich ist – dass Kinder lernen, indem sie Dinge auf ihre Art und in ihrem Tempo tun, dass sie sich in Kindergarten und Schule frei bewegen dürfen, dass Stühle und Hilfsmittel an ihre Körpergröße angepasst sind – geht auf Maria Montessori zurück. Sie erzog mit Liebe, respektierte das Eigenleben der Kinder und förderte ihre Aktivität und Entfaltung mit Hilfe selbst entwickelter Lehrmaterialien, die als „Montessori-Material" berühmt wurden: ein Alphabet aus dreidimensionalen

Die italienische Pädagogin in einer Aufnahme aus dem Jahre 1920

Holzbuchstaben, bei dem die Vokale rot, die Konsonanten blau waren, Glöckchen, mit denen Tonleitern oder kleine Musikstücke gespielt wurden, Holzwürfel, Perlen, Stoffe – unterschiedliche Materialien eben, mit denen Wissen spielerisch begreifbar wurde. Bald machte diese Methode in vielen Ländern der Welt Schule.
Maria Montessori kam 1870 in Chiaravalle bei Ancona zur Welt und wuchs behütet in einem gut

situierten und liberalen Elternhaus auf. Sie war das einzige Kind eines höheren Beamten und einer Mutter, die Zeit ihres Lebens den Ehrgeiz ihrer Tochter förderte und ihr eine hervorragende Schulbildung ermöglichte.

Nachdem die Familie nach Rom umgezogen war, ging Maria auf eine technische Schule – was für Mädchen ungewöhnlich war. Als 20-Jährige setzte sie sich über alle gesellschaftlichen Hindernisse hinweg und erkämpfte sich die Erlaubnis, Medizin zu studieren. Im Sommer 1896 schloss sie als erste Frau in Italien die medizinische Ausbildung mit dem Grad eines Doktors ab.

Die junge Ärztin trat eine Assistentenstelle an der Psychiatrischen Universitätsklinik in Rom an und kam in Kontakt mit geistig behinderten, apathischen Kindern, die auf engstem Raum und ohne Spielzeug eingesperrt waren. Erschüttert von diesem Erlebnis begann sie, sich für Pädagogik zu interessieren und eigene Vorstellungen über Erziehungsmethoden zu entwickeln. Im Frühjahr 1900 wurde sie Direktorin eines Ausbildungsinstituts für Lehrer geistig behinderter Kinder, zu dem auch eine Modellschule gehörte. Sie begann dort mit ihren „Montessori-Materialien“ zu experimentieren und hatte verblüffende Ergebnisse. Nach wenigen Jahren waren viele ihrer Schüler auf dem Wissenstand gesunder Gleichaltriger.

Trotz dieses Erfolgs verließ Montessori die Schule. Sie bekam aus der Beziehung zu ihrem Kollegen Dr. Montesano einen Sohn, Mario, den sie heimlich zur Welt brachte und einer befreundeten Familie auf dem Land anvertraute. Warum die beiden nicht heirateten, ist nicht bekannt. Ein uneheliches Kind aber hätte im Italien der Jahrhundertwende das Ende ihrer Karriere bedeutet. Die Medizinerin studierte nochmals an der römischen Universität, dieses Mal Pädagogik, und sah ihre Lebensaufgabe fortan in der Erziehung fremder Kinder.

1907 übernahm sie – beruflich anerkannt in wissenschaftlichen wie gesellschaftlichen Kreisen – die Leitung der „Casa dei Bambini“, einer Kindertagesstätte im römischen Armenviertel San Lorenzo. Hier übertrug sie ihre Erfahrungen mit behinderten Kindern auf „normale“ und erzielte wieder unglaubliche Ergebnisse: Aus den oft aggressiven und verwahrlosten Stromern wurden fröhliche, lernhungrige Kinder. Das Modell machte weltweit Furore, das Montessorische Erziehungssystem wurde zur Institution.

Mit 40 Jahren war Maria Montessori auf dem Gipfel ihres Erfolgs und eine der berühmtesten Frauen der Welt. Ihre Bücher wurden in viele Sprachen übersetzt. Sie widmete sich ganz den Schulen, nahm ihren Sohn Mario zu sich und bereiste mit ihm zahlreiche Länder, um ihre Lehre zu verbreiten. Nachdem sie in Spanien, Holland und Indien gelebt und gewirkt hatte, starb sie 81-jährig in den Niederlanden.

Frühstückstafel in einem Montessori-Kindergarten in den 20er Jahren

Literatur

- *Hebenstreit, Sigurd, Maria Montessori. Eine Einführung in ihr Leben und Werk, Herder Verlag, Freiburg im Breisgau 1999*
- *Montessori, Maria, Kinder sind anders, aus dem Italienischen von Percy Eckstein und Ulrich Weber, bearbeitet von Helene Helming, Ernst Klett Verlag, Stuttgart 1978*
- *Schwegman, Marjan, Maria Montessori 1870-1952. Kind ihrer Zeit, Frau von Welt, aus dem Niederländischen von Verena Kiefer, Primus Verlag, Darmstadt 2000*

Peggy Guggenheim

** 26. August 1898 in New York*
† 23. Dezember 1979 in Venedig
amerikanische Kunstsammlerin

Mäzenin der Moderne

Sie war die „Große Mutter" der Moderne. Ihr Millionenerbe investierte sie in die modernste Kunst ihrer Zeit – Kunst, die sich mit den Begriffen kubistisch, futuristisch, surrealistisch, abstrakt verbindet. Gelockt durch die kühne, unverständliche, befremdende Avantgarde, fasziniert insbesondere von den Surrealisten mit ihren Provokationen, Tabuverletzungen und Entgrenzungen, war ihr Leben für die Kunst in erster Linie ein Leben mit den Künstlern. „Ich habe immer getan, was ich wollte, und kümmerte mich nie darum, was jemand dachte", sagte Peggy Guggenheim am Ende ihres Lebens. Das „Enfant terrible des Großkapitals" hatte zahlreiche Liebhaber, die Berühmten der Boheme, war eigenwillig, freizügig, auch verrückt und immer rastlos. „Mein Schicksal ist es, das Unmögliche durchzustehen. Welche Form auch immer ich darin finde, fasziniert es mich, wohingegen ich vor allem, was im Leben leicht ist, fliehe." So resümierte sie in ihrer Autobiografie.

Die amerikanische Kunstsammlerin in ihrer Wohnung in Venedig, 50er Jahre

Peggy (Marguerite) Guggenheim, Tochter von Florette Seligmann-Guggenheim und Benjamin Guggenheim, entstammte der deutsch-schweizerischen, in Amerika zu Vermögen gelangten jüdischen Bourgeoisie. „Meine Kindheit verlief im höchsten Maße unglücklich", erinnerte sie sich. Das Mädchen war einsam, bedrückt und belastet durch das Leiden der Mutter, die ständig vom Vater betrogen wurde. 1912 das Trauma: Beim Untergang der „Titanic" ertrank der Vater zusammen mit 1516 Menschen im Alter von 47 Jahren. Ihre lebenslange Rast-

Bildnis Peggy Guggenheim von Alfred Courmes, 1926

losigkeit führte Peggy Guggenheim auf den verlorenen Vater zurück, den sie in jedem Mann wieder suchte.
Als sie volljährig wurde, erhielt sie ihr väterliches Erbe und reiste nach Europa, wo sie sich in die Pariser Boheme stürzte. Sie heiratete Lawrence Vail, einen erfolglosen Dichtermaler, brachte Sohn Sindbad und Tochter Pegeen zur Welt. Es folgte eine wilde Zeit mit großen Reisen, hektischen Wohnortwechseln zwischen Landsitzen in England, Südfrankreich und luxuriösen Appartements in Paris, dazwischen die Scheidung; und immer wieder Affären und Alkoholexzesse.
Dann begann sie, sich mit moderner Kunst zu beschäftigen. Der irische Schriftsteller Samuel Beckett, mit dem sie damals ein Verhältnis hatte, ermutigte sie, eine Galerie zu eröffnen. „Guggenheim Jeune" hieß die Kunstgalerie, die 1938 in London ihre Türen öffnete. Weitere Ausstellungen folgten, nach und nach kaufte Peggy Guggenheim Exponate und legte damit den Grundstein für ihre weltberühmte Sammlung. Nach Kriegsausbruch erwarb sie in Paris mit ihrem untrüglichen Gespür für Qualität „täglich ein Bild von einem Genie" – 1941 gelang es ihr nach vielen Abenteuern, ihre Sammlung nach Amerika zu transportieren.
Im Krieg wurde Peggy Guggenheim zur Helferin der verfolgten und verfemten Künstler – nicht nur, indem sie ihnen Bilder abkaufte. Etliche Maler unterstützte sie bei der Emigration aus Frankreich, darunter Max Ernst, den sie 1941 heiratete und in New York großzügig mit einem Atelier am East River ausstattete. Mit ihrer einzigartigen Sammlung eröffnete sie in ihrer Heimat 1943 das Galerie-Museum „Art of this Century", entdeckte den noch unbekannten Jackson Pollock und stellte seine Bilder aus.
Nach dem Krieg ließ sie sich in Venedig nieder. Dort zeigte sie 1948 ihre Sammlung auf der Biennale, kaufte 1951 den Palazzo Venier dei Leoni am Canale Grande und stellte in dem alten venezianischen Palast ihre einzigartige Sammlung moderner Kunst aus: Werke von Picasso, Max Ernst, Kandinsky, Pollock, Magritte, Dalí, Rothko, Vasarély und vielen anderen.
Von den Einheimischen die „letzte Dogaressa" genannt, begann hier für die 50-Jährige eine Zeit der Ruhe – nach all den gescheiterten Beziehungen (auch von Max Ernst war sie wieder geschieden) und nach dem Selbstmord ihrer Tochter. Der Palazzo Venier dei Leoni wurde zur Pilgerstätte für Kunstfans, die Sammlung zum „historischen Kulturgut der Stadt".
Peggy Guggenheim starb im Dezember 1979. Sie, die große Unkonventionelle des 20. Jahrhunderts, setzte sogar durch, dass sie in Venedig auf dem eigenen Grundstück begraben werden durfte.

Exzentrisch – Peggy Guggenheim in den 60er Jahren

Literatur

- *Guggenheim, Peggy, Von Kunst besessen. Autobiographie, aus dem Englischen von Lilly von Sauter, Kindler Verlag, München 1962*
- *Guggenheim, Peggy, Ich habe alles gelebt. Autobiographie, aus dem Englischen von Dieter Mulch, Bastei-Lübbe Taschenbücher Verlag, Bergisch Gladbach 1984*
- *Tacou-Rumney, Laurence, Peggy Guggenheim, Wilhelm Heyne Verlag, München 1997*

Hannah Arendt

** 14. Oktober 1906 in Hannover*
† 4. Dezember 1975 in New York
deutsch-amerikanische Philosophin und Publizistin

Denkerin aus Leidenschaft

„Scheu und in sich gekehrt mit auffallenden, schönen Gesichtszügen und einsamen Augen ragte sie sofort als außergewöhnlich ... heraus. Intellektueller Glanz war damals kein seltener Artikel. Aber bei ihr war es eine Intensität, eine innere Richtung, ein Instinkt für Qualität, eine Suche nach dem Wesentlichen, ein Eindringen in die Tiefe, das einen Zauber um sie herum verbreitete." Mit diesen Worten erinnerte sich der Philosoph Hans Jonas bei der Trauerfeier zu Hannah Arendts Tod 1975 an seine erste Begegnung mit der Erstsemester-Studentin im Jahre 1924. Hannah Arendt, die leidenschaftliche Denkerin, politische Schriftstellerin, Philosophin und Historikerin, lässt sich nicht einordnen. In der Linken galt sie wegen ihrer antimarxistischen Haltung und ihrer Begeisterung für die griechische Polis als konservativ, den Konservativen war sie suspekt, weil sie die Rätebewegung favorisierte. Respektlos kritisierte sie, die Jüdin, die Politik Israels, während sie für die Rechte des jüdischen Volks kämpfte. Widersprüchliche Haltungen? Oder Ausdruck ihres authentischen Denkens, das versuchte, die Ereignisse, das Unfassbare ihres Jahrhunderts zu erfassen?

Hannah Arendt als Studentin, 1927

Geboren 1906 in Hannover wuchs Hannah Arendt als Tochter einer jüdischen Akademikerfamilie in Königsberg auf und

Königsberg, die Stadt in der Hannah Arendt aufwuchs, 1910

lernte als Kind, zu ihrer Herkunft zu stehen. Sie war eine brillante Schülerin, außerordentlich begabt und belesen. Zum Studium ging sie nach Marburg, um die Phänomenologie Edmund Husserls, gelehrt durch dessen Schüler Martin Heidegger, zu studieren. Heidegger war in Philosophiekreisen bereits eine Berühmtheit. Arendt war begeistert von diesem Denker. Und er von ihr: Zwischen den beiden begann eine leidenschaftliche Liebesbeziehung, die trotz aller Gegensätze – Heidegger war in der NSDAP – in eine intellektuelle Verbindung überging.
1926 verließ Arendt Marburg und studierte bei Karl Jaspers in Heidelberg und Edmund Husserl in Freiburg. 1929 heiratete sie den Philosophen Günther Stern, heute eher unter dem Pseudonym Günther Anders bekannt, der ebenfalls Heidegger- und Husserl-Schüler war.
1933 emigrierte sie nach Paris und versuchte im Auftrag der zionistischen Jugendorganisation Kinder nach Palästina zu retten. 1940, nach der Scheidung ihrer ersten Ehe, ging sie mit dem antifaschistisch engagierten Philosophen Heinrich Blücher eine zweite, sehr glückliche Ehe ein. Ein Jahr später emigrierten die beiden in die USA.
Mit ihren großen Büchern *Elemente und Ursprünge totaler Herrschaft* (1951) und *Vita activa oder Vom tätigen Leben* (1958) gewann Hannah Arendt als politische Philosophin weithin Aufmerksamkeit. 1963 provozierte sie als Beobachterin des Eichmann-Prozesses in Jerusalem vor allem die jüdische Öffentlichkeit mit ihrer These von der „Banalität des Bösen“ (das Böse erwuchs für sie aus dem „Nicht-Nachdenken“) und mehr noch mit dem Vorwurf gegen die Judenräte während der Deportationen: Diese hätten den Nazis Listen jüdischer Bürger gegeben und ihnen damit die Arbeit erleichtert. Arendts Bericht löste heftige Proteste und weltweite Debatten aus.
Auch später scheute die streitbare Denkerin keinen Konflikt. Gemäß ihrer politischen Philosophie mischte sie sich ein und bezog Stellung, etwa zur amerikanischen Politik in Vietnam. Sie war gefürchtet für ihre intellektuelle Schärfe und ihren sarkastischen Witz, verschaffte sich Respekt, wurde als Professorin an die großen Universitäten berufen und mit Preisen wie dem Lessing- und dem Sigmund-Freud-Preis geehrt. 1975 starb Arendt im Alter von 69 Jahren. Ihr Denken, das sich um die menschliche Freiheit und die Liebe zur Welt drehte, ist bis heute aktuell.

Martin Heidegger, 1959

Literatur

- *Friedmann, Friedrich Georg, Hannah Arendt. Eine deutsche Jüdin im Zeitalter des Totalitarismus, Piper Verlag, München 1985*
- *Hahn, Barbara (Hg.), Frauen in den Kulturwissenschaften. Von Lou Andreas-Salomé bis Hannah Arendt, C.H. Beck Verlag, München 1991*
- *Heuer, Wolfgang, Hannah Arendt, Rowohlt-Taschenbuch Verlag, Reinbek 1987*

Simone de Beauvoir

** 9. Januar 1908 in Paris*
† 14. April 1986 in Paris
französische Philosophin und Schriftstellerin

Die bahnbrechende Intellektuelle

„Man wird nicht als Frau geboren, man wird dazu gemacht", lautet die Kernthese ihres weltberühmten Buchs *Das andere Geschlecht*, das zwanzig Jahre nach seinem Erscheinen zum Fundament und zur Bibel der neuen Frauenbewegung werden sollte. Die Autorin Simone de Beauvoir beleuchtet darin sämtliche Facetten der weiblichen Unterdrückung und wurde mit ihrem 700-Seiten-Werk zur bedeutendsten feministischen Theoretikerin des 20. Jahrhunderts.
Bei seinem Erscheinen im Jahre 1949 allerdings war das Buch ein Skandal. Beauvoir wurde auf der Straße beschimpft, erboste Männer schmähten sie als „frigid" und „nymphoman". Selbst Freunde wie der Schriftsteller Albert Camus waren entrüstet: „Sie machen den französischen Mann lächerlich, Madame!", soll er geschrien und das zweibändige Werk durch den Raum geworfen haben. Beauvoir, die sich in jungen Jahren der gesellschaftlichen Bedeutung ihrer Weiblichkeit nicht bewusst war („Ich hielt mich nicht für eine Frau; ich war ich"), merkte spätestens jetzt, was Frau-Sein bedeutete.

Simone de Beauvoir, die bedeutendste feministische Theoretikerin des 20. Jh. in einer Aufnahme von 1971

Simone Lucie Ernestine Marie Bertrand de Beauvoir kam aus bürgerlichem Hause. Ihr Vater war Anwalt, ihre Mutter Bibliothekarin, nach ihrer Eheschließung jedoch Hausfrau. Tochter Simone gehörte zu der Anfang des Jahrhunderts geborenen, ersten Generation von Frauen, die Zugang zu höherer Bildung hatten. Sie studierte an der Sorbonne und der Elite-

Philosophin de Beauvoir um 1950

Simone de Beauvoir im Alter, 1985

Hochschule „Ecole Normale Supérieure“ Philosophie, Mathematik und Literatur, bestand ihr Examen mit Auszeichnung und arbeitete dann jahrelang als Lehrerin. Eigentlich fühlte sie sich aber zur Schriftstellerin berufen und verkehrte in intellektuellen Kreisen. Legendär ist ihre Beziehung zu Jean-Paul Sartre, die auf Freiheit und „vollständigem gegenseitigem Vertrauen“ basierte. Beide lebten im Bruch mit allen Normen, lehnten Ehe und Familie ab, wohnten getrennt und rebellierten so gegen den „erstickenden Konformismus“ des Bürgertums. Ihre Liaison wurde zum Modell der „freien Liebe“ schlechthin. Ihren literarischen Durchbruch hatte Beauvoir mit dem existentialistischen Roman *Sie kam und blieb* (1943). Seitdem lebte sie als freie Schriftstellerin in Paris und schrieb Romane, darunter das preisgekrönte Opus *Die Mandarins von Paris* (1955), brillante Essays, Dramen, Erzählungen, Analysen, in denen sie sich mit Jugend, Sexismus, Alter und Tod auseinander setzt. Aufsehen erregten auch ihre Reisebücher, die ihre unkonventionelle Sicht unter anderem über Amerika, China, die UdSSR dokumentieren. Beauvoirs philosophisches Werk basiert auf den Inhalten des französischen Existentialismus. Dass die eigene Freiheit niemals auf Kosten anderer gehen dürfe, war für Beauvoir oberstes Prinzip – Unterdrückung lehnte sie radikal ab: „Die Achtung vor der Freiheit des anderen ist keine abstrakte Regel, sondern die grundlegende Voraussetzung für den Erfolg meines Bemühens.“

Vor dem Zweiten Weltkrieg war die „Tochter aus gutem Haus“ politisch nicht aktiv. In den 50er und 60er Jahren handelte und kämpfte sie gegen Kolonialismus und Rassismus, schloss sich den 68ern an, protestierte gegen Vietnam und stellte sich seit 1970 „der Frauenbewegung zur Verfügung“, wie sie selbst sagte. Vereinnahmen ließ sie sich dennoch nie: Sie bezog Stellung, ohne je auf eine Partei zu setzen und blieb stets undogmatisch.
Man hat Simone de Beauvoir als unbestechliche Moralistin, als mutige Rebellin und als Symbolfigur des Feminismus gesehen. All das – und noch mehr – ist sie auch gewesen.

Das Grab von Beauvoir und Sartre auf dem Cimetiere Montparnasse in Paris

LITERATUR

- *Appignanesi, Lisa, Simone de Beauvoir. Eine Frau, die die Welt veränderte, Wilhelm Heyne Verlag, München 1989*
- *Bair, Deidre, Simone de Beauvoir. Eine Biographie, Goldmann Taschenbuch Verlag, München 1992*
- *Zehl Romero, Christiane, Simone de Beauvoir in Selbstzeugnissen und Bilddokumenten, Rowohlt-Taschenbuch Verlag, Reinbek 1978*

Lady Mary Wortley Montagu

** Frühjahr 1689 in London (oder Thoresby)*
† 21. August 1762 in London
englische Orientreisende und Schriftstellerin

Briefe aus dem Orient

Das Abenteuer begann im Sommer des Jahres 1716: Lady Mary Wortley Montagu machte sich auf zu einer Reise in den Orient – als Begleiterin ihres Mannes, der als Gesandter König Georgs I. von England beauftragt war, im Türkenkrieg zwischen Österreich und dem Osmanischen Reich zu vermitteln. Mit auf die Reise gingen der 3-jährige Sohn der Montagus und 20 Bedienstete. Dass eine Frau solch eine Wanderschaft auf sich nahm, war ungewöhnlich und eine Sensation Anfang des 18. Jahrhunderts. Denn das Reisen war trotz luxuriöser Bedingungen mühsam und beschwerlich und Frauen, so die gängige Auffassung, seien aufgrund ihres Geschlechts und ihrer körperlichen Verfassung ungeeignet für derlei Expeditionen.

Unbeeindruckt, ja vermutlich herausgefordert durch solche Vorstellungen – schon als Kind und Jugendliche hatte sie nichts von Konventionen gehalten und meist ihren Willen durchgesetzt – und gelockt von der fremden Welt, die sie aus Reisebeschreibungen kannte, machte sich die junge Adelige auf den Weg. Ihre Erlebnisse auf der Fahrt quer durch Europa und durch den Orient hielt sie in zahlreichen anschaulichen, kritischen und oft spitz kommentierenden Briefen fest, die sie an ihre Verwandten, ihre Freundinnen und Freunde in der Heimat schickte – und die dort mit Ungeduld erwartet und in den literarischen Salons vorgelesen wurden.

Die Orientreisende und Schriftstellerin in einem Stich von Wilhelm Bollinger

Mary Pierrepont, so der Geburtsname Lady Montagus, war die älteste Tochter des

Herzogs von Kingston und seiner Frau Lady Mary Fielding. Als die Mutter nach der Geburt ihres vierten Kindes starb, wurden Mary, ihr Bruder und ihre beiden Schwestern von ihrer Großmutter erzogen. Die Älteste profitierte vom Unterricht, den ihr Bruder bei einem Hauslehrer erhielt, und begann früh zu lesen – Romane, klassische Dramen der Zeit, philosophische Texte, eben alles, was sie in der häuslichen Bibliothek fand – und kam so zu einer für ein Mädchen ungewöhnlichen Bildung.
Neben Französisch und Italienisch, das sie in den Hauslektionen lernte, brachte sie sich selbst Latein bei, angeblich indem sie Ovid im Original las und mit Grammatik und Wörterbuch übersetzte.
Zum Freundeskreis der Familie gehörte neben bekannten Politikern, Gelehrten und Künstlern der Zeit auch Mary Astell, eine der ersten englischen Frauenrechtlerinnen, die später ein Vorwort zu Mary Montagus *Briefe aus dem Orient* schrieb.
Astell forderte unter anderem ein College für Frauen, in dem diese nicht in Haushaltsführung unterwiesen werden sollten, sondern im Umgang mit „Feder, Kompass, Quadrant, Büchern, Griechisch und Latein". Infiziert von diesen Ideen widmete Mary sich konsequent ihrer Bildung. Schon früh fing das selbstbewusste und intelligente Mädchen an zu schreiben, verfasste Gedichte, Oden, Geschichten, Essays und Satiren und hatte bald den Ruf einer geistreichen Salonliteratin.
1712 setzte sie sich über die Anordnungen des Vaters hinweg und heiratete einen Mann eigener Wahl, den wohlhabenden und angesehenen Edward Wortley Montagu, mit dem sie bereits jahrelang einen Briefwechsel geführt hatte. Im Jahr darauf brachte sie ihren Sohn Edward zur Welt. Die Ehe erfüllte sie nicht, doch sie bot ihr den gesellschaftlichen Rahmen, in dem sie ihre literarischen und geistigen Interessen ausleben konnte – bei Hofe, in den Londoner Salons. Mary Montagu wurde bewundert und gefürchtet wegen ihres Scharfsinns, ihrer Schlagfertigkeit und ihrer spitzen Zunge. Und sie lernte in den literarischen Kreisen den berühmten Schriftsteller Alexander Pope kennen, der sie verehrte und mit dem sie eine langjährige literarische Freundschaft pflegte.
Als ihr Mann als Botschafter in das Osmanische Reich entsandt wurde, war das für Lady Montagu die Gelegenheit, in eine unbekannte, aufregende Welt aufzubrechen. Es war die Zeit der Orientbegeisterung und die englische Aristokratin besuchte als eine der ersten westlichen Frauen das sagenumwobene Reich im Osten.
Die Reiseroute führte durch deutsche Städte nach Wien und von dort durch den Balkan weiter nach Konstantinopel. Dabei durchquerten die Reisenden

Türkischer Harem, Gemälde von Francesco Guardi, 1743

Lady Montagu, Lithografie von 1830

Reisen im 18. Jh.: Ein Zeltlager, *von Giovanni D. Tiepolo, 1752*

auch eine Gegend (Peterwardein bei Neusatz, heute Novi Sad) an der Donau, wo wenige Monate zuvor der österreichische Prinz Eugen eine entscheidende Schlacht gegen die Türken geschlagen hatte. Die Verwüstungen des Kriegs waren noch frisch. In einem Brief an Alexander Pope schrieb Mary Montagu: „Ohne Schauder konnte ich eine solche Menge zerstümmelter menschlicher Körper nicht ansehen und dachte dabei an die Ungerechtigkeit des Krieges, der das Morden nicht allein notwendig, sondern auch verdienstlich macht. Nichts scheint mir ein deutlicherer Beweis für die Unvernunft der Menschen zu

Frauen in weißen Gewändern, *Gemälde von Jean Barbault, 1750*

sein als die Wut, mit welcher wir um einen kleinen Flecken Landes streiten."
Die erste Berührung mit der islamischen Welt hatte Lady Montagu in Belgrad, das damals zum Osmanischen Reich gehörte. Hier wie bei den weiteren Stationen ihrer Orientreise nahm sie rasch Kontakt mit Intellektuellen auf, lernte Türkisch und war begeistert von diesem Land, seiner Kultur, den „höflichen und gesitteten" Menschen und ihrer Art, das Leben zu genießen: „Fast bin ich der Meinung, dass sie einen richtigeren Begriff vom Leben haben. Sie verbringen es im Garten, bei Musik, Wein und Leckerbissen, indes wir unser Gehirn mit politischen Entwürfen martern oder einer Wissenschaft nachgrübeln, die wir nie erfassen können ... Wenn man darüber nachdenkt, was für kurzlebige, schwache Geschöpfe die Menschen sind, gibt es dann für sie ein wohltätigeres Studium als das des gegenwärtigen Vergnügens?" Zunächst empört über die Stellung der islamischen Frau, die in abgeschlossenen Räumen leben und verschleiert gehen musste, entdeckte sie bald die Freiräume, die diese Regel bot: „Die Frauen sind durch ihre Verschleierung so gut versteckt, dass eine vornehme Dame nicht mehr von ihrer Sklavin zu unterscheiden ist. Selbst dem Ehemann ist es nicht möglich, seine Frau auf der Straße zu erkennen, wenn er sie trifft. Und da es den Sitten nach verboten ist, Frauen öffentlich anzusprechen oder gar anzufassen oder nur ihnen zu folgen, haben die Frauen eine ungeahnte Freiheit ..."
In landesüblicher Kleidung – weiten Gewändern und Schleier – reiste Lady Montagu durch das Land, verschaffte sich Zutritt zu Moscheen, ging unbehelligt durch Basare und wurde von den Frauen in die Harems (den nur Frauen zugänglichen Bereichen des Hauses) eingeladen. Angeblich lernte sie dort auch die orientalische Blumensprache „Selam" kennen, ein Blumen-

Die Massage – *türkische Badeszene, Gemälde von Edouard-Bernard Debat-Ponsan, 1883*

alphabet, bestehend aus dem Namen der jeweiligen Blüte und Reimwörtern, das eine verschlüsselte Botschaft ausdrückt. Mary Montagu berichtete darüber in ihren Briefen und löste beim europäischen Adel eine neue Mode, ein Gesellschaftsspiel aus: die verschlüsselte Kommunikation durch die Blumensprache. Beim Besuch eines türkischen Bades war sie beeindruckt vom Luxus und der entspannten Atmosphäre, in der die Frauen „mutternackend" auf Sofas ruhten und die Engländerin mit einer freundlichen Höflichkeit empfingen. Wachen Auges interessierte sie sich für alles, was ihr begegnete: So beobachtete sie während ihrer Reisen durch das Osmanische Reich eine Pockenimpfung. Sie führte dieses Verfahren nach ihrer Rückkehr in England ein, das sich allerdings wegen heftiger Widerstände seitens der Schulmediziner erst siebzig Jahre später – auf Betreiben des Arztes Edward Jenner – wirklich durchsetzte.

Während ihres Aufenthalts in der Türkei wurde Mary Montagu schwanger und brachte ihre Tochter zur Welt. Und als im Sommer 1718, früher als erwartet, Lord Montagu nach England zurückbeordert wurde, trennte sie sich schweren Herzens vom Morgenland. Zurück in London fühlte sie sich fremd in der feuchten und nebligen Heimat mit ihrem „stiefmütterlichen Anteil von Tageslicht". Dennoch wurde sie rasch zur zentralen Figur im gesellschaftlichen Leben und bald war sie in einen Skandal verwickelt: Da sie offenbar nicht auf Alexander Popes Liebesbezeugungen einging, zerbrach die Freundschaft zwischen den beiden. Sie lieferten sich einen bitterbösen, fast öffentlichen Streit, bei dem Lady Mary ihrem Ruf als scharfzüngiges, ironisches Talent mehr als gerecht wurde.

1739 zog sie auf den Kontinent, ließ sich erst in Avignon nieder, 1746 in Brescia und emigrierte schließlich 1758 nach Venedig, wo sie am Canale Grande einen eigenen Salon eröffnete.

Glücklich in ihrer neuen Wahlheimat schrieb sie an ihre Tochter: „In diesem Land ist eine gelehrte Frau alles andere als lächerlich, denn die vornehmsten Familien sind stolz darauf, Schriftstellerinnen hervorgebracht zu haben ... Die Wahrheit zu sagen, es gibt kein Land auf der Welt, wo unser Geschlecht so geringschätzig behandelt wird wie in England." Nach dem Tod ihres Mannes 1761 kehrte sie wieder nach England zurück, wo sie im August 1762 starb.

Ein großer Teil von Lady Mary Wortley Montagus schriftstellerischem Werk ist leider verloren, weil ihre Tochter, entsetzt über das exzentrische Verhalten ihrer Mutter, vieles verbrannte. Überliefert sind Gedichte, provokante Essays und zahlreiche, brillante Briefe – kostbare und kunstvolle literarische Dokumente der Zeit.

Literatur

- *Härtel, Susanne, Köster, Magdalena (Hgg.), Die Reisen der Frauen. Lebens geschichten von Frauen aus drei Jahrhunderten, Beltz Verlag, Weinheim, Basel 1994*
- *Montagu, Mary, Briefe aus dem Orient, bearbeitet von Irma Bühler nach der Ausgabe von 1784 in einer Übersetzung von Professor Eckert, Steingrüben Verlag, Stuttgart, 1962*
- *Polk, Milbry, Tiegreen, Mary, Frauen erkunden die Welt. Entdecken, forschen, berichten, aus dem Amerikanischen von Frank Auerbach u.a., Frederking & Thaler, München 2001*

Alexandrine Tinnè

** 17. Oktober 1835 in Den Haag*
† 1. August 1869 in der Nähe von Murzuq, Lybien
niederländische Afrikaforscherin

Dem Rätsel des Nils auf der Spur

Alexandrine Tinnè war Entdeckungsreisende, Forscherin, Abenteurerin – und die erste Europäerin, die sich auf eigene Faust in das Innere Afrikas wagte, um zu erkunden, woran andere Forscher vor ihr bislang gescheitert waren: Die Entdeckung der Nilquellen war ihr großes Ziel. Ihre Expedition war kräftezehrend, gefährlich und erfolglos – trotz bester Ausstattung endete sie in den Sümpfen. Doch konnte dieser Fehlschlag die Forschungsreisende von weiteren Unternehmungen nicht abhalten, im Gegenteil: Unrast, Abenteuersuche und der Drang, Grenzen zu überschreiten, trieben sie weiter in unwegsame, extreme Gegenden des schwarzen Kontinents; die Expeditionen wurden zur Lebensreise.
Alexandrine Pieternella Françoise Tinnè war die Tochter eines holländischen Plantagenbesitzers, der durch seine Güter in der niederländischen Kolonie Surinam zu Reichtum und Wohlstand gekommen war. Bei ihrer Geburt am 17. Oktober 1835 in Den Haag galt Alexine – wie sie genannt wurde – als eine der

Alexandrine Tinnè auf der Reise, *Holzstich nach Wilhelm Gentz, 1869*

reichsten Erbinnen in den Niederlanden. Als Globetrotterin auf hohem Niveau wuchs sie auf. Schon als Kind war sie oft monatelang auf Reisen, bewegte sich in aristokratischen Zirkeln, wohnte in Luxushotels, stets begleitet von Bediensteten, Kammerzofe und Hauslehrerin. Auch nach dem frühen Tod des Vaters 1845 zog Alexine Tinnè mit ihrer Mutter durch Europa, in das wilde Bergland Norwegens, in die Mittelmeerregion, aber auch exotischere Gegenden, wie Ägypten, Jaffa, Beirut, Alexandria, waren ihr Ziel.

Schon bald träumte die Tochter von großen Abenteuerreisen, jenseits des komfortablen Tourismus. Sie wollte Neuland erkunden, forschen. Also lernte sie Arabisch und verließ 1861 mit ihrer Mutter Holland, um von Kairo aus ihre Expedition zu den Nilquellen zu planen. In Khartum, pulsierender Ausgangsort für Entdeckungsreisende, Sklavenstation und Handelszentrum für Elfenbein, mieteten die beiden Holländerinnen einen Dampfer, reisten auf dem Nil Richtung Süden, durch Sümpfe, in denen das Schiff kaum vorankam und mussten schließlich abbrechen, weil ihnen die Lebensmittel ausgingen. Enttäuscht schrieb Alexandrine Tinnè nach Europa über ihre gescheiterte Expedition zu den Nilquellen: „Wenn man über den Fluss Sobat hinaus ist, so ergießen sich hundert kleine Flüsse in den Nil. In Gondokoro (heute Süd-Sudan) regnet es jährlich 6–8 Monate ... in solchen Güssen, dass gar keine weitere Quelle für den Nil erforderlich zu sein scheint."

> *„Und wenn ich sterben sollte durch den Schuss einer Pistole oder einen Messerstich ..., was sehr wohl möglich sein kann, dann bleibt mir die Erkenntnis, dass mein Leben kurz, aber fröhlich war."*
> Alexandrine Tinnè in einem Brief (1868) aus dem algerischen Ghardala

Kaum umgekehrt, schmiedete sie schon neue Pläne und stellte eine nächste Reise auf die Beine, um den Bahr el-Ghazal (Gazellenfluss), einen Nebenfluss des Weißen Nil, zu erforschen. Sie heuerte eine Flotte an, bestehend aus einem Dampfboot, zwei Passagierbooten, drei Transportschiffen, Kamelen und Eseln, und brach mit mehr als 100 Personen Begleitpersonal, darunter Forschungsreisende und persönliche Bedienstete, im Januar 1863 von Khartum auf.

Mutter und Tochter – stets in Schnürmieder, Kleider mit Reifrock und lederne Knöpfstiefel gekleidet – waren fasziniert von der Flora und zeichneten, sammelten und pressten Pflanzen. Doch die groß angelegte Expedition wurde zur Katastrophe: Lebensmittelknappheit, kaum zu überwindende Sümpfe und andauernder heftiger Regen schwächten die Teilnehmer, viele erkrankten an Fieber und Ruhr, mehrere Menschen starben, darunter auch Alexandrine Tinnès Mutter. Nach monatelanger Odyssee erreichten die Überlebenden Khartum, im November 1864 kam Tinnè krank und resigniert in Kairo an. Zu Ehren ihrer Mutter ließ sie die Pflanzensammlung erfassen, die 1867 in Wien unter dem Titel *Plantae Tinneanae* erschien.

Das Reisen war zum Lebensprogramm geworden. Die Holländerin fuhr mit ihrer Yacht und mit großem Gefolge durch das Mittelmeer, getrieben, voller Unrast. 1869 brach sie als erste Europäerin zu einer Durchquerung der Sahara auf. Sie startete mit ihrem Begleiterstab in Tripolis und wollte über den Tschadsee in das Herz Afrikas vordringen. Um das Einverständnis der Tuareg zu ihrer Expedition zu erhalten, besuchte sie einen mächtigen Tuaregfürsten und erhielt Geleitschutz für die weitere Reise. Doch kaum war die Karawane aufgebrochen, kam es zu einem Streit zwischen den Treibern. Alexandrine, die sich einmischte und versuchte zu vermitteln, wurde mit dem Schwert schwer verletzt, ausgeraubt und verwundet liegen gelassen; sie verblutete. Erst nach einigen Tagen wurde Tinnè im Wüstensand von Soldaten begraben.

Literatur

- *Karstens, Renate, Abenteuer, in: Geo vom 1. Dezember 1992*
- *Mouchard, Christel, Es drängte sie, die Welt zu sehen. Unentwegte Reisende des 19. Jahrhunderts, aus dem Französischen, Schönbach Verlag, Hannover 1990*
- *Polk, Milbry, Tiegreen, Mary, Frauen erkunden die Welt. Entdecken, forschen, berichten, aus dem Amerikanischen von Frank Auerbach u.a., Frederking & Thaler, München 2001*

Käthe Paulus

** 22. Dezember 1868 bei Seligenstadt*
† 26. Juli 1935 in Berlin
deutsche Ballonfahrerin und Fallschirmspringerin

Primadonna der Lüfte

„Ich gestehe gern, dass der Entschluss zum Absturz in die Tiefe eine große Überwindung kostet. Bleibt doch stets der Gedanke lebendig, dass irgendwo eine Kleinigkeit übersehen sein könnte, dass das bisher bewährte Material irgendeinen Schaden hat und der gewagte Sprung der letzte sein könnte. Er erzeugt ein gruseliges Gefühl, über das man nur hinübergelangt mit der Erinnerung an das Sprichwort: Dem Mutigen gehört die Welt." So schilderte Käthe Paulus, die erste „Luftschifferin" (Ballonfahrerin) und Fallschirmspringerin Deutschlands ihre Gefühle bei den „Abstürzen aus schwindelnder Höhe". Von 1892 (oder 1893) bis 1914 unternahm sie 516 Ballonfahrten und 145 Fallschirmabsprünge. Quer durch Europa navigierte sie mit dem Ballon durch die Luft, über London, Paris, Amsterdam, Nizza, Berlin, Wien und anderen Metropolen sprang sie vom Himmel und probierte dabei wagemutig immer wieder neue Konstruktionen und Kunststücke aus.
Käthe Paulus, 1868 in einem kleinen Dorf bei Seligenstadt in Hessen geboren, stammte aus einfachen Verhältnissen. Sie war 21 Jahre alt und arbeitete als Näherin, als sie den Luftschiffer Herrmann Lattemann kennen lernte, den sie bei einem seiner Fallschirmabsprünge beobachtet hatte: „Nie hatte ich mich um Luftschifffahrt gekümmert. Aber dieser Mann hatte mir großen Eindruck mit seinem Mut gemacht", erinnerte sie sich später an die schicksalhafte Begegnung. „Wir kamen ins Gespräch und auf einmal fragte er mich, ob ich nicht Lust hätte, einmal mit ihm aufzusteigen. Es durchfuhr mich heiß und ich antwortete ohne zu Zögern: ‚Ja!' Und ob ich etwa auch mal abspringen wollte? ‚Aber natürlich!', antwortete ich, froh, dass er solches Vertrauen in mich setzte."
Es dauerte noch, bis sich Käthe Paulus den Traum vom Fliegen erfüllen konnte: Erst musste sie mit der Technik, mit Ballon und Fallschirm, vertraut werden, dann verlobte sie sich mit Lattemann und brachte 1891 Sohn Wilhelm Herrmann zur Welt, und als sie schließlich „startklar" war, stand die Obrigkeit auf dem Plan: Eine Dame in der Luftschifffahrt –

Käthe Paulus auf der Schaukel eines Ballons, um 1895

das war verboten. Käthe Paulus und ihr Verlobter verhandelten zäh und erfolgreich und endlich war es so weit. In Nürnberg stieg

sie zusammen mit Lattemann und einem weiteren Passagier im Ballon himmelwärts und brachte nach dem Fallschirmabsprung ihres Partners das Gefährt wieder zum Boden zurück: leicht ramponiert – die Ballonhülle hatte Risse, sie selbst hatte sich den Kopf angeschlagen –, aber glücklich und stolz.
Schon bei ihrer dritten Ballonfahrt wagte Käthe Paulus den Absprung mit dem Fallschirm. In 1200 Metern Höhe ließ sie sich aus dem Ballonkorb gleiten: Sie stürzte in die Tiefe, zwei, drei Sekunden – eine Ewigkeit –, dann bei der Öffnung des Schirms der ersehnte Ruck und ein großes Glücksgefühl. Am Fallschirm hängend schwebte sie auf Kirchtürme, Fabrikschlote und Hausdächer zu, denn die Fallschirmsprünge waren Publikumsdarbietungen und wurden stets über Städten ausgeführt.
Nach dem gelungenen Debüt wurden Ballonaufstiege und Fallschirmabsprünge für Käthe Paulus zum Beruf. Auch das schreckliche Unglück im Juni 1894, als ihr Partner Lattemann bei einer riskanten Vorführung an ihr vorbei in den Tod stürzte, konnte sie nicht dazu bewegen, diese gefährlichen Unternehmen aufzugeben. Die „innere Verbundenheit mit dem wunderschönen Beruf, für den Lattemann sein Leben geopfert hatte", bewogen sie, der Luftschifferei treu zu bleiben. Als im folgenden Jahr ihr kleiner Sohn an Diphtherie starb, war ihr die Leidenschaft in der Luft Rettung und Trost.
Sie hatte während ihrer 21-jährigen Laufbahn als Luftschifferin und Fallschirmspringerin keinen gravierenden Unfall, nur die Landungen – das Schwierigste – waren oft abenteuerlich: Manchmal blieb sie in Bäumen hängen, landete auf Bahngleisen, im Meer, auf Dächern. Ihre gefährlichste Darbietung war der Doppelabsprung: Dabei sprang sie aus dem Ballon, löste sich vom ersten Fallschirm und glitt mit einem zweiten Schirm zu Boden. Anstelle des Ballonkorbs benutzte sie manchmal ein Trapez oder ein Fahrrad, mit dem sie Propeller bewegte.
Presse und Publikum feierten sie als „die Sensation des anbrechenden Jahrhunderts", als „Luftheldin" und „Primadonna der Lüfte". Sie war eine markante Erscheinung, in Pluderhosen, hohe Ledergamaschen oder Stiefel gekleidet, eine flache Matrosenmütze auf dem Kopf.
Als gewiefte Geschäftsfrau organisierte sie die Reisen und Transporte, handelte Verträge aus, bereitete Auftritte vor. Und sie war Erfinderin: Die Verpackung des Fallschirms, die die Beförderung der Schirme erleichterte und die Lage des Stoffes und der Leinen fixierte, war ihre Idee.
Während des Ersten Weltkriegs stellte sie ihr Wissen dem Preußischen Kriegsministerium zur Verfügung: Sie produzierte zusammen mit 40 Näherinnen bis Kriegsende etwa 7000 Fallschirme, was ihr das „Verdienstkreuz für Kriegshilfe" einbrachte. Nach dem Krieg wurde es still um Käthe Paulus. Sie wohnte zurückgezogen in Berlin und starb 1935 fast vergessen im 67. Lebensjahr. Auf dem Reinickendorfer Friedhof wurde sie an der Seite ihrer Mutter beigesetzt. Ihr Grabstein trägt die Inschrift: „Käthe Paulus – Die erste deutsche Fallschirmpilotin".

Auf dem Sprung: Käthe Paulus in den 1890er Jahren

LITERATUR

- *Bonnet, Rudolph, Käthchen Paulus. Die Ballonfahrerin und Fallschirmspringerin, in: Mitteilungen des Vereins für Geschichte und Landeskunde zu Bad Homburg vor der Höhe, Nr. 29, Bad Homburg 1965*
- *Langsdorff, Werner von, Flieger und was sie erlebten. 77 deutsche Luftfahrer erzählen, Gütersloh, ohne Jahrgang*
- *Pfister, Gertrud, Fliegen – ihr Leben. Die ersten Pilotinnen, Orlanda Frauenverlag, Berlin 1989*

Amelia Earhart

** 24. Juli 1897 in Atchison, Kansas*
† 2. Juli 1937 im Stillen Ozean
amerikanische Fliegerin

Lindbergh auf den Fersen

Als Kind war Amelia Earhart ein Wildfang: wagemutig, mit einer Vorliebe für halsbrecherische Spiele, bei denen sie besser, schneller und verwegener sein wollte als die Jungs. Und oft war sie es auch. An einem Winternachmittag flitzte sie mit ihrem Schlitten unter einer fahrenden Pferdekutsche hindurch. Dem Kutscher blieb fast das Herz stehen, doch die Kleine sprang nach bestandenem Abenteuer flink von ihrem Gefährt und machte sich davon.
Amelia Earhart, Tochter einer amerikanischen Mittelstandsfamilie, wuchs in der Kleinstadt Atchison in Kansas behütet auf und genoss eine gute Schulbildung. Engagiert und immer auf der Suche nach Herausforderungen arbeitete sie als junge Frau zunächst im sozialen Bereich. 1917 pflegte sie als Schwesternhelferin in Toronto verwundete Soldaten, anschließend kümmerte sie sich in Boston als Sozialarbeiterin um Einwandererkinder. Earharts wahre Leidenschaft aber war schon damals das Fliegen. Jede freie Minute verbrachte die schlanke, hoch gewachsene Frau mit dem frechen Kurzhaarschnitt

Pilotin und Frauenrechtlerin: Amelia Earhart, Foto von 1936

auf dem Flugplatz, jeden übrigen Dollar investierte sie in ihre Passion. Sie lernte die Fliegerin Neta Snook kennen, eine Frau, die sich nach Earharts Worten kleidete, sprach und fliegen konnte wie ein Mann, und nahm bei ihr Flugunterricht. 1928

Earhart vor ihrem Transatlantikflug, 1928

wurde Amelia Earhart gefragt, ob sie an einem Transatlantikflug teilnehmen wolle. Ein Jahr nach dem triumphalen Flug des Postfliegers Charles Lindbergh, der von der Neuen in die Alte Welt geflogen war, war in Fliegerkreisen das Transatlantik-Fieber ausgebrochen. Die großen Pilotinnen der Zeit, unter ihnen Thea Rasche und Ruth Nichols, träumten davon, als erste Frau den „großen Teich" zu überqueren. Amelia Earhart ging auf das Wagnis ein. „Wenn wir Erfolg haben, ist alles klar", schrieb sie in einem Brief an ihre Schwester, „wenn aber nicht, dann schätze ich mich glücklich, mitten in einem solchen Abenteuer auf der Strecke zu bleiben." Die Herausforderung gelang und mit einem Schlag war die junge Amerikanerin weltberühmt: Als erste Frau hatte sie den Atlantik überquert, zu ihrem Verdruss aber nur als Fluggast. Dennoch wurde sie bei der Landung in Wales und bei der Rückkehr in New York mit großem Hallo und maßloser Bewunderung gefeiert. Ihre Pioniertat wurde vermarktet und Amelia Earhart machte mit: Ihr autobiografischer Erlebnisbericht über den Transatlantikflug *20 Hrs. 40 Minutes (20 Stunden 40 Minuten)*, verlegt von ihrem Manager und späteren Ehemann George Putnam, wurde ein Bestseller. Sie schrieb für die Zeitschrift *Cosmopolitan*, hielt Vorträge, war Vorsitzende der „Ninety-Nines", einer internationalen Vereinigung von Pilotinnen, benannt nach ihren 99 Gründerinnen, und machte in all ihren Artikeln und Auftritten stets deutlich, dass Frauen ebenso zu sportlichen und technischen Hochleistungen in der Lage seien wie Männer.

1929 war sie am ersten Überlandflugwettbewerb für Pilotinnen beteiligt, dem sogenannten „Powder-Puff-Derby" (Puderquastenrennen), bei dem 20 Fliegerinnen die USA von Los Angeles bis Cleveland überquerten. Und sie flog eine Glanzleistung nach der anderen.

1932, fünf Jahre nach Lindberghs Transatlantikflug, wagte sie als erste Frau im Alleinflug dasselbe Unternehmen wie ihr Landsmann und stellte mit 13 Stunden und 30 Minuten einen neuen Rekord für diese Strecke auf. Kurz vor ihrem 40. Geburtstag versuchte sie etwas, was noch keinem Menschen gelungen war: Sie wollte mit ihrer Lockhead „Elektra" den Globus an seinem „Bauch", entlang des Äquators, umrunden. Im Juni 1937 startete sie zusammen mit dem Navigator Fred Noonan in Miami Richtung Osten. Einen Monat später, am 2. Juli 1937, hatten sie und ihr Kopilot den größten Teil der Strecke zurückgelegt, vor ihnen lag noch die Überquerung des Pazifiks, die schwierigste Etappe. 20 Stunden nach dem Start hörte ein Schiff der amerikanischen Küstenwache die letzten Funksignale von Amelia Earhart – dann war Stille. Seitdem gilt die Flugpionierin als verschollen. Gerüchte tauchten auf, sie habe im Auftrag Präsident Roosevelts ihre Flugroute verlassen, um japanische Militäranlagen auszuspionieren, oder sie sei von den Japanern gefangen genommen und hingerichtet worden. Ihr Verschwinden wurde nie aufgeklärt.

> *„Ich jedenfalls hoffe, dass Frauen eines Tages keine Benachteiligungen aufgrund ihres Geschlechts mehr erfahren werden, sondern dass sie so frei sein werden, ihr Leben zu leben, wie Männer es sind – unabhängig von dem Kontinent oder der Nation, in der sie leben."*

Literatur

- *Pfister, Gertrud, Fliegen – ihr Leben. Die ersten Pilotinnen, Orlanda Frauenverlag, Berlin 1989*
- *Polk, Milbry, Tiegreen, Mary, Frauen erkunden die Welt. Entdecken, forschen, berichten, aus dem Amerikanischen von Frank Auerbach u.a., Frederking & Thaler, München 2001*
- *Putnam Earhart, Amelia, 20 Hrs. 40 Minutes, G.P. Putnam's Son, New York 1928*

Thea Rasche

** 12. August 1899 in Essen*
† 25. Februar 1971 in Essen
deutsche Fliegerin und Journalistin

DIE LUFTTEUFELIN

„In Los Angeles war der Teufel los. Für ganz Amerika war dieses erste Frauen-Luftderby – ‚Powder-Puff-Derby' (Puderquastenrennen), wie es zärtlich-spöttisch genannt wurde – eine Sensation ersten Ranges. Zwanzig Girls sollten von hier aus, allein in der Kiste, ein Rennen über 5200 Kilometer durch den ganzen amerikanischen Kontinent durchführen, über die himmelanragenden Rocky Mountains hinweg, über unendliche Wüsten, in denen Hunderte von Meilen lang keine Menschenseele anzutreffen ist, über die unwegsamen Steppen New Mexikos und unendlichen Ebenen Texas' und Arizonas. Auf Flugplätzen sollten sie landen, die tags zuvor manchmal noch nicht bestanden hatten und deren Lage nur ungefähr angegeben wurde. Jede Unterstützung während des Rennens durch Monteure war untersagt, außer bei Notlandung." Thea Rasche, die Verfasserin dieser Zeilen, war eine der Teilnehmerinnen an diesem Internationalen Luftderby von Los Angeles nach Cleveland im Jahre 1929 – die einzige Deutsche und neben der Australierin Keith Miller die einzige Ausländerin unter 18 Amerikanerinnen. Mit von der Partie waren auch die beiden Ozeanfliegerinnen Amelia Earhart und Ruth Elder.

Die Kunst- und Ozeanfliegerin Thea Rasche in ihrem Flugzeug, um 1928

Thea Rasche hatte sich in den Vereinigten Staaten bereits einen Namen gemacht: „Air Devil" (Teufelin der Lüfte), „flying Fräulein" (fliegendes Fräulein) und „female Lindbergh" (weiblicher Lindbergh) nannten die Amerikaner die verwegene Deutsche, die 1927 mit ihren ersten mutigen und meisterhaf-

„Herrlich war dieser Flug über Kalifornien. Trotz des ‚Rennens' konnte ich mich an dem Wunderland nicht satt sehen … Bald entschwand hinter uns das Meer und vor uns tauchten die zerrissenen Silhouetten der Rocky Mountains auf …"
Thea Rasche beim Internationalen Frauenflugderby 1929

ten Kunstflügen in New York Furore gemacht hatte und fortan in den USA Triumphe feierte. Ihre Bedingungen beim Internationalen Frauenflugwettbewerb waren ungünstig: Unter allen Fliegerinnen hatte sie die Maschine mit dem schwächsten Motor, vor dem Derby erkrankte sie an Ruhr und litt während der gesamten Route unter Krämpfen und schon kurz nach dem Start hatte sie eine Motorpanne. Volle vier Wochen waren die „Königinnen der Lüfte ", wie sie von der Presse genannt wurden, unterwegs, bis sie die Tausende von Kilometern zurückgelegt hatten, behindert durch schwere Stürme und Unwetter. „Die Augen ganz Amerikas, der ganzen Welt waren auf uns gerichtet. Gerade weil wir Frauen waren, wollten und mussten wir beweisen, dass es ernst war mit unserer Fliegerei", schrieb Thea Rasche, die begeistert war von der Kollegialität und den herzlichen Beziehungen der Pilotinnen untereinander. Wie gefährlich das ganze Unternehmen war, zeigt die Bilanz: Eine Fliegerin verunglückte tödlich, sechs weitere mussten aufgeben wegen gravierender Navigationsfehler, technischer Pannen und gefährlicher Bruchlandungen. Unter den 13 Pilotinnen, die das Rennen machten, war auch die deutsche Kunstfliegerin.

Thea Rasche war die Tochter eines Essener Brauereidirektors. Während die Mutter sie in ihren sportlichen und beruflichen Ambitionen unterstützte, wünschte sich der Vater einen konventionellen und sicheren Weg für seine Tochter. Sie besuchte zunächst eine landwirtschaftliche Frauenschule, arbeitete auf einem Gut, war aber auf der Suche – erst wollte sie Sängerin werden, dann interessierte sie sich für die Malerei. Als sie zufällig eine Flugschule besuchte, hatte sie ihre Passion entdeckt: 1925 machte sie den Flugführerschein, beteiligte sich als erste deutsche Kunstfliegerin an Flugtagen und Wettbewerben, gewann gegen ihre männlichen Konkurrenten und erhielt Auszeichnungen, unter anderem den Titel „Bester Flieger für den Frieden der Welt". 1927 ging sie in die USA, wo sie rasch Karriere machte. Bereits ein Jahr später wurde sie zur Vizepräsidentin der „Internationalen Vereinigung der Fliegerinnen" gewählt. Ihren Traum von einem Transatlantikflug musste Thea Rasche allerdings aufgeben, weil sie ihn nicht finanzieren konnte. Wieder zurück in Deutschland verschuldete sie sich sogar, um ihr Flugzeug halten zu können. Ihr Vater kam für die Schulden auf, machte aber zur Bedingung, dass sie das Fliegen aufgab – was sie auch tat.

Sie arbeitete dann als Redakteurin bei einer Flugzeitschrift, später als freie Journalistin und schrieb ihre Autobiografie *Und über uns die Fliegerei*. Nach dem Zweiten Weltkrieg ging sie wieder in die USA, wo sie Kontakt mit befreundeten Fliegerinnen aufnahm und längere Zeit lebte. Am 25. Februar 1971 starb sie in ihrer Heimatstadt Essen.

Rasche beim Volksflugtag in Berlin-Staaken, 1928

Literatur

- *Italiaander Rolf, Drei deutsche Fliegerinnen. Elly Beinhorn – Thea Rasche – Hanna Reitsch. Drei Lebensbilder, Weise Verlag, Berlin 1940*
- *Pfister, Gertrud, Fliegen – ihr Leben. Die ersten Pilotinnen, Orlanda Frauenverlag, Berlin 1989*
- *Pusch, Luise F., Gretter, Susanne (Hgg.), Berühmte Frauen. Dreihundert Porträts, Insel Verlag, Frankfurt/Main 1999*

Die Deutsche Bibliothek - CIP-Einheitsaufnahme
Ein Titelsatz für diese Publikation ist bei Der Deutschen Bibliothek erhältlich

Bildnachweis:
Alle Bilder: Archiv für Kunst und Geschichte (AKG), Berlin

Bildlegenden:
S. 4: Greta Garbo als Mata Hari, 1931
S. 10: Kopf der Nofretete, um 1350 v. Chr.
S. 14: Kleopatra, ägyptisches Relief
S. 16: Iulia Agrippina die Jüngere, zeitgenössische römische Porträtbüste
S. 30: Marie Jeanne Gräfin du Barry, Porträtbüste von Augustin Pajou, 1773
S. 32: Sissi, Kaiserin von Österreich, um 1868
S. 36: Golda Meir während ihrer Zeit als israelische Außenministerin, 1960
S. 44: Melina Mercouri in dem griechischen Film *Phaedra*, 1961
S. 46: Marie-Jeanne Roland auf einem Porträt von Johann E. Heinsius, 1792
S. 86: Margarete von Angoulême, Skulptur von Joseph Lescorné, um 1846/50
S. 90: Annette von Droste-Hülshoff, Gemälde von Wilhelm Stiehl, 1820
S. 148: Mata Hari auf einem Foto von 1906
S. 198: Bronzekopf Dora Maar von Pablo Picasso, 1941
S. 204: Ninon de Lenclos, zeitgenössisches Gemälde

Gedruckt auf chlorfrei gebleichtem Papier.

Umschlag: Atelier für Grafikdesign und Illustration Peter Engel unter Verwendung von Bildern der AKG, Berlin
Satz und Gestaltung: Daniela Meyer, Pattloch Verlag, München
Reproduktion: Repro Ludwig, A-Zell am See
Druck und Bindung: Offizin Andersen Nexö Leipzig – ein Betrieb
der INTERDRUCK Graphischer Großbetrieb GmbH
Printed in Germany

ISBN 3-629-01631-6